普通高等院校航空服务类专业重点教材

航空服务人员
体能与擒拿训练

主　编◎王焱源　　于海亮　　陈端峰

副主编◎祁文文　　吴隆基　　潘万东　　李琴凤
　　　　路　鹏　　王晨宇　　李雪琪　　张婉玥

清华大学出版社
北　京

内 容 简 介

本书依据高校航空服务人员培养方案、教学整合计划编写，共分两篇：体能篇介绍体能训练的基础知识和常用训练方法，主要对航空服务人员较高强度的工作给予指导，旨在增强航空服务人员的体质，并以体能训练为手段获得舒缓工作压力的方法；擒拿篇对擒拿的基本理论、基本技术和战术进行介绍，主要针对航空服务工作中出现的突发冲突事件，培养航空服务人员战胜歹徒的基本技术和战术，确保飞行安全。

本书既可作为民航院校航空服务类专业学生的教材，也可作为航空公司安全员和其他岗位员工的培训用书，还可作为有志于从事民航服务类职业人士求职面试的体能测试和技能测试参考书，以及喜欢健身和擒拿格斗术的人士的补充读物。

图书在版编目（CIP）数据

航空服务人员体能与擒拿训练 / 王焱源，于海亮，陈端峰主编. —北京：清华大学出版社，2024.5
普通高等院校航空服务类专业重点教材
ISBN 978-7-302-66389-8

Ⅰ. ①航… Ⅱ. ①王… ②于… ③陈… Ⅲ. ①民用航空－乘务人员－体能－身体训练－高等学校－教材②民用航空－乘务人员－擒拿方法（体育）－高等学校－教材 Ⅳ. ①F560.9

中国国家版本馆 CIP 数据核字（2024）第 111491 号

责任编辑：杜春杰
封面设计：刘　超
版式设计：文森时代
责任校对：马军令
责任印制：刘海龙

出版发行：清华大学出版社
　　　　　网　　　址：https://www.tup.com.cn，https://www.wqxuetang.com
　　　　　地　　　址：北京清华大学学研大厦 A 座　　　　　邮　　　编：100084
　　　　　社 总 机：010-83470000　　　　　　　　　　　邮　　　购：010-62786544
　　　　　投稿与读者服务：010-62776969，c-service@tup.tsinghua.edu.cn
　　　　　质量反馈：010-62772015，zhiliang@tup.tsinghua.edu.cn
印 装 者：三河市东方印刷有限公司
经　　销：全国新华书店
开　　本：185mm×260mm　　　印　　张：15.25　　　字　　数：357 千字
版　　次：2024 年 6 月第 1 版　　　印　　次：2024 年 6 月第 1 次印刷
定　　价：65.00 元

产品编号：096058-01

普通高等院校航空服务类专业重点教材编委会

序　言

　　我国航空运输业高速持续发展，民航强国的战略意义不言而喻。特别是国产大飞机C919投入商业运营，必将推动我国民航业步入新的历史发展时期，也必将对高质量人才培养提出新的标准。现阶段，我国航空服务类专业发展呈现良好态势，专业开发水平得到迅猛提升，而人才培养过程不仅需要科学化、精细化的人才培养目标，更需要贯穿始终且不断创新的教育教学改革。教材作为人才培养的基础，不仅仅是体现教学内容和教学方法的知识载体，是开展教学活动不可缺少的基本工具，还是深化教育教学改革，全面推进素质教育，培养创新人才的重要保证。简言之，高质量的人才培养需要高水平的教材支撑，开发高质量的教材是新时代专业教育及人才培养之所需，是推动教育模式转变与创新的助力器，更是高等学校教师、行业人士，乃至出版社应有的责任担当。

　　优秀的教材至少需要具备传承、引领及可读性三个特征。传承就是把学科与专业建设中的优秀成果保留下来；引领就是密切结合专业的发展趋势，通过创新，对专业的发展具有导向作用；可读性就是教材易于学习，能更好地为教师服务、为学生服务、为教学服务。不可否认的是，教材往往滞后于专业与行业发展，因此，需要业界共同努力来改变这种状况，顺势而上，不断为教材增添新的内涵。为此，清华大学出版社经过精心准备，在充分调研、论证的基础上，力求打造出更具特色的航空服务类专业重点教材，发挥清华大学出版社在航空服务类专业教材建设方面的引领作用，为航空服务类专业建设与人才培养贡献力量。

　　为突出本系列教材的特色，我们着力于重点教材的深度开发，挖掘其潜力，在细节上做足功课，也在呈现形式上下足功夫，其开发思想体现在以下几方面：

　　第一，回归专业的本质属性。2018年教育部把本科层次的航空服务类专业规范为"航空服务艺术与管理"，学科归属为艺术类，但其内涵并非属于艺术。航空服务与管理是一种高端服务和管理，是一项系统的人与人接触的具有管理属性的技能型工作，在服务品质上有服务的艺术性体现，但不是表演性质的艺术。在之前的专业沿革中，表演艺术属性偏重，影响了人们对航空服务类专业的正确认知。为此，本次重点教材开发试图在此方面做努力。

　　第二，重视服务的自然属性。服务是社会文明程度的重要标志，特别是在满足人们对幸福生活追求的过程中，服务意识或行为发挥着不可替代的作用。培养航空服务人才，一方面是满足行业的需要，另一方面，航空服务人员作为具有青春活力的群体，既代表着个人形象，更代表着航空公司形象，在一定意义上、一定环境中还代表着国家形象，体现着整个社会的服务水平。因此，不能把航空服务类专业的人才培养狭义地理解为航空运输发展的要求，其实也是社会文明与进步不可缺少的要素。

第三，突出多学科交叉融合。航空服务艺术与管理专业属高等教育本科层次，隶属于新文科。结合新文科的发展需求，本专业更需要学科支撑，即多学科交叉融合促其发展，努力架构航空服务专业的学科体系，使服务技能建立在扎实的理论基础上，使所培养的人才更具职业发展潜质、更具开放性，不仅具有航空服务类专业技能的功底，更需要把技能掌握建立在更宽广的知识沃土上，知其然，更知其所以然。

第四，加强课程思政的植入。牢记"为党育人，为国育才"的初心使命，落实立德树人的根本任务，培养学生的爱国情怀与高尚人格，强化"民航人"品质的塑造，突出教材不但传授文化知识，更是塑造民族精神，增强文化自信的载体。

我们力求本次航空服务类专业重点教材的开发具备以下特色：

第一，充分体现专业属性，强化服务意识和国际化能力。实现本土人才国际化将极大地增强国际竞争力，航空服务人才国际化是一种过程。这种过程是各种文化交流碰撞的过程，是相互学习，相互渗透，互通有无。基于此，本系列教材注重思政育人，把思想政治教育贯穿在教材编写和人才培养的全过程。

第二，创新教材结构，打破传统教材壁垒。本系列教材均为新形态教材，根据教材内容，增加二维码（形式多样：文字、图片、录音、录像、自测客观题等）。

第三，重视学科交叉，突出学科归属与体现。尝试走出过度强调技能而忽视理论的倾向，使专业建设能更好地建立在学科发展的基础上。

第四，加强顶层系统定位，建立科学的课程门类。避免过度交叉与重叠，使教材简洁、清晰，既体现教材各自的功能，又体现教材之间的有机联系。

优秀教材的诞生需要编写团队千辛万苦的不懈努力和编辑人员一丝不苟的工作态度，我们相信，此次的付出定会开拓航空服务类专业教材的新局面。

普通高等院校航空服务类专业重点教材编委会

2023 年 6 月

前　言

随着我国民航事业飞速发展，加强航空服务人员的综合素质的迫切性进一步凸显。为适应当前航空服务业对空中乘务专业人员的实际工作要求，结合行业需求，我们组织专家、教授、擒拿教练及体能教练等相关人员，总结、归纳有关擒拿的基本技术和专项体能训练，编写了这本《航空服务人员体能与擒拿训练》。本教材供高校空乘专业"体能与擒拿"课堂教学使用，也可供爱好擒拿技术的人员自学。

本教材坚持高校立德树人的基本原则，以高校航空服务人员培养方案、教学整合计划、教学大纲为依据，充分借鉴近几年来本专业学生在擒拿与体能教学训练过程中的实践经验，以及本课程教学改革中的有益经验，按照擒拿训练"强身健体，快速出击，准确命中，一招制敌"的实战教学训练要求，全面、系统地选编教材内容。

本教材具有以下三个特点：一是将擒拿划分为基本理论、基本功训练、实用技术、战术应用、体能训练五部分，明确各部分的内容，确定内容间的循序渐进，使擒拿相关论述的体系更具有科学性。二是基础理论部分科学、客观地分析和揭示了取得擒拿格斗胜利的基本要素；实用技术部分对控制与解脱、突袭控制和反侵袭解脱等技术的战术运用进行了科学系统的分析，使基础理论和应用技术的内容得到了补充，使本教材的理论内容和实践内容相互衔接，便于理论指导实践。三是舍弃烦琐、华而不实的内容，讲解擒拿基础技术动作，简单实用，便于基础学习和训练，使本教材更具实用性和可操作性。

本教材演示图片由祁文文、吴隆基、路鹏、陈端峰协助拍摄与制作。吴隆基参加第一、六、七章的编写；祁文文参加第七、八、九章的编写；路鹏参加第二、三章的编写；王晨宇参加第一、二、六章的编写；陈端峰参加第四、五、六章的编写。教学视频和图片由郑州航空工业管理学院武术队的同学和民航学院的学生拍摄。教案由潘万东、李雪琪、卢俊兵和张婉玥老师完成。全书由王焱源、于海亮统稿，王晨宇、李琴凤、潘万东负责校对工作。感谢上述教师的辛苦付出。

由于编者水平有限，教材中如有疏漏和不足之处，敬请批评指正。

编　者

2023 年 10 月

目　录

第一篇　体　能　篇

第一章　民航体能训练概述 / 2

第四章　身体各部位放松的伸展方法 / 59

第二篇　擒　拿　篇

第六章　擒拿基础理论 / 116 ✈

第七章　航空服务人员擒拿技术的基本功训练 / 130 ✈

第八章　航空服务人员擒拿实用技术 / 146

第一篇

体 能 篇

第一章　民航体能训练概述

【学习目的】

1. 了解民航体能训练的作用。
2. 了解民航体能训练的原则。
3. 熟悉民航体能训练的要求。
4. 会使用民航体能测试的方法及评价标准。

【本章核心】

1. 民航体能训练的原则和要求。
2. 民航体能的测试方法。

【素质目标】

能根据民航职业岗位对体能的要求和自身体能状况找到行之有效的训练手段。

【能力目标】

懂得训练原则是底线思维，并用来强身健体。

【导读】

2018年5月14日早晨6时27分，刘传健驾驶的四川3U8633航班爬升到9800米的正常巡航高度，此时飞机平稳飞行，没有出现任何异常。但在7点钟左右，伴随着一声巨响，驾驶舱右侧挡风玻璃竟然毫无征兆地破了。转瞬之间，来自万米高空的强风摧毁了仪表盘，舱内的温度更是直接降到了零下40℃。驾驶舱内严重缺氧，飞机急速下坠。这种情况下别说控制飞机了，就连呼吸都非常困难。可就在这种极端状态下，刘传健硬是凭借自己沉着冷静的心态和多年的驾驶经验，让颠簸不稳的飞机慢慢得到控制，避免了飞机撞山的危险。

试想，如果英雄机长刘传健没经过严苛的训练，没有超强的体能和心理素质，是不是会发生另外一种情况？因此，体能作为民航工作的基础，它的重要意义毋庸赘述。那么，什么是体能呢？如何有效地训练自己的体能呢？

体能是人体在适应环境过程中所表现出来的综合能力，包括身体形态、身体功能、运动素质和健康水平四个方面。从表现机制看，体能主要通过身体素质的形式表现，包括肌肉力量、爆发力、柔韧性、协调性、平衡性、灵敏性和心肺耐力等。民航专业的学生参加本课程的目的大多是让自己看起来更有型、身体更健康，而不是改善自身的平衡能力、力量和柔韧性，这是一个认知误区，这样的健身方法是本末倒置的。因为身体的要素指标具有矛盾统一性，它们既相互联系又相互制约，只有整体兼顾才能使身体系统功能发挥良好的作用。无论你是想要锻炼肌肉、减肥、提高运动能力、保持健康，还是四者兼有，坚持实践我们全套提高身体素质的训练体系才是最佳的实现途径。

资料来源：郝蒙.没有风挡玻璃的飞行[EB/OL].（2018-05-17）[2024-05-17]. http://fuwu.caacnews.com.cn/1/6/201805/ t20180517_1247726.html.

第一节　民航体能训练的作用

一、改善形态，促进就业

航空公司进行校招和社招时，分为初试和复试环节。初试时考查学生外貌、普通话、外语水平、身高、身体形态等一系列指标。学生分组站立未自我介绍之前，第一印象尤为重要，往往能够决定学生的去留，而第一印象无非就是外貌、站姿和身体形态。外貌是天生的，站姿和身体形态却可以通过后天训练努力达到。身体形态是一项重要的考查指标，具有较好身体线条的学生有更多的机会在接下来的口语面试中脱颖而出。复试时，男生还需要进行体能测试，体能测试不达标者将没有机会入职。体能训练须紧扣航空公司体能测试的要求，围绕测试指标由简入繁、循序渐进地制订个性化的训练计划。实践证明，经过系统学习和实践体能训练的空乘专业学生在航空公司面试时，体能几乎都是达标的。

目前，体能训练专业人员在人体解剖学、生物力学、生理学等科学理论的支撑下研发出了更精细、更适合人体的健身技术，不仅可以起到强身健体的作用，而且通过锻炼肌肉力量还可以有效改善后天不良生活习惯造成的肌肉失衡。结实有力且富有弹性的肌肉对展现人的身姿很重要，在改善体态的同时也能提高面试者的自信。实践证明，体能训练可以达到矫正形体（见图1-1）、增强体质、提升气质等目的。由此可见，坚持健身锻炼能够更好地促进空乘专业学生就业。

图1-1　矫正形体

二、增肌耗脂，塑造完美身形

力量锻炼会使肌纤维增粗、肌力增强，使肌肉变得结实而丰满；力量锻炼还能够改善关节和韧带的健康状况，促进新陈代谢，有效控制肥胖。为什么人们每天进行半小时到一个小时的锻炼就可以在几个月的时间里减掉数千克脂肪，并使形体变得紧实呢？原因是在经过激烈的力量锻炼后的一段时间内，体能的新陈代谢作用仍然保持在高位，这样高水平的代谢会保持15个小时左右，保持在比平时高7%～12%的水平上，这就是肌肉的超氧耗。每天15分钟的高强度锻炼会消耗约600千卡的热量，而且增加体内生长激素和肾上腺素的分泌，这两种激素有助于将更多体内存储的脂肪变成燃料。你即使仅仅运动十几分钟，只要强度足够，锻炼后将加快新陈代谢，消耗更多的卡路里，还能燃烧掉体内多余的脂肪。这种转变会让你即使处于休息状态，也可达到长期健身的目标。

肌肉是人体内新陈代谢作用最活跃的一种组织。每增加1千克肌肉，每天会多燃烧100千卡能量，这意味着在保持肌肉含量不变的条件下，每年要多消耗5千克脂肪。令人高兴的是，这种消耗是持续的，即使躺在沙发上看喜欢的电视节目，这种消耗也在进行。比如，一个肌肉比较少的人，基础代谢也比较低，就好像一辆桑塔纳车，而增加肌肉后，就好比升级为悍马车，耗油量也会倍增。由于人体不会关掉引擎，而且肌肉发达的人更愿意参与各种活动，所以就会更快消耗掉体内多余的脂肪。

三、减轻抑郁，预防疾病

空乘工作枯燥而单调，随着空乘专业的学生就业后生活方式的变化，锻炼的机会变少，工作节奏变快，精神高度紧张，生活饮食不规律等，都对其健康状况产生了不利的影响。而健身可以提高身体免疫能力，预防和缓解大部分慢性疾病。

运动可以促进身体产生一种叫内啡肽的激素，它可以使人消除疼痛并获得快感。经研究，进行体育运动对抑郁症的治疗效果甚至好过药物。此外，运动，特别是户外运动，可以促进人体产生帮助睡眠的褪黑素，并放松肌肉，使睡眠质量得到提高，这也解释了为什么有些人只睡6～7个小时，第二天仍可以精神抖擞地工作和学习，而有些人即使睡10个小时，早上还是觉得起床很困难。虽然健身并不能让我们永别医院，但可以减少拜访医生的机会，我们不仅节约了昂贵的医疗费用，同时也节约了宝贵的时间和精力，让我们有更多的时间和家人在一起。

四、增强心肺功能

氧气是人体生命代谢必需的物质，只有在供氧充足的情况下，营养物质才能通过生理氧化作用转化为能量供给各组织器官，满足生命活动的需要。由于氧气密度相对较大，随着海拔的升高，空气中的氧气含量相应降低。实验证明，海拔在5000米以上时，74%的受试人员严重缺氧。高空缺氧时，人体能量代谢减缓，代谢中酶的活性降低，导致供能不足。同时，代谢中产生的大量酸性物质可能引起代谢性中毒。中国民用航空器的飞行高度一般高于7000米，空乘工作人员多在缺氧的高空环境下工作，需要强大的心肺功能支持。

体能训练能增强心肺功能，使血液循环加快，新陈代谢加快，心肌发达、收缩更有力。学生在锻炼的过程中，肌肉活动需要消耗大量的氧气，呼吸器官需要加倍工作，久而久之，胸廓活动范围扩大，肺活量增加，增强了呼吸器官的功能，对防止呼吸道常见疾病有良好的作用。

五、预防危机，具有处置突发事件的能力

航空安全一直是航空公司工作的一项重点内容，但飞行过程中可能会遭遇各种突发情况。一类是飞行自然突发情况，是指航空器在飞行过程中遭遇自然界或机器运动引发的突发情况。例如，起飞或降落时产生加速度，使人体遭受过重负荷，乘机者体内的血液便会从头向脚流，伴随产生头部血液减少以致缺血的现象；在飞行过程中遭遇云层，飞机产生颠簸，没有安全带保护的乘务人员可能会伤到脊柱；飞机在转弯时会有非常强的离心加速度，对于正在拉着餐车或更重的水车的乘务人员的体能是一个严峻的考验。

另一类是人为性突发情况，是指乘务人员可能遭遇违反规定、不听从劝阻的乘机人员制造的突发情况。例如，未经许可，企图打开驾驶舱门进入驾驶舱；在客舱或者客舱卫生间吸烟；殴打机组人员或其他乘客；故意损毁救生设备等。发生这种情况时，乘务人员在处置原则上应首先确保航空安全，确定事情性质，区别处置，然后及时控制事态，防止过激行为发生，最后教育与处罚相结合，做到机上看管、强制约束和控制，机下处理，空地配合，互相协作。

从上述内容可以看出，遇到这些突发事件时，乘务工作人员不但要做出冷静的判断，还要具备果断处置的能力。良好的身体素质是成功控制事态的有效前提，而良好的身体素质只能通过体能训练获得。

 思政拓展

练就过硬的本领，方能临危不乱

英雄机长刘传健热爱飞行事业，多年来苦练过硬技术，作风严谨，以平凡成就非凡。2006年，刘传健从空军退役，成为一名民航飞行员。他"敬畏生命，敬畏规章，敬畏责任"，工作中努力做到精益求精。他坚持学习和总结，十余年如一日，临睡前翻看航空书籍，对历史上发生的特殊飞行事故，他都会思考如果自己遇到相同情况该如何处理。每次如有问题和疑惑，他总是千方百计地学懂弄通。每次飞行结束，他都要总结经验与不足，力求不断进步。多年来，他飞行川藏线百余次，练就了过硬的飞行技术，养成了严谨的工作作风，积累了高原飞行的宝贵经验。

面对执行航班突发的极端险情，他在座舱瞬间失压、驾驶舱温度降到零下40℃的生死关头，无惧生死，临危不乱，果断应对，带领机组成员正确处置，完成"史诗级"备降，确保了119名旅客和9名机组人员的生命安全，被誉为"英雄机长"，创造了航空史上的奇迹。

资料来源：王俊. 刘传建[EB/OL]. （2019-07-05）[2024-05-17]. http://www.81.cn/2019zt/2019-07/10/content_9553391.htm.

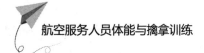

问题分析：

1．工欲善其事，必先利其器，本领在手，遨游宇宙。

2．担当责任，临危不惧，协调配合，定能战胜困难。

六、提升体力，延长工作年限

空乘人员常年处在辐射、缺氧、巨大噪声的封闭高空高速飞行空间，这样的工作环境会导致其内分泌系统混乱、心脏老化，易诱发心脏病等心血管疾病；情绪起伏多变，更容易产生消极情绪，甚至出现轻生等极端想法。工作以站立方式居多，长期频繁的弯腰低头等动作导致颈椎酸痛老化、腰椎无力（见图1-2），骨骼系统面临严重挑战。以上是导致空乘人员离职和提前退休情况居高不下的一个很重要的原因。

体能训练能够增强身体抵抗力，增强肌肉力量，促进骨骼新陈代谢；提高和改善心血管系统、消化系统等器官的功能水平；促进智力发育，提高中枢神经系统技能水平；调节心理活动，缓解生活压力等。体能训练能够很好地调节和缓解空乘人员身体、心理不适的情况，使空乘人员延长工作年限。体能训练几周后，你会感觉到体力倍增，走得更快、更久也不易感到疲劳，心脏的适应能力也逐渐增强，整个人越来越有活力，即使飞十几个小时的长途航班，也会感觉轻松自如，生活也充满了乐趣（见图1-3）。

图1-2　长期工作的身体变化

图1-3　锻炼后的身体变化

通过对空乘专业学生进行体能训练，不仅能够培养其吃苦耐劳的意志品质，塑造良好的身体形态，延长工作年限，还能够使其养成良好的锻炼习惯，为终身锻炼奠定基础。在体能训练过程中要遵循训练的基本要求、注意事项，科学合理地安排训练。

第二节　民航体能训练的原则

人类在社会实践过程中，对事物的发展规律有了一定的认识，他们依据这些规律确立了一套行为准则，帮助人们在社会行为中取得更好的结果。由此可见，原则是人们根据事物发展规律所总结出来的一套行为准则，它对人的行为给予指导和约束。因此，科学地确定工作原则就显得极其重要。民航体能训练的原则是根据民航工作岗位对体能的特殊要求以及身体机能变化规律而确定的组织民航体能训练所必须遵守的基本准则。

一、紧扣体能测试、激发兴趣、快速有效的原则

空乘专业学生的体能训练不同于普通专业学生的体能训练，空乘专业学生的体能训练要紧扣航空公司的体能测试要求，如男生 3000 米长跑、100 米短跑、单杠引体向上、双杠屈臂伸、立定跳远等。学生应针对不同测试内容制订详细、科学的训练计划，不可盲目训练。

而且，体能训练比较枯燥且见效慢，对初学者来说是很大的挑战，仅仅被动接受锻炼很难达到训练效果，只有激发学生对体能训练的兴趣，提高其对体能训练的认识，增强自信心，通过比较查找出存在的差距，才能使他们从内心释放出锻炼的欲望，变被动为主动。同时，要让学生练习的每一个动作都能见到效果，那样，学生就会认真上好每一堂课，会非常有信心地跟随老师继续上课，并养成坚持自我锻炼的习惯。因此，民航体能训练要紧扣体能测试的要求，注意激发学生的练习兴趣，并且要做到行之有效，这样才能达到训练的目的。

二、易学易教、便于操作的原则

虽然我们现在可以通过很多方式改变形体、体态，如芭蕾、舍宾、健美操、健身气功等，但对于没有机会深入学习理论基础和技术根基的大学生，在有限的课时内，系统地掌握复杂的技术是不切实际的。而且，如果技术过于复杂，也会给老师备课带来过重的负担。因此，民航体能训练体系要根据人体解剖学各肌肉和关节运动规律设计动作，不仅做到科学有效，同时兼顾动作，还必须简单易学，能通过观看模拟图片上的动作掌握技术动作的轨迹和运动形式，不需要多年的技术功底就可以达到技术规范和自我锻炼的目的。而且，我们在实践教学中发现，学生对复杂的解剖学和生理学名词了解不多，甚至对专业的名词采取"飘过"的态度，所以建议教师在教学过程中尽量将健身术语和日常语并用，要采用"日常化"的口语形式和大家分享技术，让所有学生能够轻松学习。

三、训练和恢复相结合的原则

训练就是让身体承受一定的负荷，而当负荷超过了一定的程度，超出了学生最大承受

能力时，他们的身体机能便会产生劣变现象。所以，训练后的及时恢复可以使血液循环加快，为肌肉细胞恢复正常的血流量、电解质、酶和营养平衡提供基础。放松运动能使由于运动而产生的血液和肌肉所增加的乳酸恢复到训练前的正常水平。血液循环加快氧气和各种营养物质进入血液和肌肉中，同时排除废物，恢复体能。所以，合理地将训练和恢复相结合，做到训练张弛有度，不仅能使肌肉疲劳消除得更快，还能减少训练中可能出现的肌肉痉挛和肌肉损伤的发生，达到更好的训练效果。

 **案例分析**

训练要张弛有度

据张问礼"生物刺激与运动训练"一文（载于《北京体育科技》1984年第二期），过度训练有时表现在生理方面，有时表现在心理方面，过度训练的直接结果首先是机体出现不适应的症候，它包括慢性体重下降、非受伤引起的关节及肌肉疼痛、慢性肠功能紊乱、扁桃体及腹股沟淋巴结肿大、鼻塞和发冷、出现皮疹和肤色改变、周身性肌肉紧张、疲惫不堪、失眠等。

上述症状出现后，如果不采取措施，训练者的身体得不到必要的恢复，那么就会进一步发展为过度疲劳。过度疲劳会对训练者的身体带来很大的破坏，使运动创伤增加，甚至造成灾难性后果，有些高级运动员甚至因此过早地结束了自己的运动生涯。

分析要点：
1．准确把握好民航体能训练的负荷的适宜量度。
2．科学地探求负荷量的临界值。
3．积极采取加速机体恢复的适宜措施。

四、程序化锻炼和个性需求相结合的原则

程序化锻炼依据空乘专业的学生需求，按照锻炼过程的时序性和锻炼内容的系统性，将多种练习内容有序且有逻辑地编成锻炼程序，按照程序组织锻炼活动。但是，由于学生的特点不同，学生的需求也会体现出个体变化，所以，在坚持程序化锻炼的同时，也要兼顾个体特殊需要，力争做到程序化与个性化训练的完美结合。

第三节 民航体能训练的要求

体能训练是一门改造人体的体育学科，只有通过科学、系统且持久的锻炼，才能达到增肌美体之目的。这里借鉴近代器械健身大师乔·韦德先生根据多年健身训练的经验总结出的健身者必须遵守的以下要求。

1．要有自信和毅力

人的精神意志是决定成败的重要因素。正如一位哲人所说："自信是任何一项事业获得成功的基石。"钢筋铁骨般的形体是靠意志和汗水锻造的。健美锻炼的过程需要付出的努力是巨大的，同时还要经受讥讽与赞美、成功与失败的磨砺。如果缺乏自信，将无法面对日复一日枯燥乏味的练习，也无法承受肌肉灼烧般的酸痛。而任何意志上的松懈和怠慢，都会导致运动损伤，"三天打鱼，两天晒网"必然事倍功半。

在训练开始阶段，情绪低落是很自然的，关键是要对自己抱有信心，努力从阴影中走出来。记住，千万不要放弃，一定要坚持，坚持就是胜利。有一句格言说得好："倘无自信和毅力作双桨，将永远达不到成功的彼岸。"胜利往往就在再坚持一下的努力中。夯实自己的信念，任何事情都无法阻止你前进的步伐。

2．有切实的计划

无论是初学者还是健美大师都离不开训练计划的指引。对于初学者来说，首先要做的便是根据自身的条件、锻炼目标以及时间安排，制订一个切实可行的训练计划。

制订计划的原则是目标明确、步骤合理、循序渐进、方法得当、上下平衡、重点突出且针对性强。在制订计划时切不可生搬硬套、盲目效仿。

需要注意的是，无论你的计划多么"完美"，也不能一成不变，要根据自己的身体反应，随时调整训练内容，包括运动量、强度和方法，在摸索中形成一套适合自己的锻炼方法，以获得最佳训练效果。例如，某个动作对身体某个部位的肌肉的锻炼效果不明显，完全可以换一个练习动作；身体某个部位的肌肉恢复缓慢，也可适当延长其休息时间。至于时间安排，也可依据本人工作、学习的档期随时加以调整。

训练日记是掌控训练过程的舵。事实证明，有训练日记构成的训练档案，对训练过程进行有机控制，是实现训练科学化的重要保证。

3．动作规范

成功的健身运动在于正确地完成每一个动作。练习动作是训练的最基本的组成部分。只有把每一个动作都做得正确无误，才能保证负重加在目标肌肉上，使其获得实质性刺激和最大限度地参与训练，获得最佳训练效果。而把握好每一个动作，既需要教练的监督指导，更需要一丝不苟地严格按动作技术要领去完成，全神贯注，坚持不懈。训练注重的不是完成了多少次练习，而是能否用规范的动作完成练习，否则将偏离"主旋律"，或因为动作错误而受伤和大大削弱锻炼效果。

4．循序渐进

人不可能"一口吃成个胖子"，训练也要循序渐进。先从小负荷练起，不可贪多求快，应以保证完成规定的次数为度，切记欲速则不达。

5．注重热身

充分而有效的热身是必不可少的。在正式锻炼之前，10分钟左右的有氧运动量不可或缺。而且在每次大负荷运动之前，一定要做一组或几组中低等强度（负重的50%）的练习，让目标肌肉兴奋起来，让相关的关节和韧带充分伸展，使供血更加充足。

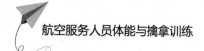
6．平衡锻炼

在锻炼的过程中，人体各部位的肌肉是不会同步运动的。而且有的肌肉生长得相对快一些，有的慢一些。如果不考虑平衡锻炼，势必会影响体格全面均衡发展。欲求平衡，关键在于着重锻炼薄弱部位。如果情况允许，可优先向薄弱部位发起冲击，把强势部位留在其后锻炼，并适当减少动作的组数。

7．先大后小

在锻炼的过程中有一条"先大后小"的原则，不容忽视。原因是锻炼大肌群之前不要把能量消耗在小块肌肉上。例如，先练背部肌肉，后练前臂肌群，如果倒过来会因握力减弱而影响锻炼效果。

8．意念集中

意念是动作的指令，是意识能动性的体现。训练时把意念集中在动作的全过程和目标肌肉上，将会大大提高锻炼效果。

第四节　体能的测试与评价

航空公司进行校招和社招时，对通过初试的面试者有体能测试要求，测试不及格者，可以补考一次，再不及格就会失去参加当期的岗前培训的资格。正是由于有严格的体能考核，才有需要针对空乘专业开设"航空体能"课程。虽然体能训练看似强度大，但经过专业人士围绕考核目标针对性地编排训练，相信所有学生的体能都能很快达标，从而获得健康。具体测试方法和标准如下所述。

一、测试 100 米跑

（一）测试意义

主要反映受试者快速跑动的能力。

（二）场地设置与器材

在平坦的地面上，画出若干条长 100 米的跑道（跑道宽 1.22 米，距离终点设置 10 米的缓冲距离），秒表（一道一表）、发令旗、哨子等。

（三）测试方法

受试者至少 2 人 1 组，采用站立式起跑。受试者听到"跑"的口令或哨声后快速起跑，跑向终点。发令员在发出口令或哨声的同时，要摆动发令旗。计时员看旗动开表计时，当受试者的胸部到达终点线垂直平面时停表，以"s（秒）"为单位记录成绩，精确至 0.1 秒，小数点后第二位数按非 0 进 1 的原则进位（如 10.11 秒应计为 10.2 秒）。测 2 次，取最佳成绩。

（四）注意事项

（1）受试者在测试时须穿运动鞋，不可以穿钉鞋、皮鞋、凉鞋等。

（2）发现受试者抢跑和串道时，要立即召回重跑。

（3）如遇风时，一律顺风跑。

二、测试立定跳远

（一）测试意义

主要反映受试者向前跳跃时下肢肌肉的力量和爆发力。

（二）场地与器材

平地，量尺、标志带。

（三）测试方法

受试者两脚自然分开站立，站在起跳线后，两脚脚尖不可以踩线或过线。两脚原地同时起跳，并尽可能往远处跳，不可以有垫步或连跳动作。丈量起跳线后缘至离起跳线最近着地点后缘的垂直距离。以厘米为单位记录成绩，不计小数。测 3 次，取最佳成绩。

（四）注意事项

发现受试者犯规时，此次成绩无效。

三、测试仰卧起坐

（一）测试意义

主要测试腰腹肌的力量。

（二）测试器材

垫子、秒表。

（三）测试方法

受试者仰卧于垫子上，两腿分开，屈膝呈 90° 左右，两手交叉贴于脑后，另一个同伴双手按压住受试者双脚的踝关节，起坐时以两肘触及或超过两膝为完成一次，仰卧时两肩胛必须触垫。测试人员发出"开始"口令的同时开表计时，记录一分钟内完成的次数。

（四）注意事项

（1）禁止用肘部撑垫或借臀部上挺和下落的力量起坐。

（2）一分钟到时，受试者虽已坐起，但两肘未触及或超过两膝，该次数不计数。

（3）测试过程中要给受试者报数。

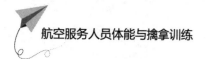

四、测试引体向上

（一）测试意义

主要反映相对于自身体重的上肢肌群和肩带肌群的力量及动力性力量耐力。

（二）测试器材

高单杠。

（三）测试方法

受试者跳起，双手采用正握方式握杠。握杠时双手间距与肩同宽，呈直臂悬垂姿势。身体静止后，两臂同时用力向上引体（身体不可以有任何附加动作），当引体上拉躯干到下颌超过横杠上缘时，还原至直臂悬垂姿势为完成一次。按上述方法反复完成动作至力竭为止。测 1 次，以次为单位记录受试者完成次数。

（四）注意事项

（1）杠较高时，应有相应的保护措施，测试人员要防止受伤事故的发生。

（2）测试过程中，如果受试者身体摆动，助手可帮助受试者稳定身体。但如果受试者借助身体摆动或其他附加动作引体时，该次不计数。

五、测试 3000 米跑

（一）测试意义

主要反映受试者心肺长时间工作的能力。

（二）场地与器材

田径场地，秒表若干块、口哨、发令旗。

（三）测试方法

受试者至少 2 人一组进行测试。受试者采用站立的姿势站在起跑线处，听到哨声后立即起跑，计时员看到旗动开表计时。

（四）注意事项

（1）测试人员在测试过程中应告知受试者所剩圈数，以免多跑或少跑。

（2）受试者应穿运动鞋、胶鞋测试，不可以穿皮鞋、塑料凉鞋、钉鞋等进行测试。

（3）记录成绩换算分秒时，要细心，防止出错。

六、测试立位体前屈

（一）测试意义

主要反映受试者躯干和下肢各关节可能达到的活动幅度，以及下肢肌群、韧带的伸展性和弹性。

（二）测试器材

一个平面凳子或平台、立位体前屈测量计。

（三）测试方法

受试者脚跟并拢，脚尖分开30°～40°，并与平台前沿横线平齐，两腿伸直。上身尽量前屈，双臂及手指伸直，双手并拢，用双手中指指尖轻轻推动标尺上的游标，使游标下滑，直到不能继续使游标下滑时为止，不可以突然做下振动作。以厘米为单位记录成绩，精确至0.1厘米。测量2次，取最佳成绩。测量计"0"点以上为负值，"0"点以下为正值。

（四）注意事项

（1）测试前，受试者应做好准备工作，以防测试时软组织拉伤。

（2）发现受试者膝关节弯曲，两臂突然下振或用单手下推游标时，须重做。

根据民航局的要求，男乘务员在取得安全员执照前须参加民航局组织的安全员初始训练考核，体能考核项目及标准如表1-1所示。

表1-1　男乘务员体能测试标准

项　　目	3000米	100米	引体向上	双杠臂屈伸	立定跳远	1分钟屈腿仰卧起坐
标　　准	17′00	15″00	3个	5个	2米	26个
备　　注	1. 其中1项不达标者为总评成绩不及格					
	2. 不及格者可补考一次，仍不及格不能参加本期训练					

部分民航公司也会对女乘务员进行体能考核，体能考核的项目及标准如表1-2所示。

表1-2　女乘务员体能测试标准

项　　目	2′跳绳	2′蹲起	立定跳远	1分钟屈腿仰卧起坐
标　　准	135个	35个	1.6米	26个
备　　注	1. 其中1项不达标者为总评成绩不及格			
	2. 不及格者可补考一次，仍不及格不能参加本期训练			

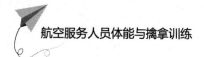

本章总结

本章介绍民航体能训练的重要性，民航体能训练的原则及具体要求，民航体能测试和评价方法，目的是让从事民航事业的人充分认识到体能在民航工作中的重要性，唤起体能训练的热情和激情，掌握民航体能训练和评价的基本方法。

思考与复习

思考题

针对民航体能测试的要求和自身情况，请你设计一个为期一年的训练实施计划。

复习题

1．民航体能训练的原则及要求是什么？

2．如何有效地对民航体能测试进行评价？

练习题

1．民航工作中会遇到极端情况，在这种情况下需要哪些体能储备？

2．你是如何满足这些在极端情况下的体能要求的？

第二章　提升有氧能力的锻炼方法

【学习目的】

1. 掌握小步跑、高抬腿、后踢跑、交叉步跑的方法。
2. 掌握操控跑步机的方法，能在跑步机上进行训练。
3. 掌握操控固定自行车的方法及使用其锻炼的技巧。

【本章核心】

1. 有氧跑步的方法。
2. 使用跑步机练习的方法。
3. 使用固定功率自行车练习的方法。

【素质目标】

能根据场地情况，自我设计各种有氧锻炼方案。

【能力目标】

循环利用各种跑步方法因地制宜地进行有氧能力锻炼。

【导读】

有氧锻炼不仅能使心脑血管健康，而且对身体健美也起着重要作用。

首先，有氧锻炼可增强肌肉耐力。如果肌肉运动强度过大，氧气就会不足，就无法及时提供身体所需要的能量，这时身体就在无氧状态下提供能量，体内会产生大量乳酸，这会导致身体不适。乳酸被分泌出来并随着锻炼的继续迅速在肌肉内囤积，当乳酸囤积超过一定量后，你的肺部会感觉疼痛，腿像被灌了铅一样，最终肌肉中强烈的灼烧感会让锻炼无法进行。不过，通过增强有氧锻炼能力，心血管系统向运动肌肉输送氧气的效率将得到提高。这样就能推迟乳酸在体内囤积的时间，还可以大大提高人体对乳酸的耐受程度。

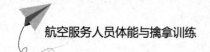

其次，有氧锻炼可以增强肌肉的恢复能力。毛细血管能够将蛋白质和碳水化合物等营养物质输送到身体的各个组织，有氧运动可以扩大体内毛细血管的覆盖范围，体内的毛细血管越多，身体在利用营养物质进行肌肉恢复方面的效率就越高。毛细血管还有助于清除体内废物，特别是二氧化碳和食物在消化过程中产生的废物，这进一步提高了体内营养物质输送系统的效率。

最后，有氧锻炼可以加速脂肪燃烧。有氧锻炼能够增强锻炼后的超氧耗，将燃烧脂肪的时间延长至锻炼后的数小时。此外，有氧锻炼可以使人体内的线粒体数量增多，使负责向身体发出增强脂肪燃烧信号的氧化酶的数量也得到增加。锻炼一段时间后，这些因素会使你的身体更倾向于用脂肪而不是用糖原作为能量，这有助于长期控制体重。

既然有氧锻炼有那么多好处，那么，怎样进行有氧能力训练呢？

第一节　有氧跑步

跑步锻炼是人们最常采用的一种锻炼身体的方式，这主要是因为跑步技术要求简单，无须特殊的场地、服装或器械。无论在运动场上还是在马路上，甚至在田野间、树林中均可进行跑步锻炼。

当我们开始慢跑时，首先，你必须确认所有的动作都是朝前的，不能让你的手臂摆动太大，这会浪费能量，要保证手臂始终向前摆动。慢跑的时候，双臂的位置不要过高，同时脚尖要自然落地，并且要试着使每一个动作放松。此外，保持身体直立也非常重要。很多人会遇到这样的问题：当他们在跑步中觉得累了以后，所有的动作就会走样。比如，肩膀向前塌、屁股向后撅或整个身体前倾。跑步时，手臂和肩膀要向后扩，这样才能展开胸部，保证呼吸的顺畅，这些最好在放松的跑步训练中练习。在放松的跑步练习中，更容易让我们轻松地集中注意力体会这些跑步动作。

除了正常的跑步，还介绍以下几种跑步的变形，可以用在热身、有氧训练和提升敏捷性的训练中。

案例分析

科学跑步跑出精彩人生

随着近年来越野跑马潮的涌现和兴起，都市跑马已经成为很多中产阶级的爱好。张先生作为一个成功的商人，在大学期间爱上了长跑，也经常进行越野跑，所以，他很自然地加入了跑马圈，经常参加全国各地举行的半马跑。在很多人的认知里，跑马不需要特殊的技术和技巧，只要有足够的耐力和超强的意志与毅力即可参加比赛。由于对跑步姿势和节奏掌控不够，随着他参加比赛和跑步的时间和距离的增加，他受了伤，不仅不能正常地训练和比赛，而且严重的伤病也影响了他的正常生活，对他的跑马爱好也造成一定的冲击。随后，在专业人士的指导下，他开始训练自己的跑步姿势和节奏，现在不仅从伤病的阴影

中走了出来，而且成了跑马圈中的小名人，结识了很多跑马爱好者，扩大了自己的人脉资源，生意也越来越红火。

分析要点：

1．长距离有氧跑步不仅需要钢铁般的意志和坚韧的毅力，还需要合适的技术和技巧。

2．体育比赛不仅是一种竞技，也能扩大人脉，给自己的人生提供助力。

一、小步跑

视频 2-1

小步跑技术要领：膝盖稍弯曲，摆正身体，前脚掌着地，尽快提踵，两脚快速依次交替，用前脚掌蹬离地面。注意：蹬地时膝盖稍弯曲；落地时应用前脚掌着地，不能用全脚掌着地；右脚蹬离地面时，左脚应从前向后滑过地面（见图2-1）。按上述练习，小跑前进20～30米，恢复正常跑步，再重复练习一次。

二、高抬腿跑

视频 2-2

高抬腿跑技术要领：两膝交替，大腿上抬至与地面水平位置，手臂配合大腿摆动，抬脚时稍勾脚尖（不要刻意勾脚），脚落地时一定要用前脚掌着地，而不是全脚掌着地。按上述练习，高抬腿跑20～30米，恢复正常跑步，再重复练习一次（见图2-2）。

图 2-1　小步跑

图 2-2　高抬腿跑

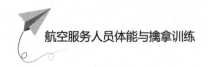

三、后踢腿跑

视频 2-3

后踢腿跑技术要领：向前跑时，屈膝，快速收小腿；尽力用脚后跟踢臀部。注意：保持上身挺直，大腿尽量垂直于地面，在脚后跟踢臀的过程中绷直脚尖。按上述练习，后踢腿跑 20～30 米，恢复正常跑步，再重复练习一次（见图 2-3）。

四、交叉步移动

视频 2-4

交叉步移动技术要领：面对侧面，左腿向侧面迈步，转动臀部，使右腿交叉移动到左腿后，左腿再次向侧面迈步，转动髋部，使右腿交叉移动到左腿前。注意：上半身保持挺直，为了更有效地提高髋部的灵活性，上半身尽量不要转动。按上述练习，交叉步移动 20～30 米，恢复正常跑步，换方向，重复练习（见图 2-4）。

五、倒退跑

视频 2-5

倒退跑技术要领：练习者转身背对前进方向，两脚交替倒退跑。注意：倒退跑时身体尽量放松，后退步的幅度尽可能大。按上述练习，倒退跑后退 20～30 米，恢复正常跑步，再重复练习一次（见图 2-5）。

图 2-3　后踢腿跑　　　　　　　图 2-4　交叉步移动　　　　　　图 2-5　倒退跑

注意事项：在锻炼初期，跑步的速度以没有不舒服的感觉为原则，跑步的距离以没有吃力的感觉为宜。跑步后可能出现下肢肌肉疼痛，这是正常反应，坚持锻炼几天后，这种现象就会消失。为了解自己的锻炼效果，每个月末都可以进行测验，为自己的成绩顺利达标而努力。

第二节 使用跑步机练习

器械有氧锻炼通常在室内进行，具有安全、舒适，不受外界环境影响的优点。我们最常使用的有氧锻炼器械主要包括跑步机、椭圆机和健身自行车。下面将详细介绍其操作指南、技术要领，并将在如何制订锻炼计划方面给出建议。

一、跑步机操作指南

跑步机是一种可以在原地进行步行和跑步练习的室内最常见的有氧运动器械。跑步机的跑带部分具备很好的缓冲功能，能降低运动时产生的冲击力。在练习跑步时，跑步机的跑带速度和坡度是可以调节的。跑步机两侧还有把手，可以帮助保持平衡（见图2-6）。

图 2-6　跑步机的使用

如果你从来没有使用跑步机练习过，那么初次练习时会需要一些指导。初学者务必按照科学的方法进行练习。

在启动跑步机前，练习者要将两脚分别站在跑带以外的两侧部位，双手握住把手。当跑步机启动后，练习者先踏上一只脚，再踏上另一只脚，开始迈步走动。如果练习者无法保持身体平衡，可让双手保持握住把手，但也不能握得过紧，同时，向前迈的脚要用力向后"扒"跑带。当练习者能保持平衡后，应尽量松开把手，摆动双臂以保持平衡。初学者要脱离对把手的依赖，可按以下步骤进行练习：①两手轻轻握住把手；②两手手指扶住把手；③一只手轻轻握住把手，另一只手臂自然摆动；④一只手的手指扶住把手，另一只手臂自然摆动；⑤两手完全离开把手，自然摆臂。切记要在跑带的中部位置练习，不要太靠后或站在两侧部位，以免从跑步机上跌落。

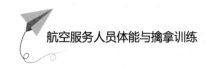
二、跑步机训练技术

视频 2-6

在跑步机上走步或跑步时，头、躯干要保持自然、挺直的姿态，挺胸、收腹，双眼平视前方，两肩保持放松。从侧面看，耳朵、肩部和臀部都要保持在同一条垂直于地面的直线上。正确的跑步姿势可以提高锻炼效果，减轻脊柱和腰背部肌肉的负荷。

对于练习者，由脚后跟过渡到前脚掌的着地方式是最安全的，可减少下肢关节受到的反作用力。脚后跟外侧先着地，然后过渡到脚后跟内侧，再过渡到前脚掌，最后前脚掌离地。脚后跟和前脚掌着地的动作要柔和，就像在地面上"滚动"一样。这样可以减少消耗不必要的能量，降低损伤的可能性。脚着地时，下肢关节的震颤动作也是错误的，容易增加对下肢关节的冲击力。

摆臂时，肩部要放松，屈肘，手掌自然半握拳。摆臂动作一般是以肩关节为轴，手臂向前并向内侧摆动，手可以接近臀部高度。

加快跑步的速度，可以通过增大步幅、加快步频，或者同时采用这两种方法。步幅与腿长、柔韧性、力量、协调性和疲劳程度有关。在跑步时，脚应该在身体正下方着地。如果步幅过大，练习者的重心会提高，使下肢关节受到的反作用力增大，并造成不必要的制动效果，这样不仅会降低速度，还会增加损伤的可能性。因此，步幅过大只会起到适得其反的效果。相反，如果步幅过小，会无谓地浪费能量，减慢速度。因此，练习者要按照自己的步长和步频进行练习。这样才能提高运动水平，达到最佳的锻炼效果。

跑步机虽然有减震缓冲的功能，但对膝盖还是有一定的冲击力，长时间使用跑步机练习，容易造成膝盖髌骨的磨损。所以建议经常变换跑步的速率和坡度，减少局部膝关节的磨损；或者多采用几种器械进行有氧锻炼，这样不仅能减少单一设备反复使用对身体造成的劳损，也有可能获得意想不到的健身效果。

三、跑步机的训练方法

首先，确定一个具体的训练目标，如减重、增肌、提高心肺功能等。然后，将目标细化为可执行的任务，例如，在一定时间内减重多少千克，或完成特定的运动时间或距离。在进行训练之前，需要进行热身和拉伸运动，以增加血液循环，降低肌肉的黏滞性，预防运动损伤。在开始跑步机训练之前进行 5～10 分钟的热身运动，比如先做一些简单的全身性的拉伸动作或者快走，活动一下关节和韧带。在训练结束后，进行 5 分钟的慢跑或其他轻松的冷却活动。保持稳定的呼吸节奏，可以帮助你更好地控制心率和跑步的节奏。建议采用腹式呼吸，通过鼻子吸气、嘴巴呼气，保持呼吸的深度和频率。

（一）有氧训练

通过跑步机进行有氧训练，可以有效地提高心肺功能和消耗脂肪。速度从 2 千米/小时逐渐增加，级差 1 千米/小时，每一级保持 1 分钟。观察心率达到中等强度有氧训练目标心率范围（130～150 次/分钟）后，即保持这时的速度，运动 10～30 分钟。

（二）速度训练

以不同的速度跑步，例如，先慢跑 1 分钟，然后快跑或疾跑 30 秒，重复进行多组，每组之间休息 1～2 分钟。可以根据个人情况适当调整。

（三）阶梯训练

在跑步机上逐渐增加跑步的坡度，以增加对身体的负荷和挑战性。例如，从平地开始，逐渐增加坡度 1～2 度，持续 30 秒，然后降低坡度，休息，重复练习多组。可以根据个人情况适当调整。

（四）间歇训练

进行短时间的高强度跑步，然后进行较长时间的慢跑或步行休息。例如，进行 1 分钟的高强度跑步，然后进行 2 分钟的慢跑或步行休息，重复进行多组。

（五）无氧训练

适合体能较好且身体健康的年轻人。当心率达到 130～150 次/分钟时，维持 3～5 分钟，以后按照每分钟级差 1 千米/小时加速，使心率逐渐达到 170 次/分钟，再维持 3～5 分钟。然后开始快速降低速度，再慢走 3 分钟结束训练。通过跑步机进行无氧训练，可以增强肌肉、加快身体的新陈代谢。

（六）力量训练

在跑步机上增加负重，例如，背负重物或手持哑铃进行跑步，可以增强腿部肌肉和核心力量。

（七）HIIT 训练

进行高强度间歇训练，例如，在跑步机上以极快的速度跑步 30 秒，然后降低速度进行慢跑或步行休息 30 秒，重复进行多组。可以根据个人情况适当调整。

在训练结束后，需要进行整理和放松运动，以帮助身体逐渐恢复到静息状态，避免肌肉疲劳和损伤。在进行跑步机训练的同时，需要注意饮食和水分补充，以维持身体健康和保持良好的运动状态。将每次训练的数据记录下来，如速度、距离、时间等，并根据训练结果调整训练计划和目标。同时也可以记录身体的感受和反应，以便更好地了解自己的身体状况和适应情况。

注意事项：要确保在使用跑步机时始终穿戴适当的保护装备，如合适的鞋子和服装，在进行跑步机训练时，应注意安全，确保身体稳定和避免滑倒。每个人的身体状况和需求都不同，因此可以根据自己的实际情况进行调整和安排。最好在专业教练的指导下进行训练，如果在训练中感到不适或出现任何问题，建议立即停止训练并咨询医生或专业人士。

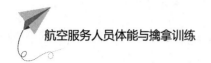

思政拓展

退役军人樊峰：以练为战，爱拼敢拼

在海南省陵水黎族自治县椰林镇，有这样一支队伍：他们不畏艰险、逢警必出；他们攻坚克难，抢险救援；他们始终把守护人民生命财产安全放在第一位。这支队伍就是海南省消防救援总队陵水大队椰林消防站，站长樊峰，就是带领这支队伍的"拼命三郎"。拼是樊峰的人生信条，贯穿了他的职业生涯。

樊峰受家庭的熏陶，从小就有一个"英雄梦"。在报考大学时选择了武术专业，成为江西师范大学武术专业的一名体育生。2012年，樊峰离开校园，踏上了从军之路，成为一名光荣的消防战士。从此，他将自己儿时的"英雄梦"播撒在海南岛上，让它生根发芽。

加入消防救援队伍后，樊峰每天刻苦勤奋训练，迅速进入工作状态。随着业务技能不断提升，樊峰意识到科学训练的重要性。"我是学体育的，核心力量训练是运动员的必修课。但在当时的消防救援训练中，我发现一些队员存在训练不科学的现象，这样很容易导致伤病。"于是，从2017年开始，樊峰积极创新研究适合当前队伍体能训练的科学方法，最终研发了一套针对核心力量训练的体能训练操。

樊峰研发的体能训练方法得到总队领导的高度认可，并在全省新训队进行推广，为消防员的体能业务训练夯实了基础。

以练为战，敢于创新，成绩就是最好的证明：樊峰带领的队伍在全省消防系统比武竞赛中取得了一次团体总分第一、两次团体总分第二、三次团体总分第三、一次个人总分第二的优异成绩。

资料来源："最美"事迹——樊峰：以练为战 爱拼敢拼[EB/OL].（2024-01-25）[2024-05-17]. https://tyt.hainan.gov.cn/twjr/zmtyjr/202401/24dff4eaf0b54cdaa0d4e7f9fb80b0c7.shtml.

问题分析：

1. 学习训练的科学，践行科学地训练。
2. 在科学地训练中进行突破和创新，丰富训练的科学。

第三节　固定自行车练习技术

一、固定自行车操作指南

固定自行车分为两种，一种是直立式的，另一种是靠背式（或称斜卧式）的。固定自行车练习对下肢关节的冲击力较小，尤其适合体重较重、下肢有伤或不能走路的练习者。

固定自行车的高度是可调的，合适的高度是保证髋关节正常运转的前提，也是保证腿部和臀部肌肉得到正常锻炼的必需条件。

当我们站在自行车旁，髋骨的上沿（髂前上棘）应该与座椅面的平面高度一致，这样我们在蹬踏板的时候，保证髋部固定，使腿部可以充分舒展。如果座位高度过低，由于下肢运动过于靠近躯干，身体会有紧张不适的感觉；相反，如果座椅位置过高，两脚就会随着脚踏过于向下运动，臀部也会随之左右摆动，容易使脊柱和下肢带关节压力过大（见图 2-7）。每个人的身高、腿长都是不同的，在锻炼前不要怕麻烦，而要在使用之前调好高度，花 1 分钟调整座椅，不仅会使你在锻炼的过程中感觉舒适，而且会减少劳损，并大大提高锻炼效果。

靠背式固定自行车的座椅较为舒适，躯干有靠背支撑，特别适合老年人、体弱者、体重较重者、腰背部有伤病者、心脏病恢复者和孕妇等进行练习。

图 2-7　固定自行车的使用

二、固定自行车训练技术

固定自行车的锻炼技术比较简单。通常情况下，握住器械把手后，上身要保持自然、挺直的姿态，也可以略微前倾，但不能弯腰弓背。运动时，要注意当一侧脚踏位于最低点时，同侧腿的膝关节应略微弯曲，这样就不会出现膝关节完全伸直而产生锁膝的现象。当脚踏位于最高点时，同侧大腿应该保持在髋部高度。如果大腿抬起过高，做向下蹬踏动作时，膝关节的压力会过大，容易受伤。刚开始使用固定自行车锻炼时，很多人因为紧张而忘记呼吸；或者强度变大后，呼吸节奏混乱会使心肺锻炼效果减弱。所以，运动过程中保持自然呼吸节奏也是很关键的，同时要注意固定自行车的结构不同于动感单车，我们不能将动感单车的技术动作照搬于固定自行车，这样才能避免造成身体受伤。

视频 2-7

三、固定自行车的训练方法

器械检查确保固定自行车已经调整到适合的高度和角度，以避免训练中产生不适。在开始训练之前，进行 5～10 分钟的热身活动，比如，做伸展运动，或者慢速骑行。准备时，将坐凳调至站立时髋部的高度，踩低一个踏板，双手握住把手，双脚分别站在踏板上，脚尖自然朝向前方，膝关节对准脚尖的方向。保持身体中轴姿态稳定，肩放松，从侧面看，耳、肩、髋保持在同一条直线上。

（一）基础训练

专注于基础的自行车技巧和姿势。坐在车座上，双脚同时踏板，保持稳定的速度和节奏。练习爬坡和下坡，以增强力量，提高控制力。利用不同的阻力设置增加强度。

（二）进阶训练

在基础训练的基础上增加难度和强度。尝试站立式骑行，以增加核心和腿部的力量。进行间歇性训练，例如，快速骑行 30 秒，然后慢速骑行 30 秒，重复多组。尝试长距离骑

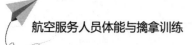
行，例如，连续骑行 10 千米或更远。

（三）间歇训练

间歇训练是一种非常有效的训练方法，可以短时间内快速提高心肺功能。在骑车时，先慢骑几分钟，再快骑几分钟，然后再慢骑，再快骑，如此交替循环锻炼。每天可以进行 2～3 组，每组可以持续 15～20 分钟。

在训练结束时，要进行 5～10 分钟的整理放松活动，这样可以减缓心率，放松肌肉，以帮助身体逐渐恢复。固定自行车训练计划需要每周花时间进行 3～5 次训练，每次训练 30～60 分钟。在训练过程中保持稳定的速度和节奏，逐渐增加难度和强度以刺激身体的进一步适应和发展。同时也要记录和反馈训练数据，以便更好地了解进展并调整训练计划。

注意事项：在训练过程中一定要注意安全，不要过于追求高难度动作而忽略了身体的承受能力。同时注意补充营养和充分休息，这样才能获得最好的训练效果。每个人的身体状况和需求都不同，因此可以根据自己的实际情况进行调整和安排。最好在专业教练的指导下进行训练，如果在训练中感到不适或出现任何问题，建议立即停止训练并咨询医生或专业人士。

 本章总结

本章介绍了提高有氧训练能力的常见练习方法，重点介绍了有氧跑要注意的技术要领，以及提高有氧跑效率的手段，并且根据居家和健身房锻炼中经常使用跑步机和固定功率自行车的情况，着重介绍了它们的使用方法和注意事项，以此提高我们的有氧训练能力和健康状况，避免运动受伤事故的发生。

 思考与复习

思考题

参考航空公司身体素质测试的有氧达标标准，找出自己与达标标准对比的优势和不足，制订有氧跑的月训练计划，尽力做到扬长补短。

复习题

1. 有氧跑训练中应注意哪些问题？
2. 如何有效地提高有氧跑的能力？

练习题

根据自身情况，请每周进行 3 次 1～2 小时的有氧能力训练。

第三章　增强力量的训练方法

【学习目的】

1. 掌握胸、背、肩臂、腹部以及臀腿的锻炼方法。
2. 了解不同部位的锻炼方法。

【本章核心】

1. 熟练掌握各部位锻炼方式的动作要领以及注意事项。
2. 熟练运用各个部位的可变动作。

【素质目标】

1. 通过严谨的训练方法，塑造学生科学的训练观。
2. 通过刻苦的训练，培养学生坚强的意志。

【能力目标】

1. 通过自我锻炼，学习增强力量素质的技能，培养自主训练的能力。
2. 在自我完善的过程中，培养系统的分析问题、解决问题的能力与自控能力。
3. 具备保持健美健康的体态和优雅气质的能力。

【导读】

　　空中乘务、民航安全员工作性质的特殊性不仅要求他们具备优秀的气质形象、过硬的专业素养，还要求他们具有良好的身体素质，以面对时差、空中飞行、客舱服务、飞行安全等诸多因素给身体和精神带来的双重挑战。当前，航空企业在招聘民航安全员、空中乘务人员时，体能测试是每个企业招聘的必备环节之一，其涵盖了三千米计时跑、引体向上、卧推、短跑等测试环节。在实际的教学中，如何改善他们的体能储备，提高他们的身体素质，提升教学质量无疑变得至关重要。在体能训练中，力量素质的训练是必不可少的重要环节，也是提高他们身体素质的重要手段。如何科学、有效、快速地提高力量，是教学环节中的重要任务。本章对提高胸、背、肩臂、腹部以及臀腿五个部位的力量素质的训练方法进行了详细的介绍。

第一节　胸部的训练方法

胸大肌是人体肌肉中最抢眼的一块肌肉。覆盖整个胸部的胸大肌，状似扁形，按肌纤维走向可分为上、中、下三个部分。胸部肌肉的增长可以增强心肺功能，有助于拓宽肩带，增大胸围围度。

一、俯卧撑

视频 3-1

双臂将成俯撑位的身体推起的动作，皆称为俯撑类动作，此类动作虽然好像是"老掉牙"的动作，但规范的俯卧撑对我们的锻炼意义非凡。俯卧撑属于肩、肘双关节动作，可以使身体大部分肌肉得到锻炼，动作简单易学，可徒手操作，也可利用器械改变身体角度，提高或降低操作难度［见图 3-1（a）、图 3-1（b）］。

（a）　　　　　　　　　　　　　　（b）

图 3-1　俯卧撑

（一）起始姿势

如图 3-1（a）所示，双臂伸直撑于地面或俯撑架上，双手与肩同宽或略宽，身体平直，双脚并拢。

（二）动作要领

如图 3-1（b）所示，吸气，屈肘控制身体下降至胸部接近地面，稍停；呼气，胸大肌收缩，匀速撑起身体直至双臂伸直。

（三）注意事项

（1）注意手臂微曲，避免手臂过于伸直使肘部受伤。

（2）运动过程中勿塌腰、撅臀，要使胸大肌得到充分刺激。

（3）手腕力量薄弱者可以改用拳撑或使用俯卧撑支架；如果没有支架，可以使用高度相同的瑜伽砖或木箱代替。

（4）身体向下时，抬头，目视前方；身体还原时，低头，俯视地面。

一组训练重复练习 10～12 次，建议每次完成 2～4 组，可根据个人的体能水平进行调整。

（四）动作变形

改变支撑角度（见图 3-2），每 15°为一个难度级别，从 0°至 75°共有六个级别，身体与地面的夹角越大难度越低，可以借助跳箱完成动作。

对于体能较好的男生，也可以改成单手或单脚支撑来增加难度；此外，还可以通过加快动作频率提高胸大肌的爆发力，或延长动作时间加强其控制力。

给准空姐授课时，俯卧撑是女生深恶痛绝的项目，因为部分女生甚至无法完成一个完整的标准俯卧撑。这个动作对改善胸部外形、提升胸部力量是必不可少的，于是如何降低难度让女生完成动作是教师应该思考的问题。经过实践筛选，向大家推荐两种动作：屈膝俯卧撑和靠墙俯卧撑。

视频 3-2

屈膝俯卧撑（见图 3-3）：可以将直腿改成双膝支撑，缩短阻力臂，降低难度。运动过程中躯干保持笔直促使核心得到锻炼，双肘充分外展，使胸大肌得到充分刺激。

图 3-2　下斜俯卧撑

图 3-3　屈膝俯卧撑

靠墙俯卧撑（见图 3-4）：练习者站在两面墙的夹角处，双手撑在墙面上，面对墙角中缝，躯干保持中直前倾，吸气下落的过程中，尽量保持沉肩，肘部充分外展，令胸部得到充分伸展，呼气，胸部发力将身体还原至起始位置。这个动作负荷比较小，而且随时随地都可以对胸部进行锻炼，建议每天完成 2 组，每组 10～12 个。

视频 3-3

图 3-4　靠墙俯卧撑

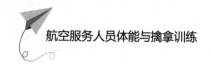

视频 3-4

二、仰卧飞鸟

平卧哑铃飞鸟是指身体仰卧，两臂开合，形如飞鸟在飞行中收翅膀，故称为"仰卧飞鸟"。仰卧飞鸟是单关节运动，肩关节做水平内收和外展动作，与双关节动作相比，单关节动作更能对胸大肌进行集中刺激。相对于推撑类动作而言，仰卧飞鸟动作幅度较大，对肌肉刺激较大，此类动作不仅可使整个胸部更加丰满有型，而且对刻画肌肉线条十分有效。

（一）起始姿势

练习者仰卧于凳上，双臂垂直于地面，双手持铃，手心相对，收腹、挺胸、收下颌，双腿自然置于长凳两侧（见图 3-5）。

图 3-5　仰卧飞鸟

（二）动作要领

吸气，收紧胸大肌并控制哑铃，双臂充分外展，直至肩部水平位；呼气，收缩胸大肌并将哑铃举至起始位，稍停片刻，再做下次动作。

（三）注意事项

（1）双臂向外打开时，保持肘部微曲，在运动过程中始终保持角度几乎不变，以防止喙肱肌和肱二头肌代偿发力。

（2）打开时，手臂不要高于肩部，这有利于胸大肌募集。

（3）持铃向外打开时，肩关节要放松，配合吸气，利用胸大肌的张力缓慢下落，避免肩带损伤。

（4）运动过程中保持沉肩、收腹、手腕中立。

（5）这个动作易造成肩、肘、腕关节的损伤，初学这个动作时，建议使用较轻的哑铃试举。

一组训练重复练习 10～12 次，建议每次完成 2～4 组，可根据个人的体能水平进行调整。

（四）动作变形

（1）上斜哑铃飞鸟：将平凳调成 20°～40° 的斜面，完成哑铃飞鸟动作，这可以增加胸大肌上部的刺激。因身处斜位，动作要平稳，就要掌握好哑铃的重心。

（2）弹力带仰卧飞鸟：不同于哑铃动作，当肌肉顶峰收缩时，拉力器给胸大肌的阻力是恒定的，哑铃飞鸟在双臂靠拢时主要的阻力基本变成垂直于地面，所以肌肉顶峰收缩时负荷反而降低。故锻炼者在用弹力带完成此类动作时会感觉更加费力，但效果更好。

三、夹胸

视频 3-5

夹胸动作是训练胸大肌中间部位的有效动作，经常安排在胸部锻炼的最后一组，虽然负荷较小，但可使胸肌更好地得到深层刺激。

（一）起始姿势

练习者两脚开立与肩同宽或稍宽，双膝微曲，掌心相对夹住书或哑铃片等重物（见图 3-6）。

图 3-6　站姿夹胸

（二）动作要领

呼气，胸大肌收缩带动手臂向中间靠拢，使胸肌得到挤压；吸气，动作还原。

（三）注意事项

（1）整个动作过程中，手臂保持微曲，夹角固定，减少手臂肌群参与用力。
（2）完成动作过程中保持挺胸、沉肩、收腹，减少三角肌前束发力。
（3）配合呼吸完成动作，保持平稳连贯的动作节奏。
（4）双手交叉完成动作会使胸大肌的募集效果更好，注意左右手交替交叉，避免单侧胸肌锻炼强度过大。

（四）动作变形

这个动作可以在身体前倾的状态下完成，以提高胸大肌的上半部分锻炼效果；如果身

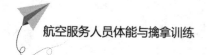

体稳定性不好，也可采用弓步完成。

一组训练重复练习 10～12 次，建议每次完成 2～4 组，可根据个人的体能水平进行调整。

夹胸类动作可以使胸部更加挺拔，训练时可以用固定在同一水平面上不同两点的弹力带完成，也可以用有向外张力的普拉提圈完成。

第二节　背部的训练方法

发展背部肌群的目标主要是消除背后的赘肉，挺拔躯干，预防和缓解驼背，其训练方法很多，如引体向上、划船、下拉和挺身等。所有的背肌练习都能在不同程度上作用于整个背部肌群。获得最佳训练效果的关键是正确掌握技术动作，而不是加重重量。一旦肌肉受力时控制不了动作，就说明所用重量过头了。在所有背肌练习动作的最高点，都不要忘记做顶峰收缩，因为只有通过顶峰收缩，才能获得支配肌肉的神经感觉，使目标肌肉充血发胀达到最大灼烧感，从而真正获得所需刺激的广度和深度。

背部锻炼动作的呼吸与配合在健身界一直存在争议。有人认为，吸气时应下拉，因为背肌属于吸气辅助肌，当吸气动作完成时，有利于背部更充分地收缩；也有人认为，呼气时应下拉，因为呼气时人体易发挥最大力量，使背阔肌得到最大刺激。建议初学者为更好地找到肌肉募集的感觉，应采用吸气下拉的锻炼方式，如果为了增加背阔肌的围度而挑战最大力量，那么采用自己最舒适的呼吸方式即可。

一、引体向上

视频 3-6

引体向上（见图 3-7）几乎可以有效提高所有背部肌群力量，达到强健体魄、美化背部形态的作用，引体向上的工作原理是克服自身体重完成上拉的动作。在控制身体时，核心肌肉和整个身体自然协调工作，提高自身控制能力，是体适能训练必选的"王牌动作"，也是大多数航空公司选择的体能考核面试动作。

图 3-7　引体向上

（一）起始姿势

练习者两眼平视，双手正握横杆，握距稍宽于肩，身体自然悬垂于杠下，腰背部以下部位放松，两小腿伸直或交叠。

（二）动作要领

吸气，用背部的力量将身体拉起，稍微抬头挺胸，两肘外展，引体至下颚高过横杆，做顶峰收缩并保持片刻；呼气，在背部力量控制下，将身体缓慢下降直至双臂伸直还原。

（三）注意事项

（1）在起始姿势时，肩关节要放松，后背要充分伸展。

（2）动作全过程一定要保持身体垂直，这样才能靠背肌之力拉起身体。如果上拉时身体前后摆动或蹬腿借力，会使胸肌等协同肌肉更多地参与用力，从而影响对背部肌肉的锻炼效果。

（3）下拉时，要把注意力集中在背部，而不是使用臂部力量下拉。

（4）天热时或易出汗的同学可以在掌心搓点镁粉，以提高抓杠能力，防止滑脱，使精力更多地集中在目标肌肉上。

（四）动作变形

练习者倾斜身体站在横杆下方，站立越接近直立角度，难度越小。双手抓握横杆，在保持身体中立的情况下，背部发力将躯干拉至胸部与横杆接触，注意整个过程中背部肌群充分发力。随着力量提升，将身体逐渐调整至接近横杠水平（见图3-8）。

图3-8　倾斜引体向上

引体向上在面试考核时的要求是男生一次性完成 3～5 个标准引体向上，看似数量不多，却是一项让大多数男生头疼的项目。引体向上需要完全克服自身重量，如果没有足够的背部控制力量，即使是男生也会出现一个也完不成的情况。所以开课初做体能测试时，大多都是男女单独测试，就是要给"帅哥们"留点颜面。引体向上训练建议不要集中短期突破，如果在短期内训练过多，会使背部酸痛，动作走形。只要经过数周的系统训练，男生大多能具备独立完成的能力。引体向上动作"从零到一"是最难的，可以让练习者在辅助下完成或通过改变倾斜角度来降低难度，之后只要继续坚持锻炼，隔天训练一次，每次完成 2 组，每组完成 6～10 次，通常在一个月内会轻松达到测试标准。

关于引体向上训练，建议男生要从一开始就勇敢正视这个最大难题，循序渐进地坚持锻炼。实践证明，经过体适能训练的同学都能在结课前实现所有体能指标达标。

二、弹力带坐姿宽位高位下拉

视频 3-7

下拉类动作是加强背后力量与围度的十分有效的动作，不仅可以帮助我们获得"V"形后背，而且可以通过矫正圆肩、驼背形体，缓解肩部和上背疼痛。需要强调的是，无论采用哪种下拉方式，都要保持挺胸拔背，让注意力集中在挤压背部肌肉上。

（一）起始姿势

面对锚点，骑坐凳上，两脚自然分开、踏实，双臂上举正握弹力带两端，握距比肩稍宽，挺胸收腹，拔背，目视前方。

（二）动作要领

练习者以上背肌群的力量将弹力带缓慢匀速拉至躯干后，顶峰收缩，稍停片刻，再控制使其缓慢回到起始位（见图 3-9）。

图 3-9　弹力带坐姿宽位高位下拉

（三）注意事项

（1）在起始姿势时，肩关节要放松，后背要充分伸展。

（2）下拉时，集中上背肌群的受力，切记不要耸肩或借助惯性完成动作。

（3）下拉时，肘部充分外展，以肘带肩，而不是使用臂部力量下拉。

（4）还原时要用背部的紧张力控制弹力带，缓慢放松肩关节和外展肩胛骨，使目标肌肉充分伸展。

一组训练重复练习 10～12 次，建议每次完成 2～4 组，可根据个人的体能水平进行调整。

（四）动作变形

坐姿拉力器窄握下拉，此练习重点强调背肌上部的厚度和宽度。其练法与坐姿宽握胸前下拉基本相同。不同之处是，如图 3-10 所示，练习者两手拳心相对，肘部夹住身体两侧。下拉时，同样要把意念集中在背部肌肉的运动上，两臂紧贴体侧。当握把快到胸部高度时，将肘关节向后下方拉。手臂伸展的同时肩关节收缩，这样有助于实现肩胛骨中间的背部肌肉力量的加强。

图 3-10　弹力带坐姿窄位高位下拉

一组训练重复练习 10～12 次，建议每次完成 2～4 组，可根据个人的体能水平进行调整。

三、背部挺身

背部挺身动作可以强化背部深层肌群，消除后背和手臂后侧的赘肉，并可有效缓解、预防、矫正圆肩驼背。做动作时想象自己是超人在空中顶风飞行，这样可以保持躯干挺直，腰椎压力不会过大。

（一）动作要领

练习者俯卧，双腿并拢，手心向内，两臂贴于体侧，吸气，背部发力，颈椎开始逐节抬起至上半身离开地面，保持 2～4 秒；呼气下落还原（见图 3-11）。

图 3-11　基本背伸展 1

（二）注意事项

（1）完成动作时，背部发力带动上身抬离地面。
（2）头部和脚向两端延伸，肩部放松。

（3）腹部、臀部也要保持收紧，上半身不要抬起过高，以免造成腰椎压力过大。

（4）为了防止初学者憋气，造成缺氧性头痛，一组训练内不要连续完成 5 个以上动作。

（三）动作变形

如果练习者找不到腹部收紧的感觉或背部力量不足，可用双手借助弹力带拉力完成动作（见图 3-12）。弹力带不仅可以辅助练习者抬起上身，而且因为弹力带的力量是向后的，所以有助于练习者更容易找到核心收紧的感觉，起到保护腰椎的作用。

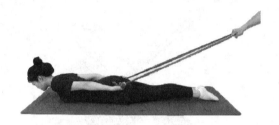

图 3-12　基本背伸展 2

一组训练重复练习 3～5 次，建议每次完成 2～4 组，可根据个人的体能水平进行调整。

四、三夹

三夹动作是在背部挺身动作的基础上延长保持时间的升阶动作，不仅可以强化背伸肌群，更重要的是可以激活背部深层肌肉，对矫正脊柱侧弯和消除背部疼痛有神奇效果。

（一）动作要领

练习者俯卧，双腿并拢，手心相对，拇指向上，两臂向头部方向伸出，背部发力引领上半身离开地面，静力性保持 30 秒；呼气下落还原（见图 3-13）。

图 3-13　三夹

（二）注意事项

（1）双肩放松，不要耸肩。

（2）颈椎保持中立，头顶向远处延展。

（3）肩胛骨、臀部和脚后跟三点使劲收紧，不留缝隙，这也是这个动作被命名为"三夹"的原因。

（4）静力保持 30 秒，过程中保持呼吸均匀。

一次训练保持 30 秒，建议每次完成 2～4 组，可根据个人的体能水平进行调整。

案例分析

刘雯，作为中国最知名的超模之一，她的职业生涯充满了辉煌。刘雯从年轻时就展现出了对时尚的敏锐度和对模特职业的热爱。她凭借出色的表现，逐渐在国际时尚舞台上崭露头角。

刘雯的身材管理一直是人们关注的焦点。她以健康、自然的形象著称，无论是 T 台上的华丽造型还是日常街拍，都展现出了她独特的魅力。刘雯非常重视健身，她经常通过有氧运动、力量训练和普拉提等方式来保持身材的线条和紧致度。她的背部线条尤其引人注目，这得益于她长期的背部训练。

我们如果想在气质和身材上取胜，那么健身管理自然不能少，健身是维持身材，进行形体改造的最好方法。背部的训练在健身中一定不能少，尤其是女生，对气质来说非常重要。

分析要点：
1．优雅的气质离不开对身材的有效管理。
2．背部线条的塑造对气质的提升非常重要。

第三节　肩臂部的训练方法

一、弹力带肩袖外旋

弹力带肩袖外旋是将上臂向外旋转，而肩袖肌群是包裹住肩关节的肌肉，包括冈上肌、冈下肌、肩胛下肌和小圆肌。肩袖肌群对保护我们的肩关节意义重大，大部分的肩部损伤都与肩袖肌群有关。此项运动可训练肩肌腱袖的三条肌肉：冈上肌、冈下肌和小圆肌。如果胸肌强于肩袖，手臂就会永远向内旋转，身形就会像"山顶洞人"一样含胸驼背，肩部外旋运动就是避免出现这种情况的好方法。

视频 3-8

（一）动作要领

练习者自然站立，目视前方，手肘弯曲呈 90°向前，双手手掌向上抓住弹力绳，约与肩同宽。如图 3-14（a）所示，练习者慢慢将肘部打开至身体外侧后，再慢慢回到原点，注意打开与收回的动作都要尽量放慢，如图 3-14（b）所示。

（二）注意事项

（1）上臂夹住身体，不要使用肩部代偿。

（2）大拇指发力引领向身体后方移动，保持肩部后侧肌肉持续发力控制收缩。

一组训练重复练习 10～12 次，建议每次完成 2～4 组，可根据个人的体能水平进行调整。

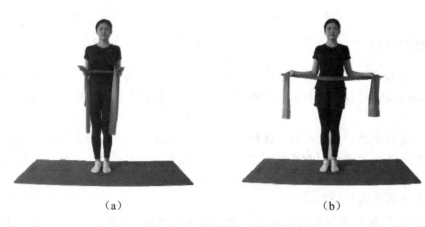

(a)　　　　　　　　　　　　　　(b)

图 3-14　弹力带肩袖外旋

二、弹力带肩部侧平举

视频 3-9

侧平举动作可扩长肩部宽度。由于弹力带在顶峰收缩时阻力最大，所以对肌肉的塑形效果比哑铃更好。女性比较偏爱使用弹力带进行肩部的训练。很多男生都希望有宽阔的肩膀，哑铃侧平举可以增加负重，所以这个动作更受男生的青睐。

（一）起始姿势

练习者两脚自然分开，身体直立，目视前方，挺胸、收腹、拔背。双手握弹力带，置于身体两侧，拳眼相对（见图3-15）。

（二）动作要领

练习者吸气，肩中部发力带动两臂向侧上方提举，举至两臂与地面平行或略高于水平位，做顶峰收缩；稍停片刻后，呼气，控制并缓慢放回起始位（见图3-16）。

图 3-15　弹力带肩部侧平举起势

图 3-16　弹力带肩部侧平举

（三）注意事项

（1）在整个动作过程中始终保持大小臂微曲及角度不变，以保证肩部肌肉的集中收缩。

（2）侧举时要摒弃耸肩、提臀、侧弯、身体前后晃动的借力方式，保证肩部有最佳受力。

（3）如果使用哑铃，双手勾挂住哑铃即可。如果使劲握哑铃会造成前臂肌群过紧而代偿发力。

（4）恢复到起始动作后紧接着重复下一个动作，以保持肩部的持续紧张力。

一组训练重复练习 10～12 次，建议每次完成 2～4 组，可根据个人的体能水平进行调整。

三、弹力带螺旋对角伸展

仔细回顾日常活动及体育运动中的动作可以发现，其实人体很少有单纯一个解剖面的动作，几乎所有动作的运动轨迹都包含三个面，即矢状面、额状面和旋转面，我们称之为"螺旋对角线"动作。螺旋运动模式可以有效地提高人体的肌力、耐力和协调性，所以在运动方案中加入螺旋对角运动是有益的。

建议将螺旋运动模式作为常规热身运动的一部分，反复进行练习。熟悉上肢模式后，也可以用它进行肌力训练。在开始训练的时候不要太用力，否则第二天可能会觉得身体酸痛，找到适合自己的方法后逐渐增加难度。本书所介绍的练习以左侧上肢或下肢进行说明，但要记住，右侧上肢或下肢也要重复所有的练习。

肩螺旋对角线运动之"拔剑式"能够提高肩和背部肌群的肌力、耐力和协调性。如图 3-17 所示，练习者踩住弹力带的一端或将弹力带固定在右侧地板平面的固定物体上。从这个位置开始缓慢而有力地控制向上、向外移动，好像拔剑举上头的动作，所以称这个动作为"拔剑式"。

视频 3-10

图 3-17 肩螺旋对角线运动之"拔剑式"

当到达最高点时，缓慢而有力地控制，返回到起始位置，好像把剑插回剑鞘。这时肌肉进行离心收缩，控制起来更有难度。

动作完成过程中注意保持身体稳定，不要耸肩代偿肩部发力；弹力带负荷不宜过大，动作尽量做到舒展、流畅。

以上为 1 次练习的过程，通常一组训练重复练习 10～12 次，根据个人的体能水平进行调整。这个动作也可躺在垫子上，手握住重量轻的哑铃完成。

视频 3-11

肩螺旋对角线运动之"安全带式"能够提高手臂和肩后部的肌力、耐力和协调性。如图 3-18 所示，练习者将弹力带的一端固定在右肩上方，左臂举高抓住弹力带，从这个位置开始缓慢而有力地控制动作，左肢向下、向外和向后移，止于左侧下方身后，动作好像"下插安全带"，我们简称"安全带式"。当到达伸展最远端时，开始缓慢而有控制地返回到起始位置，这时肌肉进行离心收缩，控制起来更有难度。动作完成的过程中也要注意保持身体稳定，不要耸肩代偿肩部发力。

图 3-18　肩螺旋对角线运动之"安全带式"

以上是 1 次练习的过程，一组训练重复练习 10～12 次，可根据个人的体能水平进行调整。这个动作也可躺在垫子上，手握住重量轻的哑铃完成。

四、双杠臂屈伸

视频 3-12

不同的动作要领会对目标肌肉产生不同的训练效果，上身前倾，含胸收腹，两肘外张，着重练胸大肌；而垂直向上推起，挺胸夹背就变成主练肱三头肌了。

（一）起始姿势

如图 3-19（a）所示，练习者双手握双杠，屈臂支撑，两肘外展，抬头向前引体，肩部前移，使胸大肌充分拉长伸展。

（二）动作要领

如图 3-19（b）所示，练习者吸气，以胸大肌的收缩力推撑起身体，至两臂伸直。做顶峰收缩，保持片刻。然后在呼气的同时，以胸大肌之紧张力控制身体缓慢下降，屈肘还原。

（三）注意事项

（1）双臂伸直时保持含胸收腹，保证胸大肌充分收缩。

（2）身体不要在随意晃动或前后摆动中完成动作。

（a）　　　　　　　　　　　　　（b）

图 3-19　双杠臂屈伸

（四）动作变形

辅助双杠臂屈伸：练习者采用跪姿将双膝放在助力板上，在助力板的辅助下完成动作（见图 3-20）。

助力双杠臂屈伸：练习者将弹力带放在脚踝处，借助弹力带的弹力辅助完成完整的技术动作（见图 3-21）。

视频 3-13

图 3-20　辅助双杠臂屈伸　　　　　图 3-21　助力双杠臂屈伸

双杠臂屈伸也是一个体能测试动作，大部分航空公司面试达标标准为 5 个，少数航空公司面试达标标准为 8 个。通常在测试初，会有少部分同学不能完成 5 个标准双杠臂屈伸。对于不能顺利达标的同学，应该做针对性训练。双杠臂屈伸动作成绩经过训练可以迅速提升，在体适能结课时，男生在该项目复测中都可以达到测试标准。

因为双杠臂屈伸动作参与肌肉较多，恢复时间较长，建议隔天训练，每组训练重复次数不少于 8 次，如果不能完成标准的双杠臂屈伸动作，建议采取搭档帮助或弹力带辅助的方式，每次完成 2～4 组，可根据个人的体能水平进行调整。

视频 3-14

五、站姿弹力带臂弯举

肱二头肌是大臂前侧的肌肉，就是男生常弯曲手臂展示的"肌肉"。臂弯举是练出发达的肱二头肌的经典动作，可以采用站姿、坐姿完成，可以使用哑铃、杠铃、拉杆和弹力带等器械完成，在使用弹力带完成这类动作时，阻力是恒定的，当肱二头肌顶峰收缩时阻力最大，有利于肌肉力量的提升。

（一）起始姿势

练习者两脚前后站立，目视前方，两手各持弹力带，拳心向前，自然垂于体侧，保持挺胸、收腹（见图 3-22）。

图 3-22　弹力带肱二头肌臂弯举

（二）动作要领

练习者用肱二头肌的收缩力将弹力带举至肩前，顶峰收缩后，稍停片刻，控制还原至起始位，运动过程中保持自然呼吸，双手也可同时交替进行。

（三）注意事项

（1）上举过程中肘部好像贴住墙壁一样，不能向后移动，避免肩部发力代偿。

（2）身体保持稳定、挺直，不要借助摇摆的力量完成动作。

（3）腕部不能内扣或外展，否则小臂过多发力，影响训练效果，易造成腕部损伤。

（4）弯举至最高点处，稍作外旋，可使肱二头肌长头得到更好的刺激。

（5）下落至最低点，不要完全伸展，手臂接近完全伸展前，紧接着向上弯举。

男生为了增加肌肉围度，一组训练重复练习 10～12 次，建议每次完成 3～5 组；女生要减脂塑形，一组训练重复练习 15 次，建议每次完成 2～4 组，可根据个人的体能水平进行调整。

六、弹力带肱三头肌颈上臂屈伸

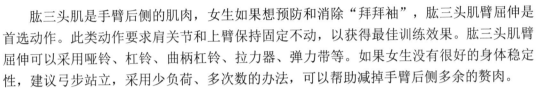

视频 3-15

肱三头肌是手臂后侧的肌肉，女生如果想预防和消除"拜拜袖"，肱三头肌臂屈伸是首选动作。此类动作要求肩关节和上臂保持固定不动，以获得最佳训练效果。肱三头肌臂屈伸可以采用哑铃、杠铃、曲柄杠铃、拉力器、弹力带等。如果女生没有很好的身体稳定性，建议弓步站立，采用少负荷、多次数的办法，可以帮助减掉手臂后侧多余的赘肉。

（一）起始姿势

练习者两脚分立，与肩同宽，膝盖微屈，收腹、挺胸，双手握住弹力带，屈臂置于颈后，拳眼相对，如图 3-23（a）所示。

（a）　　　　　　　　　　　　（b）

图 3-23　弹力带肱三头肌颈上臂屈伸

（二）动作要领

练习者呼气，用肱三头肌收缩力将绳拉至头上方，如图 3-23（b）所示，如垂直向前则对手臂后侧的外侧训练刺激大，如双手向两侧分开，会使手臂后侧的内侧得到加强，做顶峰收缩，在肱三头肌控制力下缓慢回到初始位。

（三）注意事项

（1）运动过程中注意保持挺胸、收腹，头部不要过低或过仰，头部为身体的延长线。

（2）上拉过程中保持沉肩，避免力量不足时用肩部拉拽弹力带。

（3）双脚稳定地站在地面上，不要使身体来回摆动。

（4）手部动作保持缓慢匀速，不要借助惯性完成动作。

男生为了增加肌肉围度，一组训练重复练习 10～12 次；女生要减脂塑形，一组训练重复练习 15 次，建议每次完成 2～4 组，可根据个人的体能水平进行调整。

七、站姿弹力带臂下拉

弹力带臂下拉也是训练肱三头肌的运动，多采用小重量、多次数来消除手臂后侧赘肉。下拉时，当手心方向与运动方向相同时，会更多地训练肱三头肌长头；而当手心方向与运动方向相反时，会更多地强化肱三头肌内侧头。

（一）起始姿势

练习者面对弹力带的锚点站立，双膝微屈，髋部固定，挺胸、收腹，两上臂紧贴体侧，正握或反握拉力器握把，目视前方（见图 3-24）。

图 3-24　弹力带肱三头肌臂弯屈伸

（二）动作要领

呼气，用肱三头肌的收缩力将握把下压，直至两臂伸直于大腿前，顶峰收缩片刻后，控制握把，缓慢还原至起始位。

（三）注意事项

（1）为实现肱三头肌单独运动，肘关节要固定，紧靠身体两侧，只让前臂运动。

（2）负重不要过大，如果负荷过大，会迫使身体晃动或肩部代替目标肌肉发力，反而会影响训练效果。

（3）反握时，小拇指充分发力握住弹力带，使肌臂内侧得到充分刺激。

第四节　腹部的训练方法

腹部肌群不仅是内脏的坚强卫士，也是展现人体健美的亮点。对于大腹便便的人来说，发达的腹部肌群和减少腰腹部脂肪，不仅有助于美化形体，而且还有着更深一层的健康意义。腰腹乃人体之轴，运动时，躯干的前后屈和旋转都离不开腹肌的支持。强健的腹肌能极大地提高身体的平衡能力和稳定性，可避免腰背受伤，而且有助于增强其他动作的训练效果。经常训练腹肌，还有助于增强人体消化及生殖系统功能，预防胃下垂、便秘等多种疾病。

人们常把腹部分为上腹、下腹和侧腹。完成屈体动作主要靠腹直肌收缩，训练部位是上腹部和下腹部；弯向对侧和转体运动则主要依赖腹斜肌完成，这两个动作特别对减掉腹部侧面的赘肉有很好的效果；位于腹直肌深层的腹横肌，其主要功能是保护脏器。腹肌的练习方法多种多样，欲达到最佳效果，必须遵循一个原则，即最大限度地直接压缩腹部肌群，无论是上腹的卷起、下腹的举腿、侧腹的抬起或者是能快速瘦腹的旋转动作，均以能使腹肌达到顶峰收缩状态为最佳。

一、卷腹

视频 3-16

卷腹是训练上腹部的经典动作，不仅可以募集和加强上腹部肌肉的训练，还可以按摩腹腔内脏，改善消化系统循环。

（一）动作要领

练习者两腿稍微分开，屈膝仰卧于垫上，双手十指交叉置于头后，肘外分，骨盆中立位，呼气，上腹收紧，从头颈开始，脊椎逐节上抬至肩胛骨下沿，抬离地面；吸气不动，呼气逐节下落还原（见图 3-25）。

图 3-25　卷腹

（二）注意事项

（1）肩部放松，不要耸肩，肩部如果过度紧张，双手可以拉弹力带放在头颈下面。

（2）下颌微收，下颌处像含着一个橘子，保持颈椎伸直，在胸椎的延长线上，不要手臂发力去拉颈部，避免颈椎出现劳损。

（3）腹部竭尽全力发力收缩，带动上身抬离地面，感觉胸口有根绳子在向上提拉，保持核心稳定、骨盆固定，下背部不要离开垫子。

（4）在做动作时要配合呼吸，不要屏气。

一组训练重复练习 10～12 次，建议每次完成 2～4 组，可根据个人的体能水平进行调整。

（三）动作变形

（1）这个动作可以将双脚置于健身球或长凳上，避免出现屈髋肌群借力现象。

（2）选择一个你感觉舒适的高度，将脚掌抵在墙壁上，完成卷腹。

视频 3-17

二、仰卧举腿

仰卧举腿类属于腹肌上固定动作，可提高下腹部的训练效果。将弹力带绑缚在脚上，可降低动作难度，由于举腿时会使髂腰肌变得紧张，进而导致腰椎承受压力过大而造成腰背疼痛，大腿变粗，所以完成举腿类动作后，最好能配合弓步拉伸。

（一）起始姿势

练习者仰卧于地板或长凳上，双手置于体侧，双腿伸直并拢，上抬至垂直于地面（见图 3-26）。

图 3-26　弹力带助力举腿 1

（二）动作要领

练习者呼气，用腹肌收缩力将双腿提起，使臀部离开地面，顶峰收缩片刻，控制双腿还原（见图 3-27）。

图 3-27　弹力带助力举腿 2

（三）注意事项

（1）肩部放松，下额微收。

（2）用腹肌的力量将下身提起，尽量避免用手臂借力。

（3）练习初期，膝关节可微屈，并借助弹力带的助力完成动作。下腹力量提升后，再逐渐伸直腿部并去掉弹力带的协助来提高难度。

（4）上举时要用下腹部收缩的力量完成动作，不要借助腰背的冲力完成，如果找不到下腹部收缩的感觉，可以在自己的髋部下垫一个毛巾卷（见图 3-28），减少上腹代偿发力，增强下腹的训练效果。

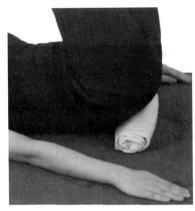

图 3-28　弹力带助力举腿的垫毛巾卷细节

一组训练重复练习 10～12 次，建议每次完成 2～4 组，可根据个人的体能水平进行调整。

三、"元宝"起坐

元宝式仰卧起坐是因为当练习者侧卧发力，两端同时抬起的时候，身体形状就像古代的"元宝"而命名的。这个动作可以使练习者的侧腹部得到很好的训练，如果和侧面伸展配合起来，经常在一组动作完成后，就可看到练习后的一侧消瘦了，与另一侧的赘肉形成了鲜明对比。

视频 3-18

（一）起始姿势

练习者侧卧于垫上，上身保持直立，头部枕于下放的手臂上，另一只手轻扶胸前地面，保持身体平衡（见图 3-29）。

图 3-29　元宝式仰卧起坐 1

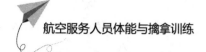

（二）动作要领

练习者呼气，用腹肌收缩力将上身抬起；吸气，控制下身还原垫上（见图3-30）。

图3-30　元宝式仰卧起坐2

（三）注意事项

（1）整个运动过程中，上身保持直立稳定。

（2）腿部与身体保持在同一平面进行运动。

（3）上方的手仅起到保持身体平衡的作用，不要过度支撑身体。

（4）屈髋完成动作会增强腹肌的训练效果，如果身体保持挺直，会使同侧的腰方肌过度参与训练。

（5）完成一侧腹肌训练后马上进行伸展或进行对侧的身体练习。

（6）不要用力拉脖子，借助惯性完成动作。

（四）动作变形

抬腿元宝式仰卧起坐：练习者在侧抬起上身的同时抬起大腿，这样会促进侧腹进一步收缩，从而增强训练效果，同时能训练臀外侧的肌肉（见图3-31）。

图3-31　抬腿元宝式仰卧起坐

一组训练重复练习10～12次，建议每次完成2～4组，可根据个人的体能水平进行调整。

四、腹斜肌交叉

腹斜肌交叉是靠躯干极度旋转使腹斜肌收缩的动作，是能快速瘦腹的动作之一。在完成动作时，练习者经常会感觉身体像扭毛巾一样把油脂挤压出体外，动作难度比较大，是一个高级进阶动作，但无论男生、女生都非常喜欢这个动作，因为每做一次这个动作，腹部都有"灼烧感"，像腹部瘦了一圈。

（一）动作要领

练习者屈膝仰卧于垫上，双腿举至脚尖与眼睛同高，上身向一侧平转 45°左右；吸气，身体还原中立位，再次呼气，完成反方向的动作（见图 3-32）。

图 3-32　腹斜肌交叉

（二）注意事项

（1）转体时肩部向对侧的髋部靠拢，使腹肌得到最大程度的收缩。
（2）转体时上身高度不要下降或出现歪斜现象。
（3）转体时始终保持下颚微收，颈部不要过于前引。
（4）在转体过程中，身体不要出现歪斜，身体躯干要绕脊柱中轴进行旋转。
一组训练重复练习 10～12 次，建议每次完成 2～4 组，可根据个人的体能水平进行调整。

五、弹力带"百次振拍"

百次振拍这个动作是训练腹肌的超级加强动作，在同学们刚进入课程后就训练这个动作，还没完成一组，就有一大半人倒地不起了。但是这个动作对人体核心稳定能力的提升有很大帮助，所以考虑再三，还是把这个动作加在训练体系中。这个动作的幅度不是很大，关键是要始终保持腹肌处于有意识的收紧状态，双手向下拍打时会给躯干带来一定的刺激干扰，如果想让身体保持稳定，必须收紧核心肌肉。为了防止腹部力量不足造成颈部发力受损，限定这个动作不超过一百次，这个动作也因此得名"百次振拍"。

（一）起始姿势

练习者仰卧于垫上，将弹力带绕过举起的双腿，上腹发力带动上身抬起，双手抓握住弹力带，眼睛看下腹方向（见图 3-33）。

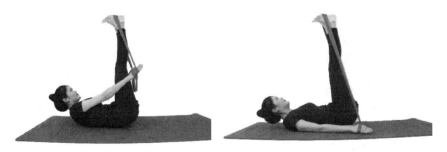

图 3-33　弹力带百次振拍

（二）动作要领

呼气，双手下拍 5 次；吸气，双手下拍 5 次；持续 10 个呼吸。

（三）注意事项

（1）双手下拍过程中，身体躯干始终保持不动。

（2）双手下拍时，肩部尽量放松，手尽量向远端延展，想象手在拍水，要拍得水花四溅。

（3）腹部保持发力，如果腹部力量不足，颈部开始代偿发力，就须马上停止练习。

（4）运动过程中，保持呼吸，不要屏气。

一组训练重复练习 10～12 次，建议每次完成 2～4 组，可根据个人的体能水平进行调整。

六、扇面开合

"扇面开合"这个动作可以在加强下腹训练的同时减掉大腿内侧的赘肉。练习者将举至垂直于地面的腿向两侧打开，就好像一把折扇在开合，所以将这个动作命名为"扇面开合"。如果练习者躺在泡沫轴上完成这个动作，泡沫轴的不稳定性能帮助学生找到下腹部核心收紧的感觉。

（一）起始姿势

练习者仰卧在泡沫轴或垫上，将双腿举至垂直于地面，双手自然放在身体两侧，肩部放松，腹部尽量压实地面（见图 3-34）。

（二）动作要领

练习者吸气，两脚勾脚向两侧打开至最大限度；呼气，下腹部发力，带动双腿绷脚收回至双脚并拢（见图 3-35）。

图 3-34　扇面开合 1

图 3-35　扇面开合 2

（三）注意事项

（1）运动过程中，身体躯干始终保持不动。

（2）腿分开时要充分，直至大腿有伸展感。

（3）举腿过程中，下腹部发力将双腿收回中立位。

（4）运动过程中，肩部放松，不要借助手臂的力量。

一组训练重复练习 10～12 次，建议每次完成 2～4 组，可根据个人的体能水平进行调整。

第五节　臀腿的训练方法

结实的双腿并非与生俱来，而是人们用汗水雕琢而成的，粗腿和肥臀不仅有碍人体线条美，还会给劳动、工作和生活带来诸多不便。挺、圆、翘的臀部与胸部上下呼应，是人体曲线美和性感美的两大亮点。作为连接下肢与躯干的枢纽——臀部，发达大腿的练习动作除腿屈伸外，大多数双关节的复合动作，如深蹲、剪蹲等，都会使臀部肌群受到不同程度的刺激。根据大腿与臀肌在训练中密不可分的特点，可以将这两部分结合，这样训练更为有效。更重要的是，复合动作允许使用大负重，这样就可以给肌肉以超强刺激，从而实现肌肉更快速地生长。

一、坐姿勾脚提踵

坐姿勾脚提踵可以募集和训练大腿前侧，如果配合后面介绍的大腿前侧伸展会对骨盆前倾矫正和膝关节康复有很大的帮助。

（一）动作要领

练习者坐在垫上，目视前方，后背挺直，一条腿盘起，另一条腿伸直。呼气，感觉大腿好像被一根线拉着向上提起，直腿勾脚上举离地；吸气，控制大腿，缓慢下落还原（见图 3-36）。

图 3-36　坐姿勾脚提踵

（二）注意事项

（1）充分勾脚，使脚跟在脚尖前，不能仅勾脚趾。

（2）后背保持立直。

一组训练重复练习15～18次，建议每次完成2组，可根据个人的体能水平进行调整。

二、侧卧大腿内侧勾脚侧抬腿

大腿内侧常是人们堆积脂肪的位置，所以针对大腿内侧的训练是非常有必要的。这个动作虽然训练强度不大，但可以有效激活大腿内侧沉睡的肌肉，从而减掉赘肉。在安排训练过程中，可以穿插在较高训练强度的动作之间。

（一）动作要领

侧卧，练习者保持身体侧面立直并垂直于地面，下面的腿勾脚伸直，上腿屈膝踩在身体前侧；呼气，下面大腿的内侧腹发力，将腿抬起，保持2～4秒；吸气还原（见图3-37）。

图3-37　侧卧大腿内侧勾脚侧抬腿

（二）注意事项

（1）身体侧卧，练习者保持身体垂直于地面。

（2）肩放松，肩如果紧张，练习者会借助背部力量将身体抬起。

（3）练习者尽量勾脚，这样会增强大腿内侧的训练效果。

（4）可以在练习者颈部下方垫一块毛巾，减少颈部的压力。

一组训练重复练习10～12次，建议每次完成4组，可根据个人的体能水平进行调整。

三、骨盆卷动

骨盆卷动是一个针对臀部、大腿后侧和下背训练的经典动作，来自"普拉提运动"。骨盆卷动可以提高下背灵活性，矫正骨盆前倾，增强核心控制能力，改善消化系统功能，预防便秘，促进下肢血液循环。

（一）起始姿势

练习者两腿稍微分开，屈腿仰卧于垫上，双手置于身体两侧，保持骨盆中立位，吸气，保持不动（见图3-38）。

图 3-38　骨盆卷动 1

（二）动作要领

练习者呼气，从骶骨开始，脊柱逐节抬起至大腿与躯干成一条直线。抬起时，可以想象每节脊柱都是一枚钉子，从地上逐个拔起；保持吸气，呼气下落时，想象脊柱下有一排花生米，将花生米逐个压碎，脊柱逐节下落，还原于垫上（见图 3-39）。

图 3-39　骨盆卷动 2

（三）注意事项

（1）腹肌发力控制脊柱运动，使脊柱逐节运动。
（2）完成动作时，保持两腿之间一拳远的距离。
（3）抬至最高点时，臀部要充分收紧，髋部要充分挺出。
（4）五个脚趾分开，脚掌踏实地面，两脚平均受重。

一组训练重复练习 10～12 次，建议每次完成 2～4 组，可根据个人的体能水平进行调整。

四、侧踢

视频 3-19

侧踢动作也来自"普拉提运动"，该动作可以加强臀部外侧肌肉的力量，从而提高走路的稳定性。在完成动作时，练习者的骨盆会处于侧倾位置，所以多让骨盆较低一侧做这个动作可以矫正骨盆侧倾，从而矫正脊柱侧弯。另外，完成这个动作需要保持上半身稳定不动，需要核心收紧控制，可以提高核心控制能力，从而起到减脂塑形的效果。

（一）起始姿势

练习者单膝跪于垫子上，另一条腿于体侧伸直，支撑身体，上半身挺直，目视前方，双臂侧平举。练习者控制身体，垂直于地面侧倒至平行于地面，单手撑地，另一只手指向天花板，腿勾脚抬至平行于地面（见图 3-40）。

图 3-40　侧踢 1

（二）动作要领

练习者在保持上身稳定的同时，呼气勾脚向前踢腿两次，吸气向后踢腿两次（见图 3-41）。

图 3-41　侧踢 2

（三）注意事项

（1）核心收紧，保持在踢腿的过程中身体没有晃动。
（2）臀部发力，保持腿的高度不变。
（3）支撑身体的手臂保持微屈，不要耸肩。
（4）有意识地收紧腹部。

单侧训练重复练习 10～12 次后，马上进行对侧的训练，建议每次完成 2～4 组，可根据个人的体能水平进行调整。

五、蝎子摆尾

视频 3-20

因为完成动作时，向后抬起的腿像蝎子举起尾针，所以称这个动作为"蝎子摆尾"。蝎子摆尾可以很好地增强臀部的后伸功能，后伸功能增强后可令臀部更加后翘，这个动作还可以矫正骨盆前倾。

（一）动作要领

练习者跪撑，一条腿屈膝 90°，勾脚，自然下落。呼气，臀部发力引领脚跟垂直向上蹬，吸气还原（见图 3-42）。

图 3-42　蝎子摆尾

（二）注意事项

（1）躯干保持呈直线平行于地面，勾脚放松并沿地面的垂线上举。

（2）腹部收紧并保持髋部固定，不要塌腰。

（3）保持身体稳定，重心不要偏移至支撑腿一侧。

（4）保持沉肩，肘部微屈，想象腋窝下夹着一条毛巾。

一组训练重复练习 10～12 次，建议每次完成 2～4 组，可根据个人的体能水平进行调整。

六、箭步蹲

在训练中，没有其他动作可以替代箭步蹲，其对于增强臀腿力量非常重要，它也是提高髋部柔韧性的重要辅助训练项目。箭步蹲是少见的几个双腿位置和发力不对称的训练项目之一。人在移动和长时间站立的情况下，双腿都是不对称发力的，因此箭步蹲具有极高的训练价值。

视频 3-21

（一）动作要领

练习者双手交叉抱拳或侧平举，身体直立，向前跨出一大步。保持上身挺直向下蹲，蹲至前腿成 90°，然后缓慢站起并将重心过渡到前腿，收回后腿呈直立姿势，向前迈另一条腿，再次下蹲（见图 3-43）。

（二）注意事项

（1）上半身挺直，保持收腹，不要拱腰。

（2）腹部收紧并保持髋部固定，使髋部前侧有伸展感。

图 3-43　箭步蹲

（3）保持身体重心在身体中间，重心不要偏移至后腿一侧。

（4）完成动作的过程中，头向上延伸，而且下巴要收好，这样可以保持整个躯干挺直。

（5）下降的过程是直下，想象后腿膝盖向下，马上就要碰到地板。

一组训练重复练习 10～12 次，建议每次完成 2～4 组，可根据个人的体能水平进行调整。

七、跳箱纵跳

跳箱纵跳的训练方式是练习者直接跳跃到一定高度的跳箱上。这个动作被认为是增强下肢爆发力的最佳训练方法之一，目前正被广泛地使用。在航空公司的面试中，立定跳远是男生和女生都要测试的项目。研究显示，跳箱纵跳和力量深蹲相结合的训练对提升下肢爆发力的效果非常显著。

视频 3-22

（一）动作要领

根据练习者的能力，选择高度合适的跳箱，如图 3-44 所示，练习者站在箱子前，双脚与肩同宽，然后做预备动作，向箱子上跳，并轻轻地落在箱子上，完成动作后，从箱子上下来。根据个人体能情况决定练习次数，重复进行。

（二）注意事项

（1）选择结实的跳箱是安全的保障，注意跳箱顶部和侧面不能有凸起物。

（2）跳箱顶上应该有固定的垫子，能起到缓冲作用，但不能减慢练习者的运动速度。

（3）跳跃前，要充分地热身和伸展。

图 3-44　跳箱纵跳

（4）做重复跳跃训练时，练习者的肘、肩、髋部和膝关节稍屈，为下一次跳跃做好准备。

第六节　力量训练对空乘的影响

肌肉在紧张和收缩时克服内外阻力的能力称为力量能力。肌肉的力量越大，做出的动作也就越快速有力。力量训练是一种通过借助各种器械或自重运动，在不损害身体的基础上进行增加肌肉围度、塑造或改变肌肉形状以及强化力量的运动。因此，我们通常把力量视为其他各种素质的基础。力量练习不仅能增强体格、提高机体能力，而且对速度和灵敏素质的发展也有着较大的影响，对心理状态的改善也有着积极的作用。力量训练对空乘未来的职业发展尤为重要，是其掌握各项安全员必备技能，提高实战能力的基础。

一、力量素质练习的种类和方法

（一）克服外部阻力的练习

克服外部阻力的练习包括承受一定重量物体（如沙袋、实心球）的练习；克服弹性物体（如拉力器、橡皮筋）的练习；克服外部环境（如木屑跑道、沙滩、上坡等）的练习等。

（二）克服自身体重阻力的练习

克服自身体重阻力的练习包括俯卧撑、引体向上、双臂屈伸、倒立推起、跳跃等。

（三）身体各部位的力量练习

身体各部位的力量练习可分为上肢力量练习，如推举、挺举、举哑铃、举壶铃以及其他举重物的练习；下肢力量练习，如负重深蹲、静蹲、立定跳远、深蹲跳、多级跳等练习；腰腹部力量练习，如仰卧起坐、收腹举腿、负重体前屈、负重仰卧起坐等练习。

二、发展不同力量素质的方法

（一）发展绝对力量的练习

一般采用大负荷、重复次数少的练习方法，其有利于绝对力量的增长，如接近本人的极限负荷85%～95%的重量，练习4～8次，重复3～5组，每组间隔1～3分钟，每周练习3次左右。经过一段时间的练习，绝对力量提高后，再增加负荷量和练习组数。

（二）发展速度力量的练习

一般采用中等负荷，尽可能多次快速地重复完成动作。如用本人最大负荷的60%～70%的重量进行练习，每组练习5～15次，重复4～6组，每组间隔2～5分钟，每周练习3～4次。经过一段时间的练习后，可逐步增加次数、组数以及缩短每组的间隔时间。

（三）提高爆发力量的练习

一般采用轻重量、快速度的方法进行练习，练习时重复的次数越多，对提高爆发力的效果越好。由于爆发力以一般力量作为基础，所以在进行爆发力量练习时必须结合上述两种力量进行，才能获得好的效果。

（四）提高力量耐力的练习

一般采用本人极限负荷的40%～50%的强度进行练习，每组练习的次数为30～40次，重复3～5组，每组间隔1～2分钟，每组练习应做到产生疲劳感为止。这种练习主要以消耗能量、减少脂肪和提高肌肉耐力为主。

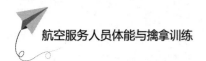

三、力量训练对空乘的影响

（一）提高身体素质

空乘人员的工作强度较高，需要具备良好的身体素质。力量训练可以促进血液循环，改善骨骼的结构及性能，提升身体的代谢水平。另外，力量训练还能增强身体的肌肉力量和耐力，使身体的各个器官和系统更加协调，全面提高身体素质。

（二）预防意外伤害

空乘人员在工作时需要面对各种突发情况，如飞机失重、剧烈颠簸等。力量训练不仅能加强关节周围肌肉的力量和提高关节周围韧带、肌肉的伸展性，而且能使关节囊和韧带增厚、增粗，更富有弹性，从而扩大关节的运动幅度和提高关节的灵活性，同时也加强了关节的稳定性。关节的灵活性和柔韧性的增强可以间接提高身体的平衡性和稳定性，从而有助于发生突发情况时预防意外伤害的发生。

（三）应对紧急情况

在紧急情况下，例如，发生火灾、地震以及影响飞行安全的乘客过激行为等，空乘人员需要及时采取正确的应对措施。力量训练一方面可以提高神经系统对肌肉的控制能力，另一方面又能密切神经与肌肉的联系，使肌肉对神经冲动的反应速度加快。训练过程中，使主动肌、对抗肌、协同肌之间互相协同配合的能力得到改进和提高。由此可见，力量训练对于提高空乘人员的身体反应速度和灵敏度起着至关重要的作用，这有助于增强他们的应急能力，使他们在面对紧急情况时能够快速而合理地处置。

（四）提高服务质量

空乘人员的形象和服务质量对乘客的旅行体验和航空公司的形象有着重要影响。力量训练不仅有助于塑造空乘人员的理想身材和形象，同时也能培养和增强他们的自信心和专业素养。在力量训练过程中，空乘人员需要展现出高度的自律性和专注力，这些品质也同样适用于空乘服务工作。通过力量训练，空乘人员能够更好地应对各种挑战，为乘客提供无微不至的关怀与优质服务，从而为航空公司的良好形象贡献力量。

 思政拓展

体魄与人格并重！青年向上，为祖国健康工作五十年

清华大学作为中国高等教育的一座高峰，其不仅重视学生的学业成果，也对学生的身体健康同样看重。

1957年11月29日，时任清华大学校长的蒋南翔面对已经76岁高龄却依然面红身健的马约翰时表示："我们每个同学都要争取毕业后工作五十年。"

1964 年 1 月，在庆祝马老服务清华五十年的大会上，蒋南翔又一次在发言中表示："把身体锻炼好，以便像马约翰先生看齐，同马约翰先生竞争，争取至少为祖国健康地工作五十年。"

蒋南翔提出的"为祖国健康工作五十年"的口号，从此成为清华人奋斗的目标，几十年来，这个口号不仅在清华，而且在全国的高等学校，甚至在社会上都产生了广泛影响。

所以，就有了今天"无体育，不清华"的标签和清华学生体育不及格不能毕业的硬性规定。清华大学坚持体魄与人格并重的教育，在中国快速发展的进程中，一代代清华人为了国家利益呕心沥血、奋斗终生，他们用毕生的努力推动国家的发展、时代的进步。

问题分析：
1. 健康的体魄是工作的保证，是为祖国做贡献的必要条件。
2. 民航人只有坚持锻炼身体，拥有健康的体魄，才能为民航事业做出自己的贡献。

 **讨论拓展**

力量训练中常见的几种误区

1. 局部减肥

"想要减掉小肚子，只要锻炼腹部，做仰卧起坐就可以了！"这是非常错误的观念，每天做几百个仰卧起坐，确实能够加强你的腹肌，但并不会减少肚子上的脂肪，甚至还会使腹部的脂肪往外推，使肚子更加凸显。

肚子上脂肪的减少是在全身运动的同时减少的，换句话说，锻炼大腿、肩膀一样会使肚子上的脂肪减少，而且因为它们是更大的肌肉群，远比一味地仰卧起坐有效得多！

2. 力量训练会让你的肌肉过度发达

很多女性说："我不想肌肉练得太过发达。"甚至在看到力量训练最初几天的效果后，就开始担心自己变成"肌肉人"而停止锻炼。如果这么简单就能变成"肌肉猛男"，全世界那么多专业的职业健美者，还会不顾对身体的影响使用类固醇和其他违禁药物吗？如果不使用药物，人根本不可能练出那样的块头，所以担心自己的肌肉会疯长是毫无根据的。

对女性来讲，每月能增加 0.5 磅肌肉已经是很了不起的成就了，肌肉是长期坚持力量训练的结果，它不会一夜之间疯长的。

3. 女性的训练方法和男性不同

其实，这种说法是没有道理的，女性的肌肉、脂肪增加和减少的方式和男性没有任何区别，诚然，男性和女性的目标不一样，但完全可以通过相同的训练方法增加一定的效果。

很多女性不想拥有强壮的上肢，只是想让身体变得紧致，所以一些女性去健身房，完全是带着胳膊去"看热闹"。然而，她们不知道的是，如果把锻炼下肢一半的时间投入锻炼上肢中，她们的小腹会更加平坦，身材会更加紧致，因为她们的无脂体重增加了。

4. 锻炼的次数越多越好

很多人凭借感觉认为自己越努力，锻炼的次数越多，锻炼的时间越长，效果就会越好，殊不知肌肉的增长发生在你休息的时间里。过度训练是很多健身新手和老手经常犯的错误，因为"过度"这个值很难把握，需要考虑的因素包括基因、饮食、睡眠时间等。

最好的办法还是注意身体的信号，如果你出现长期疲劳、停滞不前、兴趣下降、频繁受伤等情况，很有可能就是过度锻炼导致的。通过本章的学习，你是否已经掌握了正确的力量训练方法，建立了正确的健身理念呢？

问题分析：

1．开始健身时，首先要建立正确的健身理念，才能达到事半功倍的效果。

2．力量素质的提升不是一蹴而就的，而是不断的努力和坚持换来的。

 本章总结

本章从教学实践出发，从理论上对胸、背、肩臂、腹部以及臀腿五个部位的力量素质的训练方法进行了详细的介绍，目的是让学生完全掌握身体不同部位的训练技术，发展自己的力量素质，改善体能。本章共分为六个小节，前五节每节针对一个身体部位的不同练习方法从动作概念、动作要领、注意事项、动作变形几个方面详细讲解。通过本章的学习，不仅能够帮助学生发展力量素质，增进健康，改善形体，塑造良好的气质形象，同时能指导学生掌握正确的训练方法，建立科学严谨的训练理念，培养学生吃苦耐劳的意志品质，为其将来从事民航事业，在工作岗位上做出优异业绩做好充分的准备。

 思考与复习

思考题

1．力量素质的训练对改善体能、塑造形体有何作用？

2．学习完本章，请认真思考如何在短期内增强自己的力量素质。

复习题

1．训练胸、背、肩臂、腹部以及臀腿的方法有哪些？请举例说明。

2．不同训练方式的变形动作指的是什么？

练习题

1．请根据自身的实际情况，制订适合自身状况的力量训练方案。

2．除了本章介绍的力量训练方法，还有哪些无须借助器械的训练方式？请每个部位列举 1 到 2 种。

荐读 3-1

第四章　身体各部位放松的伸展方法

【学习目的】

1. 颈肩部的伸展方法。
2. 胸臂部的伸展方法。
3. 背部的伸展方法。
4. 腹部的伸展方法。
5. 臀部的伸展方法。
6. 大腿后侧肌群的伸展方法。

【本章核心】

1. 身体各部位的伸展技术要领。
2. 伸展练习动作的正确性和有效性。

【素质目标】

1. 熟悉并掌握身体各部位的伸展技术。
2. 改善空乘人员的身体柔韧性。

【能力目标】

1. 掌握目标肌肉的起止点和功能，伸展练习动作能够牵拉到目标肌肉。
2. 能够结合自身的柔韧状况，选择并完成有效拉伸。

【导读】

　　随着现代科技的发展和生活方式的改变，空乘人员可能会因为久坐或久站导致颈椎和上背部肌肉疲劳紧张，引起头部供血不足，导致头昏脑涨，工作效率下降，精神压力增加。拉伸运动是帮助肌肉减缓、消除痉挛和僵硬的一个最好的方法。身体疲劳后进行拉伸运动能保护韧带、降低肌肉的紧张，使紧缩的肌肉放松，并能减少肌肉的压迫，促进血液循环，加速训练后的恢复，有助于放松身体。大量运动后的柔韧性拉伸，能扩大身体的运动范围，让身体运动更加轻松自如，从而提高身体的协调性，可以缓解肌肉酸痛。因此，在工作间隙进行拉伸运动能令肌肉放松，舒缓肌肉紧张，减少精神压力。

如果选择在课后放松环节或在日常工作之余进行伸展运动，需遵守以下原则：

（1）伸展应该是无痛的，意念想着要放松的肌肉随着呼吸慢慢放松。

（2）一定要在充分的热身训练后进行拉伸。

（3）拉伸时均匀用力并注意调整呼吸，通常在进行肌肉伸展时配合呼气，静力保持或对抗时配合吸气。

（4）拉伸到肌肉感觉紧张时停止，注意循序渐进地增加强度。

（5）注意拉伸对称肌肉，保证对称肌肉的放松有利于保持体态端正。

（6）拉伸时注意保持正常体位，有利于保证目标肌肉获得良好的拉伸，并且不影响其他肌肉。

第一节　颈肩部的伸展方法

一、颈肩后部的伸展

（一）动作要领

视频 4-1

练习者盘坐于垫上，头向一侧偏，呼气，另一侧的手臂向下延伸，保持吸气（见图 4-1）；呼气，眼睛向延伸手臂一侧的斜上 45°瞟，使颈后部肌群得到伸展。伸展过程中，可能会感觉肩部酸痛，之后会感觉肩部非常轻松。这个动作可以令高耸的肩部得到改善，可以调节高低肩，缓解经常背包造成的肩部肌肉紧张。

图 4-1　颈肩后部的伸展

（二）注意事项

（1）保持身体挺直，伸展过程中，保持头顶引领颈部向远端延展。

（2）伸展过程中保持呼吸，感受肌肉伸展的感觉。

（3）动作缓慢，伸展动作的幅度不宜过大。

二、颈部前后的伸展

（一）动作要领

练习者盘坐于垫上，双手十指交叉，向上举过头顶。双臂夹住双耳，呼气低头。下颌靠近胸部，吸气还原。呼气，头尽量后仰，吸气还原。将整个动作完成三次（见图 4-2）。

视频 4-2

图 4-2 颈部前后的伸展

（二）注意事项

（1）伸展过程中，保持躯干立直。

（2）双臂上举，保持夹住双耳。

（3）如果出现手麻的现象，说明练习者肩部过紧，需先做颈肩后部的伸展，进行放松。

三、肩内旋肌群的伸展

视频 4-3

（一）动作要领

练习者两眼平视前方，上身保持直立，收紧腹部，盘坐于垫上，将弹力带重叠，留约前臂的长度，双手分别握住两头。左手在上，右手在下，位于体后。呼气，将弹力带向上拉，使右肩内旋肌群得到伸展（见图 4-3）。

图 4-3 肩内旋肌群的伸展

（二）注意事项

（1）伸展过程中，躯干立直。

（2）伸展过程中，肩胛骨前侧肌肉有伸展感时，可让有伸展感的肌肉对抗拉伸的力量，这样可以增强伸展感。

（3）伸展过程中不要耸肩。

四、肩外旋肌群的伸展

（一）动作要领

视频 4-4

练习者两眼平视前方，上身保持直立，收紧腹部，盘坐于垫上，将弹力带重叠，留约前臂的长度，双手分别握住两头。左手在上，右手在下，位于体后。呼气，左手将弹力带向上拉（见图 4-4）。

图 4-4 肩外旋肌群的伸展

（二）注意事项

（1）伸展过程中，躯干立直。

（2）伸展过程中，肩胛骨前侧肌肉有伸展感时，可让有伸展感的肌肉对抗拉伸的力量，这样可以增强伸展感。

（3）伸展过程中不要耸肩。

五、肩前部和手臂前侧的伸展

（一）动作要领

练习者两眼平视前方，身体保持直立，收紧腹部，两脚与肩同宽站立，膝微屈，将弹力带重叠，留约前臂的长度，双手分别握住两头，两手位于体后。呼气，两手向两侧延展，吸气，保持不动，连续三个呼吸（见图4-5）。

（二）注意事项

（1）伸展过程中保持手臂向后伸展。
（2）保持收腹，不要让躯干后仰。

图4-5　肩前部和手臂前侧伸展

视频4-5

六、双人压肩的伸展

（一）动作要领

练习者相对站立，双脚打开与肩同宽，将双臂搭在对方的肩上，呼气，靠自身重力下压肩部，使肩部的柔韧性打开，这个动作可以伸展到肩胛下肌，对圆肩驼背的矫正有一定的作用（见图4-6）。

图4-6　双人压肩伸展

（二）注意事项

（1）伸展过程中，背部不要弯曲，保持平直。
（2）为避免肩部受伤，须持续下压发力，不要弹振式压肩。

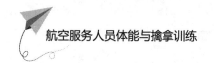

第二节　胸臂部的伸展方法

视频 4-6

一、双人胸大肌伸展

（一）动作要领

练习者摆正身体，相对弓步站立，单臂屈臂 90° 相对，身体弓步向前推，使胸部前侧得到伸展（见图 4-7）。

图 4-7　双人胸大肌伸展

（二）注意事项

（1）准备时，练习双方的肘部都垂直于地面，并贴在一起。

（2）髋部正对前方。

（3）练习者保持挺胸。

二、弹力带胸臂部伸展

（一）动作要领

练习者盘腿坐或站立，身体摆正，目视前方，双手握住比肩稍宽的弹力带置于身体后，手臂微屈，掌心向前。呼气，双手先上举 135°，再下拉至 45° 左右，使胸部和上臂得到伸展（见图 4-8）。

（二）注意事项

（1）身体保持不动。

（2）肩部放松，不要耸肩代偿。

（3）手肘保持微屈，没有角度变化。

图 4-8　弹力带胸臂部伸展

三、手臂后侧伸展

（一）动作要领

练习者两脚与肩同宽站立，收腹，身体保持直立，一只手直伸向体侧，另一只手来回伸直手臂，使手臂后侧的肌肉得到伸展（见图 4-9）。

视频 4-7

图 4-9　手臂后侧伸展

（二）注意事项

（1）伸展过程中，练习者保持肩部放松，不要耸肩。

（2）伸展过程中，练习者保持身体挺直，身体不要随手肘的伸展而转动。

第三节　背部的伸展方法

一、双人背阔肌伸展

（一）动作要领

练习者同向并排站立，两人外侧的手扣在一起，内侧的手彼此握住，两人同时发力，

视频 4-8

靠重力将髋部向远端顶出去，这个动作可使背阔肌得到伸展（见图4-10）。

图 4-10 双人背阔肌伸展

（二）注意事项

（1）伸展过程中，身体不要前后弯曲，要保持在一个平面。

（2）只有将重心转移给对方，才能令髋部充分顶出。

视频 4-9

二、上背伸展

（一）动作要领

练习者跪撑，双手与肩同宽，双膝与髋同宽，核心收紧，保持躯干平行于地面。呼气，练习者想象背部像猫弓背一样收缩，腹部向上，最大幅度地弓背，弹力带的阻力会引导练习者更好地找到弓背的感觉；吸气，练习者还原躯干至平行于地面（见图4-11）。

图 4-11 上背伸展

（二）注意事项

（1）肩胛骨下回旋，肘部微曲，两肘微微内旋。

（2）尾骨带动骶骨运动，确保腹部先发力。

（3）向上弓背时，配合最大程度的呼气，可提高上背的伸展感。

三、侧腰伸展

（一）动作要领

练习者坐在垫上，一条腿向侧边伸直，另一条腿盘坐，欲伸展的侧手臂上举抓住弹力带，由弹力引领上身向侧边伸展，另一只手按在另一侧盘腿的膝盖上来保持上身坐直，呼气，上身向伸直腿的一侧弯曲，伸展侧腰部的肌肉，吸气，侧腰部发力与弹力带的拉力对抗，重复呼吸 3 次（见图 4-12）。

图 4-12 侧腰伸展

（二）注意事项

（1）上身坐直，不要弯曲。

（2）若腿后侧有拉伸感，则可在腘窝下垫毛巾。

两人相互协助，放松腰方肌的效果会更好。女生常常久站之后，腰部出现疼痛，做辅助侧腰伸展，腰痛马上可得到缓解。协助者一只手压按练习者的膝盖，固定其髋部，另一只手顶其侧腰，练习者呼气，协助者帮助其侧屈；练习者吸气时，侧腰肌肉发力对抗（见图 4-13）。

图 4-13 辅助侧腰伸展

四、行进间弓步体前屈伸展

（一）动作要领

练习者弓步向前迈步，同时双手上举至头顶，呼气，弹振两次，肩部有伸展感（见

图 4-14）；练习者吸气，收回后脚，直接做体前屈（见图 4-15）；换腿前进，完成对侧练习，为一次完整动作；前进大约 20 米为一组练习。

图 4-14　行进间弓步体前屈伸展 1

图 4-15　行进间弓步体前屈伸展 2

（二）注意事项

（1）伸展过程中，练习者的上身保持立直。

（2）做体前屈时，指尖要尽量接触地面，使腰部得到伸展。

（3）弓步向前时，膝盖不要超过脚尖。

第四节　腹部的伸展方法

一、腹部伸展

（一）动作要领

视频 4-12

练习者俯卧于垫上，双手置于胸两侧（见图 4-16），吸气，由头顶引领，颈椎抬起，脊柱逐节抬起至手臂伸直，使腹部得到伸展，保持 3～4 秒；呼气，脊柱逐节还原地面（见图 4-17）。

图 4-16　腹部伸展 1

图 4-17　腹部伸展 2

（二）注意事项

（1）肩部下回旋，头顶向远端延展。

（2）背部收紧，带动上身抬起。

（3）肘部保持微屈。

（4）腹部和臀部同时收紧，髋部固定在地面上，如果臀、腹部没有收紧，会造成腰椎压力过大而产生腰痛。

二、坐姿脊柱扭转伸展

（一）动作要领

练习者的上身立直，坐于垫上，将左腿伸直，屈右膝，将右脚放在左腿外侧，左手肘顶住右大腿外侧，上身转向右侧，右臂伸直并向后延展，眼睛看左肩方向。呼气，核心发力令身体回转，左肘发力顶住右腿，使脊柱在旋转位置得到水平伸展（见图4-18）。

视频 4-13

图 4-18　坐姿脊柱扭转伸展

（二）注意事项

（1）伸展过程中，颈部拉长，头部向天花板方向上顶，使身体在旋转过程中保持上身直立。

（2）伸展过程中，腹肌主动发力和大腿对抗，使脊柱得到伸展。

三、弓步移动转体伸展

（一）动作要领

练习者弓步向前，同时双手合十，向迈出去的腿的一侧尽力转体，使上半身得到伸展感；吸气，后脚收回，恢复直立；换腿前进，完成对侧练习，为一次完整动作；前进大约20米为一组（见图4-19）。

视频 4-14

（二）注意事项

（1）伸展过程中，上身保持直立，使腹肌充分得到伸展。

（2）伸展过程中，肩部放松。

（3）弓步向前时，膝盖不要超过脚尖。

图 4-19　弓步移动转体伸展

第五节　臀部的伸展方法

（一）动作要领

练习者保持髋部正对前方，一条腿弯曲置于躯干下侧的垫上，另一条腿向后伸，双臂支撑上身（见图 4-20）。练习者呼气，俯身趴于垫上，适度伸展屈腿一侧的臀部。将躯干向左侧和右侧适当地旋转，可以提高伸展臀部的效果（见图 4-21）。

图 4-20　臀部肌群的伸展 1

图 4-21　臀部肌群的伸展 2

（二）注意事项

（1）伸展过程中，躯干保持挺直，髋部正对前方。

（2）向后伸的腿与躯干保持一条直线，大腿前侧尽量贴近地面。

（3）屈腿的脚保持勾脚。

（4）完成动作的过程中配合呼吸，动作缓慢轻柔。

（5）转体时，髋部要固定在地面上。

第六节 腿部的伸展方法

一、单人大腿前侧肌群伸展

（一）动作要领

视频 4-16

练习者盘坐于垫上，一只手抓住同侧腿的脚踝上方，令大小腿折叠，另一只手支撑地面，保持身体平衡。呼气，拉动脚踝令大小腿的折叠幅度加大，使大腿前侧有伸展感；吸气，保持不动，呼吸 3 次。交换完成对侧腿部的伸展（见图 4-22）。

图 4-22　单人大腿前侧肌群伸展

（二）注意事项

（1）伸展过程中，髋部要充分向前挺送。

（2）握住脚踝的手要抓住脚踝上方，如果抓握脚部，力量过大的时候容易使脚踝受伤。

（3）核心收紧，保持身体平衡，以防身体倾倒。

（4）完成动作的过程中配合呼吸，动作缓慢轻柔。

二、双人大腿前侧伸展

（一）动作要领

两名练习者相对而立，一只手抓住自己的脚踝上方，令大小腿折叠，另一只手平放于搭档肩上，扶住搭档，保持身体平衡。呼气，拉动脚踝，令大小腿的折叠幅度加大，使大腿前侧有伸展感；吸气，保持不动，呼吸 3 次。换另一条腿，完成另一条腿腿部的伸展（见图 4-23）。

视频 4-17

（二）注意事项

（1）伸展过程中，髋部要充分向前挺送。

（2）握住脚踝的手要抓住脚踝上方，如果抓握脚部，力量过大的时候容易使脚踝受伤。

（3）核心收紧，保持身体平衡，以防身体倾倒。

（4）完成动作的过程中配合呼吸，动作缓慢轻柔。

图 4-23　双人大腿前侧伸展

三、屈髋肌群的伸展

视频 4-18

（一）动作要领

练习者呈弓步姿势，上身挺直，目视前方。呼气，髋部向前挺送，使大腿上端有伸展感；吸气，保持不动，呼吸 3 次；换另一条腿，完成另一条腿腿部的伸展（见图 4-24）。

图 4-24　前弓步伸展

（二）注意事项

（1）伸展的过程中，臀部收紧，髋部要充分向前挺送。

（2）髋部正对前方，后腿伸直。

（3）核心收紧，保持身体平衡。

（4）完成动作的过程中配合呼吸，静力保持 15 秒左右。

四、大腿内侧肌群伸展一

（一）动作要领

练习者两腿分开、坐于垫上，上身挺直，呼气，上身前倾，使胸部贴近地面，令大腿内后侧得到伸展；吸气，保持，呼吸 3 次（见图4-25）。

视频 4-19

图 4-25　大腿内侧肌群伸展

（二）注意事项

（1）伸展过程中，骨盆保持稍微前倾。

（2）上身保持挺直。

（3）脚尖指向天花板或后方，脚尖不要向内扣。

（4）完成动作的过程中配合呼吸，动作缓慢轻柔。

五、大腿内侧肌群伸展二

（一）动作要领

练习者呈侧弓步姿势，上身挺直，目视前方。呼气，臀部下压，使大腿内侧有伸展感；吸气，保持不动，呼吸 3 次。换另一条腿，完成另一条腿的伸展（见图4-26）。

视频 4-20

图 4-26　侧弓步伸展

（二）注意事项

（1）伸展过程中，上身挺直。

（2）支撑脚的脚跟要保持落实于地面。

（3）核心收紧，保持身体平衡。

（4）完成动作的过程中配合呼吸，静力保持15秒左右。

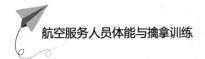

视频 4-21

六、大腿后侧肌群伸展

（一）动作要领

练习者仰卧于垫上，挺直上身并抬离地面，双手抓住一条腿的脚踝，如果大腿后侧的柔韧性不够，可以使用毛巾绑住脚踝，双手抓住毛巾来降低难度。呼气，双臂回拉，使大腿贴近身体，令大腿后侧得到伸展；吸气，保持，重复3个呼吸（见图4-27）。

图 4-27　大腿后侧肌群伸展

（二）注意事项

（1）伸展过程中，核心收紧，保持上半身稳定。

（2）伸展腿一侧的臀部不要抬离地面。

（3）脚尖尽量向远端延展。

（4）完成动作的过程中配合呼吸，动作缓慢轻柔。

（三）辅助大腿后侧肌群伸展

练习者仰卧于垫上，辅助者单膝跪地，双手扶住练习者欲伸展的大腿，辅助者跪地的腿压住练习者在垫上伸直的腿，使练习者的髋部不会随着伸展而翻转。辅助者的身体前倾，利用体重使练习者的大腿贴近身体，使其大腿后侧得到伸展；练习者呼气时，大腿上抬配合伸展，吸气，保持不动，呼吸3次。交换完成对侧腿部的伸展（见图4-28）。

图 4-28　辅助大腿后侧肌群伸展

伸展过程中，练习者伸展腿一侧的臀部不要抬离地面，辅助者的动作要缓慢轻柔。

 案例分析

跳舞前拉伸不充分，导致受伤住院

李同学（20岁，空乘专业的学生）因为跳舞拉伤住进了医院，当天她在参加校舞蹈队训练前没有充分地做拉伸，训练完回宿舍以后就觉得脚部酸胀不适，到第二天晚上休息的时候，她突然感觉到左侧大腿很酸痛，痛得满头大汗，根本不能走路。难以行走的李同学前往医院就诊。经过检查发现，李同学的左侧髋部肌肉出现严重水肿，医生诊断为运动以后关节部位肌肉软组织的损伤。入院以后，李同学通过中药外用和内服并结合休息理疗，很快便恢复了健康。

随着健身运动的普及，很多同学会选择某种方式强身健体，像李同学一样，运动前拉伸不充分，运动时运动强度过大造成运动损伤的患者也不在少数。因此我们要重视拉伸，并在进行拉伸的时候，不能勉强，要保证肌肉、肌群和关节在能够达到和可承受的正常范围内，拉伸应该是持续的，放松的。规律性的拉伸能够让我们的身体更加健康。

分析要点：

1．空乘专业的学生运动前后都要重视拉伸。

2．正确看待拉伸效果，不能过度拉伸造成肌肉损伤。

3．要做到缓慢而有控制地拉伸，宜缓不宜急。

 思政拓展

提高柔韧性的伸展训练，能够缓解焦虑和压力，增强精神力量，提高工作学习负荷的承受能力，使柔韧伸展外化于行，内化于心。

柔韧伸展练习需要空乘专业的学生通过呼吸与肢体动作的协调配合实现自我控制。练习中，每个动作都需要自我去感受肌肉和韧带的拉伸和收缩，并通过不断地练习突破自身极限，培养勇于挑战、不畏困难、敢于担当、积极进取、精益求精的意志品质。长期有规律的拉伸练习有助于提高情绪管理能力，养成尊重规则的职业操守。这些优良的心理品质与人文精神正是当代民航人必备的素养。

问题分析：

1．积极向上的生活态度对于民航人尤为重要。

2．勇于挑战、敢于担当、积极进取的意志品质是成为一名合格的空乘人员的必备素养。

 本章总结

本章通过图文并茂的方式详细介绍了颈肩部、胸臂部、背部、腹部、臀部和大腿后侧

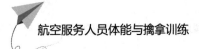

肌群伸展的动作要领和锻炼注意事项。通过练习，可以有效地预防和缓解练习者训练前后的肌肉酸痛症状，增强肌肉蛋白质的合成过程，加速骨骼肌从疲劳状态恢复。通过学习本章内容，不仅能够帮助空乘专业的学生熟练掌握身体各部位伸展放松的技术，还能培养他们积极向上的生活态度和积极进取的意志品质。

 思考与复习

思考题

伸展放松可应用在工作和生活的哪些领域中呢？

复习题

1. 简述颈肩部、胸臂部、背部肌群伸展的动作要领。

2. 简述颈腹部、臀部和大腿后侧肌群伸展的注意事项。

练习题

根据训练课的任务，选择并完成相对应的柔韧伸展练习。

第五章　体能训练计划的制订和训练后的营养膳食建议

【学习目的】

1. 了解并掌握空乘人员体能训练课的热身部分、基本部分和结束部分的具体内容。
2. 学习并掌握 24 次课外体能训练计划。
3. 了解训练后的营养膳食。

【本章核心】

1. 体能训练课的基本结构。
2. 课外体能训练计划的制订。
3. 空乘人员训练后营养膳食的选择。

【素质目标】

1. 通过训练课的练习，使空乘专业的学生找到行之有效的训练方法。
2. 了解各种营养素的功能，避免饮食误区。

【能力目标】

1. 掌握训练课的结构和流程，具备合理安排一堂训练课的能力。
2. 掌握训练后营养摄入的选择和搭配。

【导读】

当同学们深入了解了训练的相关概念，全面提升了训练认知，并且熟练掌握了锻炼技巧之后，接下来，我们更需要的是一套科学的训练方法。有了方法，我们才能让这些训练技巧充分发挥价值与作用，帮助我们获得想要的功效，完成既定的锻炼目标。体育锻炼的目标是通过完成指定的训练计划产生特定的心理和生理反应。同学们了解的训练知识越多，

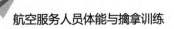
越能合理安排膳食和训练计划，训练效果才能得到保障。

第一节　体能训练课的基本结构

空乘人员体能训练课的结构是指体能训练的各组成部分及其进行的顺序。有机体要承受一定的生理负荷，同时也伴随着一定的智力活动。因此，体育课的结构不仅要遵循人的认识活动的一般规律，还要遵循生理机能活动的规律。生理机能活动的规律一般分为上升—稳定—下降三个阶段，它反映了人体工作能力变化的总趋势。根据上述规律，体能训练通常分为热身部分、基本部分和结束部分。

一、热身部分

运动热身是运动训练中不可或缺的一环，其重要性不容忽视。热身活动不仅能显著降低运动损伤的风险，还能有效减少损伤发生的概率。更重要的是，热身有助于提升身体的核心温度和肌肉温度，能为接下来的高强度训练做好充分准备。有效的热身还能刺激心率提升，加深呼吸的深度与频率，促进血液流动，增加血液中的氧气含量和营养物质，这些都有助于肌腱与关节获得更好的润滑和训练效果，确保运动者能够在安全、高效的状态下进行训练，获得更好的训练效果。

热身多从简单和轻松的动作开始，循序进入高强度的训练，完整的热身活动应该包括一般性热身、动态移动拉伸和静态肌肉拉伸，三个部分联合作用给身体和心理以积极影响，从而使练习者进入巅峰状态，整套热身动作大约需要15分钟。以下内容是在几轮授课实践后总结出的行之有效的热身套路，为了节约教学实验成本，就把这部分凝练成固定的套路，练习者按部就班操作即可。技术动作多采用常用的动作，而且其细节部分在前面章节也大都有详细介绍。建议在学生熟练掌握套路之后，教师可根据学生的体能情况，创新出更符合学生情况的套路。

（一）有氧热身部分

一般性热身可以采用慢跑、跳绳或各种方向变化的跑步，时间通常为6分钟左右（见表5-1），6分钟后，练习者的身体就会达到发热、轻微出汗的效果。有氧锻炼也许相对抗阻锻炼简单些，但并不意味着你要在跑步机或其他有氧锻炼器械上狂奔6分钟，因为训练者有可能在几个星期后，由于效果不够明显，而放弃本可以改变身体健康状况的有氧锻炼。

表5-1　6分钟跑步热身计划

时间/分钟	跑步方式
1分钟	快走
2~3分钟	慢跑
4分钟	以最快的速度奔跑

续表

时间/分钟	跑步方式
5分钟	慢跑
6分钟	以最快的速度奔跑
6分钟以上	走

如果教学中没有足够的有氧器械，为增加热身训练的趣味性和提升练习者动作的敏捷性，可以采用各种方向变化的跑步（见图5-1）。

（二）动态移动伸展

动态伸展是指训练者在队列行进中进行的身体各部位的伸展。因为行进中能保持运动强度，能进一步提高心率和体温，所以将其放在热身的第二部分。腿部肌肉占全身肌肉的70%，这部分多采用腿部伸展，可以不降低运动强度；另外，各种方向踢腿可改善由于久坐造成的髋部肌群紧张，弓步体前屈可以伸展过度紧张的下背肌群，预防骨盆前倾造成的腰背疼痛；最后的弓步转体可以激活腹部肌群，使腹部的肌肉像保护带一样保护住躯干，降低后面训练受伤的概率。

行进队列为两人并行，每个动作在行进中完成20～30米，恢复走步返回原队列，再重复练习一次。完成一个动作后再进行下一个动作的练习，练习时间大约为4分钟（见图5-2）。

（三）静态伸展

静态伸展持续约5分钟，目的是使学生的各运动相关大肌群得到伸展，令各关节得到活动，并让过剩的动能消散，逐渐将心率调整至适合上课的范围，使学生在心理上做好上身育课的准备（见图5-3）。

二、基本部分

基本部分安排体能训练的主体训练内容。在基本部分的教学中，应根据课程的目标与学生的特点，合理地安排一些必要的身体素质练习，以便学生更好地掌握教材内容和提高身体训练水平。同时也要注意合理安排练习与休息的时间。基本部分可根据人数、场地、器材条件以及教材的特点，采用全班的、分组的或个人的形式进行练习。为了贯彻因材施教的原则，一般可采用分组练习的方法。

在一堂训练课中，学生所承受的运动负荷的大小是由运动的次数和强度所决定的。运动的量是指练习的次数和持续的时间以及练习的总距离和总重量等。运动的强度是指在单位时间内完成练习所用的力量和机体紧张的程度，运动负荷应根据运动的数量和强度综合评定。同时，动作的质量（即动作的规格要求）与运动负荷的大小也有一定关系。

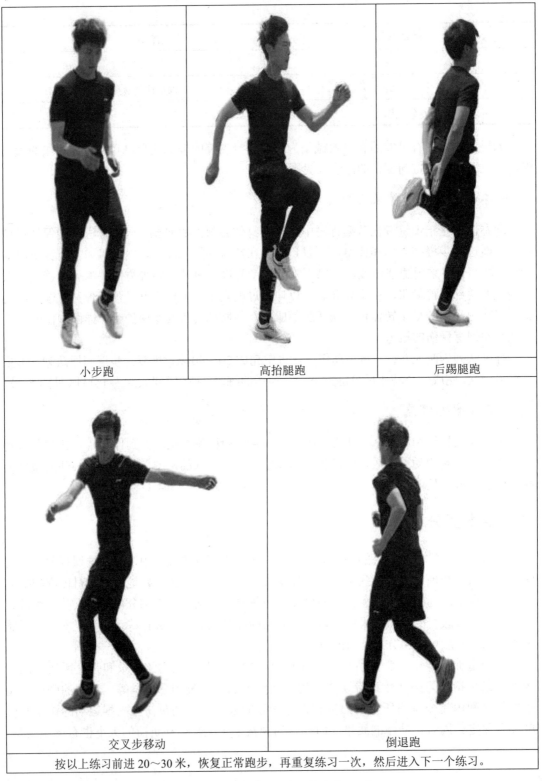

小步跑	高抬腿跑	后踢腿跑
交叉步移动		倒退跑

按以上练习前进 20～30 米，恢复正常跑步，再重复练习一次，然后进入下一个练习。

图 5-1　各种方向变化的跑步

图 5-2　动态伸展套路

弓步压腿	侧弓步压腿	双人胸大肌伸展
双人背阔肌伸展	双人大腿前侧伸展	双人压肩伸展

以上每个伸展动作大概进行一分钟，然后进入下一个练习。

图 5-3　静态伸展

上课时的运动负荷应适当，过小达不到增强体质的效果，过大又会引起过度疲劳，影响健康。

检查和评定课程的运动负荷，一般采用以下三种方法。

（1）观察分析学生的表现，如面色、排汗量、呼吸、动作的准确性、控制身体的能力和注意力集中的程度等。

（2）学生自我感觉的食欲、睡眠、精神状态、对练习的兴趣、练习后的身体的疲劳程度、肌肉是否酸痛以及其他不适反应等。

（3）用心率遥测仪测量运动负荷，女生的心率控制在 130～140 次/分钟，男生的心率控制在 130～150 次/分钟。心率每分钟 130 次以下属于小运动负荷。心率达到 170 次/分钟，学生就会感到非常疲劳。在上课时，如果心率在 130 次/分钟以上的练习任务量达不到总任务量的三分之一，学生上课时的情绪就会比较消极，如果任务量达到总任务量的二分之一，学生上课时的状态就会非常兴奋，学习情绪也比较高。

传统的教学模式是在教师的指导下进行的，教什么、学什么都得围绕教师的教学目标进行，这就势必造成个别学生"吃不饱"与"吃不了"。在崇尚健康第一、以终身体育为目标的今天，这样的模式已经不能适应学生对于体育项目的要求。基本部分的训练量安排应由教师指导，学生自由选择项目、自由编组、自主学习与锻炼。教师要合理安排每一堂课的内容，大约控制在每次课 2～3 个动作即可，尽量做到精讲多练，把练习时间交给学生；另外，教师要在课前做好充分准备，以便能在课上回答学生在练习过程中不能解决的问题。在教学的过程中，教师根据学生选取的项目以及他们的认知水平、运动能力制定出每堂课的教学目标。学生围绕这个目标可采用多种形式训练，实现锻炼目标。

三、结束部分

训练课结束部分的任务主要是缓解练习者在训练课基本部分所造成的心理、生理上的紧张状态，现代体能训练把恢复作为训练的组成部分，训练课的结束也就意味着有机体全面恢复过程的开始，有组织的结束部分对恢复过程有着重要的作用。

本章根据人体结构，编排了身体伸展放松套路，如图 5-4、图 5-5 所示，这个套路经过实践证明可以有效消除锻炼后的肌肉酸痛，全面放松身心，且动作紧凑连贯，节约练习时间。可以在体育课和自我锻炼结束前练习，也可以单独练习。在进行每一次放松活动之前，务必充分进行热身运动，确保动作轻柔而缓慢，同时与呼吸保持协调。在放松的过程中，将注意力集中在你正在放松的肌肉上。

图 5-4　身体伸展放松套路 1

图 5-5　身体伸展放松套路 2

83

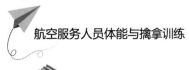

 思政拓展

中国飞人苏炳添

在 2021 年东京奥运会男子 100 米半决赛的赛道上，苏炳添以惊人的 9 秒 83 的成绩获得了小组赛第一，成功闯入决赛，并一举打破了亚洲百米纪录。这一历史性的时刻，使他成为我国首位闯入奥运男子百米决赛的运动员，并获得了"中国飞人，亚洲之光"的光荣称号。

苏炳添的成就并非一蹴而就，他付出了常人难以想象的努力和汗水。作为一名顶尖运动员，他面临着巨大的挑战和竞争压力。伤病和体能极限是每一位运动员都必须面对的问题，但苏炳添却以惊人的毅力，一次又一次地超越了自我。在训练场上，苏炳添总是全力以赴，精益求精。他深知每一次训练都是对自己极限的挑战，每一次进步都是对梦想的执着追求。他坚持不懈地进行着高强度的训练，不断调整自己的技术动作和节奏，力求在比赛中发挥最佳状态。

苏炳添的成功不仅仅是他个人的荣誉，更是祖国的骄傲。他用自己的努力和拼搏为祖国赢得了荣誉，让全世界看到了中国速度。"宝剑锋从磨砺出，梅花香自苦寒来。"苏炳添的成功正是对这句话的最好诠释。他的经历告诉我们，人只有在经历了磨砺和苦难之后，才能更加珍惜成功的不易，也才能更加坚定自己的信念和追求。

问题分析：

学习苏炳添精神，不忘初心、刻苦训练、勇于担当，做新时代的民航人。

第二节　中期体能训练计划的建议

在教学中经常听到学生说太忙，没有时间锻炼，事实上每星期仅需抽出 3 个小时来锻炼就可以实现目标。长时间缺乏锻炼的身体如同耗尽能量的电池，不能支持学生进行高效的学习和工作，甚至使学生没有精神投入丰富多彩的生活。想要拥有完美体形，其实不必每天在健身房里花上几个小时锻炼，这种马拉松式的锻炼不仅没有必要，还可能产生副作用，因为这样会抑制人体免疫系统，影响锻炼的效果。锻炼的质量和数量共同决定最终的结果，高效的锻炼计划，每次大约一个小时，每周除了在航空体适能课中锻炼一次，还需要在课后锻炼两次。一个月后，你就能发现自己的变化；两个月后，别人就会发现你的改变；三个月时间的锻炼就可以见到全新的自我。锻炼重在坚持，要把锻炼变成一种生活方式。

课后锻炼的程序和训练课的安排相同，也分热身部分、基本部分和结束部分。热身部分和结束部分，大家严格执行本章第一节介绍的热身套路和伸展放松套路即可，训练后的身体感觉应该在舒服和可以忍耐之间，如果锻炼时身体没有明显出汗，那是因为锻炼强度过低，需要缩短组间休息时间；如果锻炼后出现身体透支的感觉，那是因为训练强度或训练量过大，可以减少动作的数量和组数。本节将 24 次课外自我锻炼的基础部分列出来，大家按照顺序锻炼，并在"实际完成情况"和"完成后的身体感觉"处进行记录，慢慢就会看到自己体能提升的整个过程。

（一）第一次课外自我锻炼

我们在自我蜕变之旅的第一站，本次自我锻炼的重点是胸部、背部和腹部（见表5-2）。锻炼前可选择自己喜欢的音乐和适合的场地、器械。训练后的身体感觉应该在舒服和可以忍耐之间。请务必在锻炼开始前进行充分的热身活动，并在锻炼结束后进行不少于15分钟的伸展放松。

表 5-2　第一次 30 分钟力量训练计划

动 作 名 称	动 作 示 范	每组内重复数	完 成 组 数	实际完成情况
跪姿俯卧撑		10～12 个	4 组	
仰卧飞鸟		10～12 个	4 组	
弹力带坐姿窄位高位下拉		10～12 个	3 组	
卷腹		10～12 个	3 组	
仰卧举腿		8～10 个	4 组	
完成后的身体感觉	□没有出汗 □身体舒服 □能够忍耐 □身体透支			

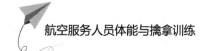

（二）第二次课外自我锻炼

本次锻炼以有氧锻炼为主，在跑步机上进行，可以提升肺活量（见表5-3）。一般情况下，走得越快，消耗的热量就越多；走的距离越远，消耗的热量也越多。但很少有人能用很快的速度走很远的距离，除非他的身体素质非常好。表5-3所示为30分钟消耗热量计划的间歇训练法，它能让你在最短的时间内最大限度地消耗热量。请务必在锻炼开始前进行充分的热身活动，并在锻炼结束后进行不少于15分钟的伸展放松。

表5-3　30分钟消耗热量计划1

持续时间/分钟	跑步机的速度	跑步机的坡度	运动方式及用身体感觉反映锻炼强度
5	5	0	匀速散步，5分钟后身体发热，也许需要脱件衣服
2	6	0	慢跑或快走，感觉很舒适，可以和朋友交谈，但有点喘
2	8	0	中速跑，身体感觉有一定负荷，和人交谈有点费力
2	6	0	慢跑或快走，感觉很舒适，尝试加大步幅
2	10	0	快速跑，像尽力冲刺一样，全身心关注跑步
2	6	3	慢跑或快走，开始流汗了，"尽力冲刺后"的间歇感觉很舒服
2	8	5	中速跑，在升高的坡度上跑步会使大腿感觉有点酸
2	10	3	再一次"冲刺"，这次比第一次负荷大，感觉有点疲劳，但是你可以战胜自我
2	6	8	快走，可以放松一下，升高的坡度可以帮助拉伸酸痛的小腿
2	8	5	中速跑，让你的心肺系统得到加强
2	6	3	快走，感觉可以控制呼吸了，用毛巾擦擦要留下的汗
5	5	0	逐渐减慢速度，感觉心率和呼吸频率逐渐恢复正常

如果你不喜欢使用跑步机，也可以将上述训练计划和原则应用于椭圆机、固定自行车和台阶训练器等有氧锻炼器械。

（三）第三次课外自我锻炼

第三次自我锻炼的重点是肩部、臂部和腹部（见表5-4）。锻炼前选择合适阻力的弹力带，建议使用阻力比较小的弹力带。请务必在锻炼开始前进行充分的热身活动，并在锻炼结束后进行不少于15分钟的伸展放松。很多动作在刚开始练习时，不容易找到肌肉发力的感觉，在此期间，建议找一个伙伴一起锻炼。

（四）第四次课外自我锻炼

第四次自我锻炼的重点是腿部、臀部和腹部（见表5-5）。锻炼前可选择自己喜欢的音乐和适合的场地、器械。请务必在锻炼开始前进行充分的热身活动，并在锻炼结束后进行不少于15分钟的伸展放松。锻炼时，如果感觉动作不正确，可以多请教老师，让老师帮忙纠正动作，自己找到发力的感觉。不必害羞，老师很喜欢学生问问题。

表 5-4 第三次 30 分钟力量训练计划

动作名称	动作示范	每组内重复数	完成组数	实际完成情况
弹力带肩袖外旋		10~12 个	4 组	
弹力带肩部侧平举		10~12 个	4 组	
站姿弹力带臂弯举		10~12 个	4 组	
卷腹		10~12 个	3 组	
仰卧举腿		8~10 个	3 组	
完成后的身体感觉	□没有出汗 □身体舒服 □能够忍耐 □身体透支			

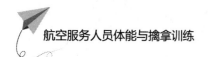

表5-5　第四次30分钟力量训练计划

动 作 名 称	动 作 示 范	每组内重复数	完 成 组 数	实际完成情况
坐姿勾脚提踵		10～12 个	4 组	
蝎子摆尾		10～12 个	4 组	
箭步蹲		10～12 个	4 组	
元宝式仰卧起坐		10～12 个	2 组	
抬腿元宝式仰卧起坐		8～10 个	2 组	
完成后的身体感觉	□没有出汗 □身体舒服 □能够忍耐 □身体透支			

（五）第五次课外自我锻炼

本次自我锻炼的重点是胸部、背部和腹部（见表5-6）。请务必在锻炼开始前进行充分的热身活动，并在锻炼结束后进行不少于15分钟的伸展放松。俯卧撑对大多数女生来说是一项挑战，如果完成动作有困难，可以练习降低难度的动作，合适的方式才能让肌肉的力量提升更快，其他的动作也可以通过降低难度来完成，但一定要保证动作的质量和数量。

表 5-6　第五次 30 分钟力量训练计划

动 作 名 称	动 作 示 范	每组内重复数	完 成 组 数	实际完成情况
跪姿俯卧撑		8～10 个	4 组	
仰卧飞鸟		10～12 个	4 组	
弹力带坐姿窄位高位下拉		10～12 个	3 组	
卷腹		10～12 个	3 组	
腹斜肌交叉		8～10 个	4 组	
完成后的身体感觉	□没有出汗 □身体舒服 □能够忍耐 □身体透支			

（六）第六次课外自我锻炼

第六次自我锻炼的重点是肩部、臂部和背部（见表 5-7）。请务必在锻炼开始前进行充分的热身活动，并在锻炼结束后进行不少于 15 分钟的伸展放松。在进行元宝式仰卧起坐时，必须在完成一侧的锻炼后，立刻进行另一侧的练习，中间不留间歇。

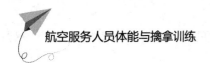

表 5-7　第六次 30 分钟力量训练计划

动 作 名 称	动 作 示 范	每组内重复数	完 成 组 数	实际完成情况
弹力带肩部侧平举		10～12 个	4 组	
站姿弹力带臂弯举		10～12 个	4 组	
弹力带肱三头肌颈上臂屈伸		10～12 个	4 组	
元宝式仰卧起坐		10～12 个	4 组	
弹力带百次振拍		8～10 个	2 组	
完成后的身体感觉	□没有出汗 □身体舒服 □能够忍耐 □身体透支			

（七）第七次课外自我锻炼

第七次自我锻炼的重点是腿部、臀部和腹部（见表5-8）。锻炼前可选择自己喜欢的音乐和适合的场地、器械。在进行元宝式仰卧起坐时，必须在完成一侧的锻炼后，立刻进行另一侧的练习，中间不留间歇。骨盆卷动的动作要找到臀部发力的感觉，臀部才会上翘。

表5-8　第七次30分钟力量训练计划

动作名称	动作示范	每组内重复数	完成组数	实际完成情况
骨盆卷动		10～12个	4组	
侧卧大腿内侧勾脚侧抬腿		10～12个	4组	
箭步蹲		10～12个	4组	
卷腹		10～12个	3组	
抬腿元宝式仰卧起坐		8～10个	4组	
完成后的身体感觉	□没有出汗 □身体舒服 □能够忍耐 □身体透支			

（八）第八次课外自我锻炼

本次锻炼以有氧锻炼为主，在跑步机上进行，可以提升肺活量（见表5-9）。这次锻炼结束后，你应该已经锻炼了整整一个月，身体会发生一些变化，如腰围和腿围下降，但体重并不会减少，反而会增加1~2千克，不要担心，这是提升身体健康状态的起点。请务必在锻炼开始前进行充分的热身活动，并在锻炼结束后进行不少于15分钟的伸展放松。

表5-9　30分钟消耗热量计划2

持续时间/分钟	跑步机的速度	跑步机的坡度	运动方式及用身体感觉反映锻炼强度
5	5	0	匀速散步，5分钟后身体发热，也许需要脱件衣服
2	6	0	慢跑或快走，感觉很舒适，可以和朋友交谈，但有点喘
2	8	0	中速跑，身体感觉有一定负荷，和人交谈有点费力
2	6	0	慢跑或快走，感觉很舒适，尝试加大步幅
2	10	0	快速跑，像尽力冲刺一样，全身心关注在跑步上
2	6	3	慢跑或快走，开始流汗了，"尽力冲刺后"的间歇感觉很舒服
2	8	5	中速跑，在升高的坡度上跑步会使大腿感觉有点酸
2	10	3	再一次"冲刺"，这次比第一次负荷大，感觉有点疲劳，但是你可以战胜自我
2	6	8	快走，可以放松一下，升高的坡度可以帮助拉伸酸痛的小腿
2	8	5	中速跑，让你的心肺系统得到加强
2	6	3	快走，感觉可以控制呼吸了，用毛巾擦擦要留下的汗
5	5	0	逐渐减慢速度，感觉心率和呼吸频率逐渐恢复正常

如果你不喜欢使用跑步机，也可以将上述训练计划和原则应用于椭圆机、固定自行车和台阶训练器等有氧锻炼器械。

（九）第九次课外自我锻炼

本次自我锻炼的重点是胸部、背部和腹部（见表5-10）。锻炼前可选择一本比较重的书作为夹胸的负重物。请务必在锻炼开始前进行充分的热身活动，并在锻炼结束后进行不少于15分钟的伸展放松。

表5-10　第九次30分钟力量训练计划

动作名称	动作示范	每组内重复数	完成组数	实际完成情况
跪姿俯卧撑		10~12个	4组	

续表

动作名称	动作示范	每组内重复数	完成组数	实际完成情况
夹胸		10~12 个	4 组	
引体向上		3~5 个	4 组	
仰卧举腿		8~10 个	3 组	
腹斜肌交叉		8~10 个	4 组	
完成后的身体感觉	□没有出汗 □身体舒服 □能够忍耐 □身体透支			

（十）第十次课外自我锻炼

第十次自我锻炼的重点是肩部、臂部和背部（见表 5-11）。表 5-11 中所示肩部锻炼动作是经典的改善肩部活动度的动作，可以预防和治疗肩周炎，做之前找好锚点固定弹力带。请务必在锻炼开始前进行充分的热身活动，并在锻炼结束后进行不少于 15 分钟的伸展放松。

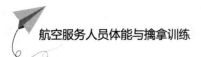

表 5-11　第十次 30 分钟力量训练计划

动 作 名 称	动 作 示 范	每组内重复数	完 成 组 数	实际完成情况
肩螺旋对角线运动之"拔剑式"		10～12 个	3 组	
肩螺旋对角线运动之"安全带式"		10～12 个	3 组	
辅助双杠臂屈伸		5～8 个	2 组	
三夹		10～12 个	3 组	
倾斜引体向上		10～12 个	3 组	
完成后的身体感觉	□没有出汗 □身体舒服 □能够忍耐 □身体透支			

（十一）第十一次课外自我锻炼

第十一次课外自我锻炼的重点是腿部、臀部和腹部（见表 5-12）。现在你可能会进入锻炼困难期，会找很多理由不去锻炼，退缩的理由不用太多，一个就够，但你从此就和成功无缘，还记得你想要什么吗？请务必在锻炼开始前进行充分的热身活动，并在锻炼结束后进行不少于 15 分钟的伸展放松。

表 5-12　第十一次 30 分钟力量训练计划

动作名称	动作示范	每组内重复数	完成组数	实际完成情况
坐姿勾脚提踵		10～12 个	4 组	
蝎子摆尾		10～12 个	4 组	
箭步蹲		10～12 个	4 组	
腹斜肌交叉		8～10 个	4 组	
抬腿元宝式仰卧起坐		10～12 个	2 组	
完成后的身体感觉	□没有出汗 □身体舒服 □能够忍耐 □身体透支			

（十二）第十二次课外自我锻炼

本次课外自我锻炼的重点是胸部、背部和腹部（见表 5-13）。练习者训练到这个阶段，技术动作应该做得很熟练了，锻炼时，组数和数量可以根据自身感觉适当增加。请务必在锻炼开始前进行充分的热身活动，并在锻炼结束后进行不少于 15 分钟的伸展放松。

表 5-13　第十二次 30 分钟力量训练计划

动 作 名 称	动 作 示 范	每组内重复数	完 成 组 数	实际完成情况
跪姿俯卧撑		8～10 个	4 组	
仰卧飞鸟		10～12 个	4 组	
弹力带坐姿窄位高位下拉		10～12 个	3 组	
基本背伸展		3～5 个	3 组	
卷腹		10～12 个	3 组	
完成后的身体感觉	□没有出汗 □身体舒服 □能够忍耐 □身体透支			

（十三）第十三次课外自我锻炼

第十三次课外自我锻炼的重点是肩部、臂部和背部（见表 5-14）。肩部锻炼的重点是保持沉肩，沉肩，再沉肩。请务必在锻炼开始前进行充分的热身活动，并在锻炼结束后进行不少于 15 分钟的伸展放松。

表 5-14　第十三次 30 分钟力量训练计划

动 作 名 称	动 作 示 范	每组内重复数	完 成 组 数	实际完成情况
弹力带肩部侧平举		10～12 个	4 组	
站姿弹力带臂弯举		10～12 个	4 组	
弹力带肱三头肌颈上臂屈伸		10～12 个	4 组	
元宝式仰卧起坐		10～12 个	4 组	
腹斜肌交叉		8～10 个	4 组	
完成后的身体感觉	□没有出汗 □身体舒服 □能够忍耐 □身体透支			

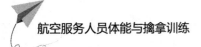

（十四）第十四次课外自我锻炼

第十四次课外自我锻炼的重点是腿部、臀部和腹部（见表 5-15）。本次训练增加了有挑战性的全身锻炼内容，不要害怕，努力尝试，在不断完善技术动作的同时，你的平衡能力也将得到极大的提升。请务必在锻炼开始前进行充分的热身活动，并在锻炼结束后进行不少于 15 分钟的伸展放松。

表 5-15　第十四次 30 分钟力量训练计划

动作名称	动作示范	每组内重复数	完成组数	实际完成情况
骨盆卷动		10～12 个	4 组	
侧卧大腿内侧勾脚侧抬腿		10～12 个	4 组	
跳箱纵跳		15～20 个	4 组	
仰卧举腿		8～10 个	3 组	
抬腿元宝式仰卧起坐		8～10 个	4 组	
完成后的身体感觉	□没有出汗 □身体舒服 □能够忍耐 □身体透支			

（十五）第十五次课外自我锻炼

本次课外自我锻炼以有氧锻炼为主，在跑步机上进行，可以提升肺活量（见表 5-16）。你走得越快，消耗的热量就越多。请务必在锻炼开始前进行充分的热身活动，并在锻炼结束后进行不少于 15 分钟的伸展放松。

表 5-16 30 分钟消耗热量计划 3

持续时间/分钟	跑步机的速度	跑步机的坡度	运动方式及用身体感觉反映锻炼强度
5	5	0	匀速散步，5 分钟后身体发热，也许需要脱件衣服
2	6	0	慢跑或快走，感觉很舒适，可以和朋友交谈，但有点喘
2	8	0	中速跑，身体感觉有一定负荷，和人交谈有点费力
2	6	0	慢跑或快走，感觉很舒适，尝试加大步幅
2	10	0	快速跑，像尽力冲刺一样，全身心关注在跑步上
2	6	3	慢跑或快走，开始流汗了，"尽力冲刺后"的间歇感觉很舒服
2	8	5	中速跑，在升高的坡度上跑步会使大腿感觉有点酸
2	10	3	再一次"冲刺"，这次比第一次负荷大，感觉有点疲劳，但是你可以战胜自我
2	6	8	快走，可以放松一下，升高的坡度可以帮助拉伸酸痛的小腿
2	8	5	中速跑，让你的心肺系统得到加强
2	6	3	快走，感觉可以控制呼吸了，用毛巾擦擦要留下的汗
5	5	0	逐渐减慢速度，感觉心率和呼吸频率逐渐恢复正常

如果你不喜欢使用跑步机，也可以将上述训练计划和原则应用于椭圆机、固定自行车和台阶训练器等有氧锻炼器械。

（十六）第十六次课外自我锻炼

本次课外自我锻炼的重点是胸部、背部和腹部（见表 5-17）。锻炼前可选择自己喜欢的音乐和适合的场地、器械。两个月过去了，这段时间真的不容易，但这一刻也是享受成果的一刻，掀起衣服，你也许可以看到腰围缩小，可能有腹肌。在饮食方面多增加蛋白质，为肌肉的增长提供原材料。继续加油！请务必在锻炼开始前进行充分的热身活动，并在锻炼结束后进行不少于 15 分钟的伸展放松。

（十七）第十七次课外自我锻炼

第十七次课外自我锻炼的重点是肩部、臂部和背部（见表 5-18）。锻炼前可选择自己喜欢的音乐和适合的场地、器械。请务必在锻炼开始前进行充分的热身活动，并在锻炼结束后进行不少于 15 分钟的伸展放松。

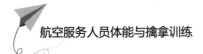

表 5-17　第十六次 30 分钟力量训练计划

动 作 名 称	动 作 示 范	每组内重复数	完 成 组 数	实际完成情况
下斜俯卧撑		8～10 个	3 组	
夹胸		10～12 个	4 组	
引体向上		3～5 个	4 组	
仰卧举腿		8～10 个	3 组	
腹斜肌交叉		8～10 个	4 组	
完成后的身体感觉	□没有出汗 □身体舒服 □能够忍耐 □身体透支			

表 5-18　第十七次 30 分钟力量训练计划

动 作 名 称	动 作 示 范	每组内重复数	完 成 组 数	实际完成情况
肩螺旋对角线运动之"拔剑式"		10～12 个	3 组	
肩螺旋对角线运动之"安全带式"		10～12 个	3 组	
辅助双杠臂屈伸		5～8 个	2 组	
三夹		10～12 个	3 组	
倾斜引体向上		10～12 个	3 组	
完成后的身体感觉	□没有出汗 □身体舒服 □能够忍耐 □身体透支			

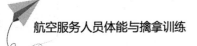

（十八）第十八次课外自我锻炼

第十八次课外自我锻炼的重点是腿部、臀部和腹部（见表5-19）。锻炼要保持连贯，减少不必要的组间歇会提高减脂效果。请务必在锻炼开始前进行充分的热身活动，并在锻炼结束后进行不少于15分钟的伸展放松。

表5-19　第十八次30分钟力量训练计划

动作名称	动作示范	每组内重复数	完成组数	实际完成情况
坐姿勾脚提踵		10～12 个	4 组	
侧踢		10～12 个	2 组	
跳箱纵跳		15～20 个	4 组	
仰卧举腿		8～10 个	3 组	
抬腿元宝式仰卧起坐		10～12 个	4 组	
完成后的身体感觉	□没有出汗 □身体舒服 □能够忍耐 □身体透支			

（十九）第十九次课外自我锻炼

本次课外自我锻炼的重点是胸部、背部和腹部（见表5-20）。男生可以挑战一下高难度动作，但如果有困难，切记动作的质量和数量才是关键。请务必在锻炼开始前进行充分的热身活动，并在锻炼结束后进行不少于15分钟的伸展放松。

表5-20　第十九次30分钟力量训练计划

动作名称	动作示范	每组内重复数	完成组数	实际完成情况
下斜俯卧撑		8～10个	4组	
仰卧飞鸟		10～12个	4组	
引体向上		4～6个	4组	
卷腹		10～12个	3组	
腹斜肌交叉		8～10个	4组	
完成后的身体感觉	□没有出汗 □身体舒服 □能够忍耐 □身体透支			

（二十）第二十次课外自我锻炼

第二十次课外自我锻炼的重点是肩部、臂部和背部（见表5-21）。胜利在即，可以稍微犒劳一下自己。请务必在锻炼开始前进行充分的热身活动，并在锻炼结束后进行不少于

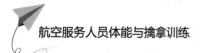

15 分钟的伸展放松。

表 5-21　第二十次 30 分钟力量训练计划

动 作 名 称	动 作 示 范	每组内重复数	完 成 组 数	实际完成情况
弹力带肩袖外旋		10～12 个	4 组	
弹力带肩部侧平举		10～12 个	4 组	
弹力带肱三头肌颈上臂屈伸		10～12 个	4 组	
三夹		10～12 个	3 组	
倾斜引体向上		10～12 个	3 组	
完成后的身体感觉	□没有出汗 □身体舒服 □能够忍耐 □身体透支			

（二十一）第二十一次课外自我锻炼

第二十一次课外自我锻炼的重点是腿部、臀部和腹部（见表5-22）。跳箱纵跳是一个有挑战性的技术动作，完成的过程中要注意安全，如果没有跳箱，可以蛙跳或跳台阶。请务必在锻炼开始前进行充分的热身活动，并在锻炼结束后进行不少于15分钟的伸展放松。

表 5-22　第二十一次 30 分钟力量训练计划

动作名称	动作示范	每组内重复数	完成组数	实际完成情况
骨盆卷动		10～12 个	4 组	
侧卧大腿内侧勾脚侧抬腿		10～12 个	4 组	
跳箱纵跳		15～20 个	4 组	
卷腹		10～12 个	3 组	
腹斜肌交叉		8～10 个	4 组	
完成后的身体感觉	□没有出汗 □身体舒服 □能够忍耐 □身体透支			

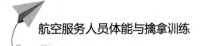

（二十二）第二十二次课外自我锻炼

本次锻炼以有氧锻炼为主，在跑步机上进行，可以提升肺活量（见表5-23）。你走得越快，消耗的热量就越多。经过这一段时间的训练，你应该能很轻松地在跑步机上完成训练计划了，注意保持好身体姿态。请务必在锻炼开始前进行充分的热身活动，并在锻炼结束后进行不少于15分钟的伸展放松。

表 5-23　30 分钟消耗热量计划 4

持续时间/分钟	跑步机的速度	跑步机的坡度	运动方式及用身体感觉反映锻炼强度
5	5	0	匀速散步，5 分钟后身体发热，也许需要脱件衣服
2	6	0	慢跑或快走，感觉很舒适，可以和朋友交谈，但有点喘
2	8	0	中速跑，身体感觉有一定负荷，和人交谈有点费力
2	6	0	慢跑或快走，感觉很舒适，尝试加大步幅
2	10	0	快速跑，像尽力冲刺一样，全身心关注在跑步上
2	6	3	慢跑或快走，开始流汗了，"尽力冲刺后"的间歇感觉很舒服
2	8	5	中速跑，在升高的坡度上跑步会使大腿感觉有点酸
2	10	3	再一次"冲刺"，这次比第一次负荷大，感觉有点疲劳，但是你可以战胜自我
2	6	8	快走，可以放松一下，升高的坡度可以帮助拉伸酸痛的小腿
2	8	5	中速跑，让你的心肺系统得到加强
2	6	3	快走，感觉可以控制呼吸了，用毛巾擦擦要留下的汗
5	5	0	逐渐减慢速度，感觉心率和呼吸频率逐渐恢复正常

如果你不喜欢使用跑步机，也可以将上述训练计划和原则应用于椭圆机、固定自行车和台阶训练器等有氧锻炼器械。

（二十三）第二十三次课外自我锻炼

本次课外自我锻炼的重点是胸部、背部和腹部（见表5-24）。女生用高位下拉代替引体向上。请务必在锻炼开始前进行充分的热身活动，并在锻炼结束后进行不少于15分钟的伸展放松。

表 5-24　第二十三次 30 分钟力量训练计划

动 作 名 称	动 作 示 范	每组内重复数	完 成 组 数	实际完成情况
下斜俯卧撑		8~10 个	4 组	

续表

动作名称	动作示范	每组内重复数	完成组数	实际完成情况
仰卧飞鸟		10～12 个	4 组	
引体向上		5～8 个	4 组	
卷腹		10～12 个	3 组	
腹斜肌交叉		8～10 个	4 组	
完成后的身体感觉	□没有出汗 □身体舒服 □能够忍耐 □身体透支			

（二十四）第二十四次课外自我锻炼

第二十四次课外自我锻炼的重点是全身综合训练（见表5-25）。这是最后一次自我锻炼，恭喜你已完成三个月的训练计划，你获得的不仅是健康的身体，还有自律的习惯。请务必在锻炼开始前进行充分的热身活动，并在锻炼结束后进行不少于 15 分钟的伸展放松。

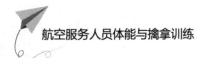

表 5-25　第二十四次 30 分钟力量训练计划

动 作 名 称	动 作 示 范	每组内重复数	完 成 组 数	实际完成情况
侧踢		10～12 个	4 组	
跳箱纵跳		15～20 个	4 组	
仰卧举腿		8～10 个	3 组	
三夹		10～12 个	3 组	
倾斜引体向上		10～12 个	3 组	
完成后的身体感觉	□没有出汗 □身体舒服 □能够忍耐 □身体透支			

恭喜同学们完成了24次课后体适能训练，经过3个月的持续锻炼，相信你的身体已经发生了巨大的变化，对比一下你之前和现在的形象，一切付出和汗水都是值得的。当然你所收获的绝不仅仅是美丽的外形，还有健康的身心。

 案例分析

空乘专业的小王同学刚入校时身体瘦弱，在训练初期很难保质、保量地完成课堂训练任务，课程考核时也未能达标，他一度心灰意冷。经过一段时间的科学、系统的训练，小王同学惊喜地感受到了身体的变化，重拾了信心。小王同学在训练中勇于吃苦，"冬练三九、夏练三伏"，除了完成基本的体能训练，他还针对自己的薄弱项目进行有效训练。通过长期不懈的努力，他终于能够轻松地完成各项训练任务，最后体能考核全部优秀，被航空公司录用，得以搏击长空、圆梦蓝天，成为一名合格的航空安全员。

分析要点：
1. 训练中遇到挫折，要有信心并持之以恒。
2. 成功来自汗水，选择适合自己的训练方案尤为重要。

第三节 训练后的营养膳食建议

若要练得好，必须吃得好。科学饮食和科学训练一样重要。对健身者来说，从相对严格的饮食中合理地摄取营养，是增长肌肉和塑造健美体形的先决条件和保证。若没有充足而合理的营养给身体"加油"，训练便如同无本之木，无源之水，不仅于生长无益，甚至适得其反。

健身者应合理摄取蛋白质和碳水化合物，少摄取脂肪，足量饮水，适当补充维生素和矿物质。关键是保持平衡。

一、进餐的时间和结构安排

无论吃什么，怎么吃，何时吃，目标是增肌，还是减脂，有一条总的原则必须遵循，那就是"膳食平衡"。也就是说哪种营养素都不能缺，而且既不能多也不能少。制订一个完整的饮食计划不仅要正确地选择富含蛋白质、碳水化合物和脂肪的食物，还要保证维生素、矿物质以及水的摄入量，只有这样才能有利于肌肉的增长。对于健美者来说，人体所需营养中蛋白质的比例占30%～35%，碳水化合物的比例占55%～60%，脂肪的比例占10%～15%。

为了源源不断地给身体提供养料和能量，健美者应尽可能地将一天的饮食分成多次摄入。每隔2～3个小时进餐一次，最低限度也要5餐。三餐中间可以增加水果或奶制品，这种按时的、连续性的热量输入可以加快身体的新陈代谢，更有效地利用这些热量，而不至于将它们作为脂肪储备起来。要使肌肉不断增长，关键是掌握好蛋白质的日需量。因为蛋白质在体内需要2～4个小时才能被消化吸收，所以一次不能摄入过多，这也是健美者每天要按时多餐的一个重要原因。

现代中医理论认为人体和食物都是分阴阳的，如果一个人体质偏寒，表现出畏寒、体虚、少动的症状，体内没有足够的能量产生热量，这样就很难使身体内的脂肪燃烧起来。这也解释了为什么相同环境中的同学吃一样的食物，体态胖瘦却不同。若要增肌减脂，我们应该多吃阳性的食物，如植物种子、豆类、根类和牛、羊肉等，少吃反季和异地的水果蔬菜，夏天不要喝冰饮料和冰啤酒，滋养我们的脾胃会对祛湿生肌有很大的帮助。

有些人想要一份"傻瓜"食谱，每天按食谱上列出的食物烹饪和饮食即可，但事实上这很难做到，由于每个人的烹饪技术、习惯、所处地区和季节以及可选购的食物不同，而且每个人的口味和体质不同，使饮食的效果不同，所以本节仅能提供各营养素的分析。你可以根据自身情况变换搭配，开始的时候，饮食的选择会使人头疼，但随着身体变得越来越健康，你会更有兴致投入其中。

二、摄取足量的蛋白质

营养专家一直把蛋白质视为"锻炼肌肉的基石"，因为它既能修补被建设性破坏的肌纤维，又是肌肉组织增生的主要来源，此外还有提高胰岛素敏感性等诸多功效。可以说没有蛋白质，肌肉的增长无从谈起。

健身者每天每千克体重至少要摄取1克蛋白质，而对于要增肌的健美者，每天每千克体重需要摄入2.5克蛋白质，依据这个基数计算，一位体重为80千克的锻炼者每天需要摄入80～200克的蛋白质。虽然蛋白质对人体非常重要，但也不能过量摄取蛋白质，一旦一天的摄入量超过每千克体重4.5克，非但于肌肉增长无益，还会给体内的正常代谢和健康带来一系列副作用。蛋白质的代谢产物是酸性，会使肝、肾负担增加，导致肝和肾肥大且容易疲劳；大量补充蛋白质可能导致机体脱水、脱钙，引发痛风以及骨质疏松；而且蛋白质对水和无机盐代谢也有不利影响，有可能引起泌尿系统结石和便秘；此外，高蛋白食物常伴随高脂肪和高胆固醇，会增加患动脉粥样硬化和高血脂的风险。所以，建议健身者正常和均衡饮食即可。

三、碳水化合物是主要的供能物质

碳水化合物由碳、氢、氧三种元素组成，是机体获得能量的最主要来源。碳水化合物可以节约体内蛋白质供能，从而消除大量蛋白质代谢带给肝肾的负荷；同时可以产生抗生酮，防止酮血症和酮尿症并且有解毒作用；运动中适量补充糖分可提高血糖水平并提高运动能力，维持较高的糖氧化速率，增加运动的耐力，同时缓解疲劳。运动中，应每隔30分钟补充30克左右的糖分，少量多次地食用含糖饮料或易消化食物等；运动后补充糖分可以促进肝脏和肌糖原储备的恢复，缓解疲劳，促进体力恢复，运动后补充糖分越快越好。

碳水化合物的适宜摄入量为总热量的55%～65%，比较健康的碳水化合物主要来源于五谷类、豆类和根茎类食物。我们吃起来觉得比较甜的食物虽然也是碳水化合物，但其在肠胃内消化特别快，迫使人们不断进食，从而摄入过多的热量，热量在体内转化成脂肪堆积起来。由于晚间睡着后人体活动比较少，人体不需要过多的能量，所以晚餐建议减少碳水化合物的摄入比例。

四、健康脂肪不可缺

相当多的人畏脂肪如虎，其实大可不必。脂肪对于保持机体的正常运转是不可或缺的，脂肪不仅能提供能量，改善神经关节功能，为血液提供必需的脂溶性维生素，还有助于维持、促进合成类激素的功能，其中特殊脂肪酸还是人体细胞的基本成分。如果不摄入脂肪，人体会自我保护而减少体内储藏脂肪的分解，这也是许多节食减肥的人们经过一个月左右飞速减重后，体重就很难再减少的原因。

脂肪所含的热量比其他营养物质多得多，1 克脂肪所含热量是 9000 卡，1 克碳水化合物或蛋白质只含有 4000 卡的热量。对于健身者和减肥者来说，应该多食用含有 ω-3 的不饱和脂肪的食物，这类脂肪的流动性好，不易凝结，可以促进脂肪代谢，降低肌肉分解，减少关节的耗损，以及改善人们的心情和提高神经兴奋度。含有 ω-3 最丰富的食物是亚麻油，我们可以将冷轧的亚麻油放在冰箱内保存，食用时直接抹在面包上或和水果、蔬菜拌在一起食用。如果不喜欢亚麻油的味道，或者在旅途中不方便，可以服用亚麻籽油胶囊。

五、维生素和矿物质无可替代

维生素和矿物质均属微量元素，虽然它们不能产生人体所需的热能，却有着无可替代的重要生理功能。对健美者而言，无论是肌肉的增长还是耐力的提高，都需要维生素和矿物质才能完成。

维生素有水溶性维生素和脂溶性维生素两种，前者可调节体内热能、蛋白质和氨基酸的代谢，后者是产生激素的重要物质，而雄性激素可在进行高强度训练时帮助肌肉产生极度收缩。

矿物质有"健康的源泉"之美誉。比如，钙不仅强壮骨骼与牙齿，而且对于心跳的调节、血液的凝结、神经的传导、消除紧张以及防止失眠均有助益。补充钙的方法是多喝牛奶，多吃乳制品，还可服用钙的补剂。钠与钾不仅有助于维持细胞腔与体液间的水分平衡和血液的酸碱度，还能将神经反应于外表的刺激信号传送给肌肉。全身肌肉包括心肌都受钠与钾的影响。蔬菜、糙米、橘子、香蕉等都是钠和钾的天然来源。镁可以维持肌肉弹性，对神经机能有益，还能促进碳水化合物与氨基酸代谢酶活化。富含镁的食物有绿色蔬菜、黄豆、坚果、玉米、苹果等。

此外，如铁、铜、锌、锰、碘等，虽然人体对其需求量有大有小，但它们对维持人体的健康，保持肌肉组织和血液的平衡，都有着不可替代的作用。

六、增加纤维素的摄入

对于健身者而言，所摄入的蛋白质和热量越多，纤维素的需求量就越大，所以纤维素

不仅是必需的，而且需要很大的量。这种不可消化、不含热量的纤维素，不仅可以增加食物的体积，使高密度的食物（如肉类）更易消化，还能帮助机体从同等体积的食物中吸收更多的营养物质。

纤维素的摄入量每天应维持在30克左右，理想的水平是40克。尤其在摄入高热量食物时，标准量还应调整得更高些。增加纤维素最好的办法是多吃水果、蔬菜以及富含谷皮或全谷物的食品，如燕麦、全麦面包等。

七、水的力量

人体内的水占体重的60%～70%，是最重要的合成代谢成分之一，也是输送矿物质的载体。水把营养和氧气带入血液循环，并使其最终进入肌细胞，它不仅对调节和保持人体体温起着十分重要的作用，还能稀释、溶解和消除代谢产生的毒素和废物，避免其破坏人体的免疫功能，从而促进肌肉的恢复和生长。

大多数健身者可能十分专注于锻炼，而忽略身体缺水的信号，进而导致体力迅速下降。我们应时刻提醒学生在训练间歇保持小口饮水的习惯。学生可带一个暖水杯，杯里装温白开水，而且水中最好加入适量的盐和糖，自制的电解水可补充因出汗而带走的大量电解质。提醒大家不要多喝含大量糖的可乐、冰茶、果汁、咖啡等甜味饮料，因为这些浓度过高的饮料不仅没有真正给身体补充水分，还会带走身体内存储的水。

养成经常补充水分的习惯还有利于减脂塑形。人体有时会将渴的感觉当成饿，这是因为大多食物中也含有水分，当我们摄入食物时也会消除令人饥渴的感觉，但这样会带来额外的热量，所以在吃东西前，先喝一点水，确认身体是缺水还是真正需要营养。

在饮水方面，过程比结果更重要，希望大家能在锻炼过程中，把补充水分变成自己的习惯。

八、关于运动补剂

补剂是健身者很重要的营养补充，但不少健身者错误地把补剂视为训练成功的关键，实际上它仅仅是补充营养不足，而非灵丹妙药。目前市场上的补剂有蛋白类、肌酸类、氮基酸类等，可谓"五花八门"，各具功效。但是选择补剂时，必须选择高质量的，且有计划、有针对性，合理地使用，才能达到预期效果。再次强调，刻苦的训练和自然食物才是健康身体的坚实根基。

 本章总结

本章详细介绍了体能训练课的基本结构、中期体能训练计划、训练后的营养膳食建议。全章的系统学习使空乘专业的学生了解并掌握体能训练课的三部分具体内容，依此制订并选择适合自己的课外体能训练计划，在完成训练后能够避免饮食误区，有针对性地、科学合理地进行营养膳食的选择和搭配，从而塑造健美形体，完成体能考核任务，顺利入职航空公司，成为一名合格的民航人。

思考与复习

思考题

1．如何制订和完成适合自己的课外训练计划？

2．如何调整和改善饮食习惯？

复习题

1．简述体能训练课的构成。

2．回顾 24 次课外体能训练计划。

3．简述训练后营养膳食的选择。

练习题

结合教材推荐的周期锻炼建议，自我执行 3 个月的健身计划，要求将健身计划前后对比照片和体重、腰围等数据发送给教师。

第二篇

擒 拿 篇

第六章　擒拿基础理论

【学习目的】

1. 擒拿的历史渊源。
2. 擒拿技术的力学原理与正确使用。

【本章核心】

1. 擒拿技术的原理。
2. 擒拿技术的使用。

【素质目标】

1. 融入民航服务文化，做优秀的专业民航人。
2. 提升民航服务安全保障。

【能力目标】

1. 能够冷静处理突发事件，具备控制场面的能力。
2. 掌握一定的擒拿方法，具备一定的应对能力。

【导读】

　　1938 年 5 月，为了维护根据地的治安和安全，中国共产党从边区保安处特务队抽调精干人员组成了第一支人民警察队伍，专门负责公共安全。由于工作性质发生转变，同志们的训练内容由战场上的军事射击、拼杀技术开始逐步转变为擒拿技能科目的训练。此外，在革命队伍中还有一大批从小练武，身怀绝技、英勇善战的将士，例如，许世友将军参加革命前就在少林寺练就了一身少林武功。这些革命先烈在艰苦、残酷的战争年代，以自身武术技艺为基础，结合战斗实际需要，创造、运用并总结传授的适合近战的技击技术以及捕俘技术等（擒拿技术），既简单易学，又实战效果显著。这些实战技术对当前逐渐形成、发展的擒拿技术有着非常深远的影响。

第一节　擒拿技术的历史渊源与现代发展

擒拿从我国武术技击中逐渐演变而来，即我们通常所说的"分筋错骨手"，传统武术中的每一派武术都有擒摔技击术。少林武术中很早就有一种叫作"缠丝擒拿手"的功夫。缠丝擒拿手包括 72 路擒拿手、32 路小擒拿以及 108 路擒拿手。三类擒拿手体系中都包括踢裆撇臂、挎拦、携腕、小缠、大缠、端灯、牵羊、盘腿、卷腕、断臂等。擒拿技术由于实战性很强而逐渐被纳入我国军警格斗体系。擒拿格斗利用人体关节、穴位和要害部位的弱点，运用杠杆原理与经络学说，采用反关节动作和集中力量攻击对方薄弱之处，使其产生生理上无法抗拒的疼痛反应，达到拿其一处而控制全身从而擒之的效果，是武术中的对抗技术之一。

一、历史记载的擒拿技术

擒拿技术历史悠久。《春秋公羊传》庄公十二年记载："（宋）万怒，搏闵公，绝其脰。"所谓"绝其脰"，就是用擒拿中的"锁喉法"使之气绝而死。《汉书·娄敬传》载："夫与人斗，不搤其亢，拊其背，未能全胜。""亢"是喉头，"搤亢"是擒拿的一种方法。由于擒拿有明显的技击作用，故为历代兵家所重视。明代戚继光《纪效新书》拳经捷要篇中介绍各拳术名家时就有"鹰爪王之拿"的记载。《宁波府志》31 卷也谈到内家拳有"敬、紧、径、劲、切五字诀"，有"七十二跌、二十五拿……"等。擒拿还可以分为小擒拿和大擒拿。其中小擒拿又称锁筋扣骨手，都是一些小巧功夫，主要是在近身格斗中锁拿敌的小关节、主筋等部位。而大擒拿又称作分筋错骨手，主要是通过拿捏敌的肌腱或利用反关节技术令敌的大关节失去功能。很多小说中提到分筋错骨手都是点几个穴位就能让人痛不欲生，实际上根本没有那么简单，但是痛不欲生却是遭遇分筋错骨手的真实感受。明代嘉靖年间，擒拿法已风靡一时，著名武将戚继光在《纪效新书》拳经中对"鹰爪王的拿"便有赞誉。

二、革命年代擒拿技术的应用

早在 20 世纪初期，中国共产党建立初期，党的第一代保卫工作人员就广泛运用了武术中的擒拿技术和格斗技术，在保卫党的各级组织和领导人的安全方面，在保卫红色政权和红军安全的斗争中发挥了重要作用。保卫工作人员要求精干、隐蔽、纪律严格，不仅枪要打得准，还须具备精湛的格斗技术。在执行任务中，为了隐蔽，不暴露目标，要求尽可能地不开枪射击，大多数情况下运用格斗技术完成任务。

1931 年 11 月，江西中央苏区成立了中华苏维埃共和国临时政府，通过了《中华苏维埃共和国临时中央政府内务部的暂行组织纲要》，省、县两级内务部设行政科，由行政科管理民警厅和刑事侦探局，任务是：管理、训练和监督指导民警维持市面的治安，管理、

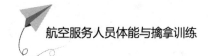

训练刑事侦探和执行锄奸反特、逮捕各种刑事犯等任务。民警和刑事侦探的训练除了射击、战术等科目，还操练枪刀、棍棒，从实践中总结出了一些捆绑技术和简单的擒拿动作，为做好当时的治安保卫工作发挥了一定的作用。自此，擒拿在日常安保工作中运用得越来越广泛。

三、新中国成立后擒拿技术的应用与发展

1949年，新中国成立后，由中国人民志愿军某部在抗美援朝战争中创造性运用和发展的侦察兵捕俘技术，取得了非常显著的成果。战后经过进一步总结、整理和编写，成为侦察兵专业分队的第一本捕俘技术教材，由解放军总参谋部发行，这也是我国军警部队第一本讲述系统训练擒拿技术的教材。与此同时，各级公安机关和公安部队在执行维护社会治安和内卫执勤等任务中以及在镇压反革命、剿匪反特的斗争中，借鉴解放军侦察兵的捕俘技术，总结对敌斗争的经验，经过逐步修改补充，初步形成了具有公安工作特点的擒敌技术。1959年，武警部队司令部发行了第一本擒敌技术训练教材，取名《格斗》；1960年，公安部四局内部印刷发行了徒手搏斗教材，取名《应用技术》；1963年，武汉公安部队干部学校在全国专职擒敌教员集训期间编写了中国人民解放军公安部队《擒敌技术》教材。1964年，在中国人民解放军开展的"大比武"练兵热潮中，解放军侦察兵的捕俘技术和公安部队的擒敌技术获得飞速发展，动作内容、技术水平和训练质量等各方面都达到了历史最高水平，毛主席和中央许多领导同志还亲临观看了侦察兵的捕俘技术表演，给予了很高的评价。这个时期是我国军警擒拿技术发展的第一个黄金时期。

四、近年来擒拿技术的应用与发展

20世纪70年代末，应广大民警的迫切要求和部队执行任务的需要，公安部武装民警局于1978年在济南组织了全国擒敌技术骨干集训，并重新编写了《擒敌技术》，广大公安院校和社会安保人员都使用这本教材，学习、训练擒敌技术。随着社会的发展，公安部、教育局分别于1985年和1988年组织编写了《军事体育》《军事体育教程》这两本试用教材。在编写过程中，为准确界定"擒敌技术"的内涵和外延，将擒敌技术正式更名为"擒拿格斗"，并作为军事体育的一项重要内容列入这两本教材；公安部、教育局又于2000年组织编写了《警察体育教程》，进一步详细阐述了擒拿格斗的技术训练和体能训练。与此同时，随着体育界拳击、柔道、散手、跆拳道、空手道等对抗性竞技项目的逐步开展，其先进、独特的技术动作、训练方法以及竞赛对抗形式等，也对擒拿技术的发展产生了重大的影响。

 案例分析

"空中警察"，一名空乘能敌两名不法分子

2015年，四川西南航空职业学院新增设"民航空中安全保卫"专业，面向全国招生。

主要培养在民航客舱环境中敢于执法、善于执法，在高危行为辨识、危险品识别与处理、防暴制暴等方面具备专长的民航高素质人才。他们也将成为民航空中反恐队伍中的一支重要力量。四川西南航空职业学院空中安全保卫专业的招生条件相当苛刻，除了要有空姐、空少的美丽、帅气，还要能给人以安全感。男生不能太"娘"，又不能太强势，给乘客造成太大的压力。在经过擒拿格斗、咏春拳等民航反恐专业课程训练后，一名空乘能敌两名不法分子。

分析要点：

1．四川西南航空职业学院新增设"民航空中安全保卫"专业，说明擒拿格斗已经成为职业必备素质。

2．航空服务人员反恐专业能力的培养需要科学的、专业化的理论与实践指导。

3．在民航客舱环境下，对高危行为的识别与处理以及防暴制暴技能已成为空乘培养的重要内容。

第二节　擒拿技术的特点与作用

一、擒拿技术的特点

（一）运用广泛，应变性强

擒拿技术内容丰富，技术多样，针对性强，选择余地大，基本涵盖了社会各方面安保工作中需要使用擒拿技术的各种情况。因此，可以根据不同的任务要求，在不同的地形、场所和敌我态势下，针对不同的捕获对象，随机应变，灵活运用不同的技术战术，以达到不同的制敌效果。

（二）一招制敌，以擒为主

擒拿技术的体系是按照远踢、近打，靠摔、巧拿，以拿为主，一招制敌，制服擒获的擒敌原则确定的。将敌制服擒获是使用擒拿技术的根本目的。制服擒获的标志是在敌不敢反抗、来不及反抗或无法反抗的情况下，将敌有效制服并顺利捆、铐和安全押解到公安机关。制服擒获以踢、打、摔、拿技击方法为手段，能直接使用拿法制服擒获的，就直接使用拿法；不便直接使用、无法直接使用或单独使用拿法无法制服擒获的，可灵活或综合使用踢、打、摔的技击方法，在踢倒、打倒、摔倒的基础上将敌制服擒获。制服擒获的实战要求是一招制敌，动作要领是快、准、狠、猛，力争一招见效；在技术运用上要干脆、利落，"不招不架，只是一下，犯了招架，七下八下"，不拖泥带水，不纠缠反复，不搞花架子，尽快结束战斗；在技术选择上，以击打要害、反折关节的技术为主，在法律允许的范围尺度内对敌严厉打击，决不心慈手软。

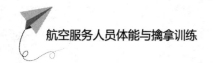

（三）易于掌握，简单实用

擒拿格斗的技术动作是按照简单实用、易教易学、实效显著的取舍标准确定的。内容精练，动作简单，便于掌握，便于普及，实战性强，对场地器材的要求也不高，经过短期训练便能实战运用。既可根据工作需要系统学习，全面掌握，也可有针对性地或应急性地选学部分内容。

二、擒拿技术的作用

（一）克敌制胜的有效手段

近年来，随着擒拿技术的不断发展，航空安保工作人员在执行任务时的临战意识不断加强，擒拿技术在有效制止违法犯罪行为，制服、擒获犯罪嫌疑人以及保障安保人员在执行职务时的人身安全等方面的独特作用，越来越被各大航空公司以及航空安全员所认识。擒拿技术是克敌制胜的有效手段已成为大家的共识。实践已经证明并将继续证明，只要航空安全员熟练掌握了擒拿技术，就能在对敌斗争中以最小的代价换取最大的胜利。

（二）提高战斗力的重要方法

衡量航空安全员战斗力的标准，不仅要看其装备水平，还要看其体能状况和整体组织指挥、协调配合能力以及专业技能水平和实战运用能力。坚持对航空安全员进行经常化的擒拿格斗训练，不仅能使航空安全员全面掌握徒手擒拿格斗的技能，而且能增强航空安全员的体质，提高速度、力量、耐力、抗击力以及灵敏反应等身体素质，使航空安全员保持充沛的体力和使身体承受激烈搏斗与对抗的能力，还能通过各种战术的训练，提高航空安全员的整体协调配合能力。因此，擒拿格斗训练是提高航空安全员战斗力的最为重要、有效的方法之一，也是提高航空安全员综合素质的最为重要的有效方法之一。

（三）培养优良意志品质和战斗作风的重要途径

擒拿格斗训练中的严格要求、紧张气氛以及超负荷的大运动量、大强度训练和实战对抗的激烈程度，对培养航空安全员勇猛顽强、沉着冷静、机智果断、坚韧刚毅的意志品质和不惧强手、连续作战、奋力拼搏、服从命令、听从指挥的战斗作风具有非常显著的效果和独特的作用，是其他任何训练项目无法替代和比拟的。

第三节　擒拿技术的力学原理

擒拿格斗是踢、打、摔、拿结合进、退、闪、躲等身法，攻防结合的一门综合性实用技术，学习擒拿格斗的目的就是提高徒手对敌格斗的技术水平，从而在对敌斗争中能更加有效地打击对方，保护自己，出色地完成任务。因此，在教学与训练过程中，要始终坚持一切从实战出发的原则，严格训练，严格要求，发扬不怕吃苦的精神，刻苦训练，在规定的课时教学内容范围内完成全部的学习内容，并达到一定的水平。擒拿格斗的技法虽然动作繁多，但招招式式无一不是在力的作用下进行的，没有力，就谈不上克敌制胜。因此，掌握相关的力学原理有利于更好地学习、领会、理解和掌握擒拿技术动作，有利于提高教学、训练质量，增强实战能力。

一、作用力和反作用力

力学原理表明：A 物体给 B 物体施加一定的作用力，那么 B 物体必然对 A 物体也产生相应的反作用力，作用力与反作用力总是大小相等，方向相反。格斗中，我击打的力作用于敌的身体部位，这个部位也会对我产生相应的反作用力。我若不注意进攻或防守方法，一味地蛮攻硬打，则有可能会受到此反作用力的伤害。如果我与敌抱缠在一起，我突然使用"勾脚前压"动作，将其压跌于地，这时，我的身体重量加上快速下压的重力加速度，势必给敌的身体产生一个较大的压力（作用力），同样，敌的身体也对我的身体产生相同的反作用力。这时，如果技术方法不对，我下压时，腹部正好压到敌屈曲的膝关节，其膝关节产生的反作用力势必会对我造成伤害。因此，我们在格斗中对敌施加打击力时，一定要尽量避免和减少敌的身体对我们身体的薄弱部位形成反作用力而造成的伤害。

二、合力与分力

将几个力集中作用于物体的某一点称为合力。打拳踢腿时，要求蹬腿、拧腰、转髋、顺肩，尽可能使身体各部位和攻击的拳腿一起用力，从而调动身体各部位的力量集中于拳腿的攻击点上，以求获得最大的击打力，这就是合力的原理。分力指发出的击打力分解成两个或两个以上方向的力。如打直拳时，先抬肘再出拳，这就使出击的直拳产生向前和向上的分力；直拳击打时呈弧形下落，则使击打的直拳产生向前和向下的分力。分力使作用于物体（人体）的击打力大大减弱。技击中，我们常要求"收如弓、去如箭""发力顺达""力点准确"，就是要求身体各部位用力的协调一致和击打轨迹的径直准确，而不会产生分力，削弱击打效果。掌握了这个原理，我们在技击训练时，就能正确理解和掌握每个动作的发力特点和要求。如蹬腿是从里向外直蹬用力，而不是向上"撩"腿，"撩"腿会产生分力；防摔时使用的"转体拧腰"，则是为了改变对方的发力方向；将对方的合力化解成分力，以达到防摔的目的。

三、压力与压强

单位面积上受的压力称为压强。根据压强等于压力除以面积的公式可知，当压力一定时，受力面积越小，压强就越大，反之，压强就越小。在格斗中，不管使用任何方法，总是要尽可能地对敌施加压强（击打力），这个压强越大越好。用同样的力出击，如果着力点的面积相对减小，那么对这个部位的打击力度（压强）就会相对增大，被击打处就会受到更大的创伤。从人体的构造来看，指尖、肘尖、膝尖、掌根面积相对较小，若用同样的力量，以"透骨拳"击打太阳穴或单指戳击咽喉或掌根砍击颈外侧，比用拳面攻击相应部

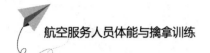

位的杀伤力强得多。这也正是如拳谚所说的"宁挨十拳，不受一肘"的道理。因此，在与敌搏斗的危险时刻，应多发挥肘、膝、指、掌的威力，尽量"指戳掌劈""肘顶膝撞"，减小攻击面积，加大压强（击打力），力争一招制敌。

四、重心与平衡

重力的作用点称为物体的重心，物体失去平衡的难易程度称为稳度，而取得平衡的关键在于重心的控制。一个物体是否失去平衡，取决于该物体的重心是否落在支撑面内，物体的重心落在支撑面之内，它就会保持平衡，反之，它就会失去平衡；另外，支撑面大，稳度大，支撑面小，稳度相对就小；同样的支撑面，重心位置高，稳度小，重心位置低，稳度相对大；力学上还用稳定角反映重心与支撑面对稳度的影响。重力的作用线（重心垂线）和重心到支撑面边缘相应点连线之间的夹角称为稳定角。稳定角越大，稳度越大，反之，稳度越小。因此，要想增大动作的稳定性，就要根据攻防的需要调整好重心和支撑面。如在格斗中，敌下潜抱住我的左腿欲行摔法，我即骤降重心，右腿向后撤步，加大支撑面，增大稳定角，即可防止被敌摔倒。相反，亦可利用重心与平衡的关系克敌制胜。如贴身格斗中，我使用"夹颈别摔"动作，用右手臂夹住敌颈部，右脚上步别住其右脚阻其后退，突然左转腰上下交错用力，迫使敌失去重心而倒地，这就是科学运用了重心与平衡的力学原理的典型动作。

五、速度与力量

速度与力量是擒拿格斗的两大基本要素。擒拿格斗要求以快打慢，快速制敌，重创对手。快速击打一可使敌防不胜防，二可增大击打力度。力学原理表明，人体的各种动力性的动作都具有加速度，从牛顿第二定律公式 $F=ma$ 可以看出，运动物体的加速度 a 与作用力 F 成正比；当物体质量 m 不变时，加速度越大，作用力也就越大。例如，重量为 80 千克的人用同样的方法和力量击打，第一次的加速度为 10 米/秒，第二次的加速度为 20 米/秒，那么第二次的击打力就是第一次的两倍。实践证明，用同样的力量快速击打比慢速击打所获得的效果要好得多。我们在教学训练中，要求学生掌握和使用爆发力和寸劲，就是因为这个道理。

六、惯性与制动

惯性是运动物体固有的性质。格斗中，敌我双方总是前后左右不断移动，寻找战机，还要根据对方的动作采取相应快速的进攻或防守动作，人体处在不停的运动中，就会产生惯性。在擒敌搏斗中，合理巧妙地利用敌的动作惯性加以反击，会产生良好的效果。搏斗时，敌不断凶猛地向我进攻时，正是我利用惯性，对其进行致命还击的最佳时机。如敌持匕首直扑过来，欲刺我的腹部，我侧身闪避其锋芒，使其扑空，并趁势抓搂敌持械之臂，借助其前冲的惯性，"顺手牵羊"，用力牵拉而使其前扑跌地；再如，敌猛冲过来，上步蹬我腹部，我右侧身闪过，借助敌前冲的惯性，以右直拳迎击其头面部，必使其重创。就如小孩抛击一个小石块与飞驰而来的汽车挡风玻璃相撞击，玻璃即刻被击碎，尽管抛击的石块很小，速度也很慢，但借助了汽车前冲的速度，抛击的力度非常大。利用敌前冲的惯性击打，其道理也是如此。

格斗中，敌我双方的进退与攻守都是相生相克地互相变换着。惯性与制动也是随动作的变化而相互变化的。既然我能利用敌的动作惯性加以击打，敌也必然可以利用我的动作惯性给我以还击。因此，在攻防格斗中根据临敌情况，有时应破坏惯性而制动动作，以免给敌可乘之机。例如，侧弹腿攻击是格斗中的重要招法，侧弹时，我利用动作惯性，以加大踢击的力度重创敌。但若踢空时，又不善于制动，就容易因惯性太大而转身，形成背部受敌的被动局面。因此，训练时应重视动作的制动，即加快攻、防的随机转换，做到快动急停，能攻善守。

案例分析

空乘人员集体受训擒拿格斗

2011年12月，香港航空有限公司宣布将咏春拳列为空乘人员的受训科目。几乎同时，中国东方航空集团有限公司（以下简称"中国东方航空"）的空乘也开始接受擒拿格斗的培训。为了确保航空安全，我国民航规定，每架航班上均配空警和空保人员。他们身着便服，在发生危险情况时便挺身而出执行公务。"在空乘人员的岗位章程中，仅规定了需配合空警、空保人员开展工作。"中国东方航空一名空乘表示，在真实的环境下，一旦飞机上出现危险，空乘人员往往容易成为被挟持的对象，或者与人质距离更近。"一旦空乘人员被威胁，会'拳脚功夫'就十分必要。"因此，中国东方航空客舱部第五分部决定率先展开擒拿格斗术的培训，让500余名空乘人员掌握基本的擒敌技巧，以便在被歹徒近距离胁迫下做出快速反应，通过一定技巧进行自救，继而帮助空保人员开展制服工作，最大程度保证乘客的安全。

教官们教的第一招就是"关节控制"，如指关节、踝关节、肘关节和肩关节，控制对方，然后进行反关节活动，使其顿感疼痛，产生松懈，再将其制服；第二招是受制后的"反控制"，对歹徒手指的第一关节做正方向用力按压，使其顿感剧痛，在其分神间隙猛踩其脚，从而挣脱。

分析要点：

1．空乘人员会擒拿格斗在关键时刻十分必要。

2．空乘人员学习擒拿技术，以实用型擒拿技巧学习训练为主。

3．空乘人员仅在飞机上旅客和机组人员的生命安全受到威胁时才使用擒拿技术。

第四节　擒拿技术的技击要素

技击又称为搏击，是一种实用性很强的武术形式。技击的种类繁多，流派纷呈。就世界范围而言，有欧美的拳击、韩国的跆拳道、日本的柔道和空手道、泰国的泰拳等；就中国传统武术而言，各门派拳种多达百余种。其技击原理、技术结构、风格特点乃至技击形式均有很大不同。而本书所阐述之技击，既非一国一旗，亦非一门一派之技击，而是一种博采众家技击之长、广融各国技击精华、专门适用于与各类犯罪分子做斗争的攻击性强、实用价值高、灵活程度大的技击术，也即本书中所说的"擒拿格斗"。

擒拿格斗作为一种克敌制敌技术，自然也属于技击的范畴，它与所有的技击术有共同点，即攻防性和对抗性。但它与一般的技击术（如散打、柔道、跆拳道等）又有很多不同之处，具有自己特殊的属性。以目前广为开展的散手运动为例，它与公安民警所练习的擒拿格斗术就有很大的区别。这种区别，首先在于技击对象不同。散手的技击对象是竞赛对手，对方仅在竞赛的意义上作为对手而存在，而不是作为社会意义上的敌对方而存在。擒拿格斗的技击对象则是那些危害国家安全、扰乱社会治安、侵害人民生命财产的犯罪分子，是实施专政的对象。

其次，技击的目的不同。散手的技击目的是比赛双方通过激烈的攻防对抗而战胜对手，以交流技艺，提高技术水平，强健体魄为宗旨。而擒拿格斗则是通过实施必要的攻击手段，擒拿、捕获犯罪分子，以维护法律尊严、保卫国家和人民生命财产安全、制止犯罪行为为目的。

再次，技击的形式不同。散手运动是在比赛规则的限制范围内，在裁判的主持裁决和护具保护下而进行技击对抗的一项体育运动。之所以采用限制和保护的措施，就是为了使竞技双方更公正、更安全地进行技击比赛。而擒拿格斗则是在履行国家法律赋予的职责，为保护人民生命财产安全，制止犯罪行为和缉捕罪犯中而实施的特殊技击术。为达到克敌制胜的目的，它可以运用散手比赛中不许使用的狠、毒、险的各种招，甚至采用灵活多变的各种非正常技击方法（如沙土迷眼、攻击罪犯的身体要害部位、偷袭等）来制服罪犯。必要时还可以置敌于死地。

综上所述，擒拿格斗术在技击对象、技击目的和技击形式上都具有其特殊性。因此，也决定了其技击要素的特殊性。我们在剖析擒拿格斗的技击要素时，既要遵循技击术共有的普遍性，更要挖掘其有别于一般技击术的特殊性；既要考虑技术战术因素，也要重视社会、心理的因素。只有这样，我们在学习和训练时，才能从根本上领会和掌握擒拿格斗的技击要素。也只有具备一定的功底和抗击打能力，并对攻防中的进、退、转、侧、闪、展、腾、挪有所认识，才能更好地理解和体验武术实战技击中的攻防转换，更好地发挥自身能量，在与人对峙、对决中做到心不慌，脚不软，手不乱。基于上述分析，我们将擒拿格斗的技击要素从心理、战术、技术等方面做以下论述。

一、沉着冷静，威猛并重

当遇到威胁，与敌交手时，最主要的一点就是要有胆量，胆量永远放在第一位。常言道："两强相遇，勇者胜。"胆量其实就是霸气，有霸气才能做到心狠，手辣，招毒。出手不计成败，不计后果，置之死地而后生。武术界素将技击取胜的要诀归纳为"一胆、二力、三功夫"。"胆"是沉着冷静的前提，实际上是心理素质方面的问题。就航空安全员而言，面对穷凶极恶之敌，只有以大无畏的精神，才能做到大义凛然、沉着冷静。若贪生怕死，一遇险情先顾及自身安危，或临阵逃脱，或畏缩不前，即使勉强与敌搏斗，也因"怕"字当头而惊慌失措，六神无主，纵使有一副好身手也不能得到应有的发挥。航空安全员只有具备为党、为国、为人民、为事业献身的精神和胆略，才能遇险不乱，临危不惧，保持清醒的头脑，冷静的思维，集中精力观察分析并采取相应的措施。

具备了沉着冷静的心理素质，还必须具备不怕牺牲、敢往虎山行的压倒一切的英雄气概。要知道，敌我搏斗从某种意义上说，也是一种心理的较量。古往今来，无论是我国古代的打擂、现在的散手搏击，还是国外的拳击比赛，常有某高手台上一站，两眼炯炯有神，寒光逼人，令对手不寒而栗的记载。无疑前者已经收悉自己给后者造成了精神压力和心理上的恐惧，掌握了制敌的心理主动权。在正义和邪恶的搏斗中，穷凶极恶之敌，或气急败坏地行凶作恶，或存侥幸逃脱的心理，往往会孤注一掷地负隅顽抗，但无论怎样，顽抗之敌总是色厉内荏，内心空虚胆怯的。而航空安全员代表着正义的一方，应该浑身充满凛然正气，表现出一种"威"的气概和"猛"的气势，以正压邪，震慑顽敌。如同泰山压顶、猛虎下山般快、准、狠、猛地制服罪犯。

二、审时度势，随机应变

攻防出手时，主动掌握出拳的时机非常重要，它直接关系到战役的成败，所以在彼方发招出拳时，己方其实脚、手、肘、肩、胯、腿就已发动在先，并攻击彼方的有效打击部位，掌握彼不动，我不动，彼若动，我先动的原则，将彼方的发招扼杀于途中。把握战术中的彼发长招，己出短手，并顺身顺步，彼出短手，我发绝招，并舍身舍步。另外，格斗中，应密切注视和分析敌我双方所处的态势（包括地形地物、身体强弱、力量大小、人数对比、武功优劣以及动作虚实等），有针对性地审时度势并随机应变。如敌数倍于我，我当眼观六路，耳听八方，利用地形地物，尽可能靠紧墙体、树木，以免四面受敌；如果敌手持凶器，而我赤手空拳，我当针对敌持凶器之特点（如棍棒、铁锹类），寻找机会，疾步靠近夺取凶器；若敌持匕首之类的利器，我则拉开距离与之回旋，回旋中寻找木棒、板凳、砖块、石头等武装自己，化劣势为优势，切不可凭方刚，行匹夫蛮勇与敌硬打硬拼。

"运用之妙，存乎一心"，这是著名抗金将领岳飞的名句。确实，临阵技击，贵在用心，应细心揣度，根据敌我双方的情况变化灵活应变，这是十分重要的。在抓捕罪犯时，不管敌所处的态势是站立、坐卧、行走，抑或是在车中、船上，如果我们仅凭主观臆断，施展自己认为最拿手的招数，这样往往会导致失败。若我们能审时度势，根据敌所处的态势，对其薄弱（不备）关节，快、准、狠、猛地施加擒拿技术，则成功的可能性就很大。

三、攻其无备，出其不意

"攻其无备，出其不意"语出我国古代著名的军事著作《孙子兵法》，这也是一条被历代兵家所推崇的"兵家之胜"的作战原则，意为要在敌无准备的状态下实施攻击，要在敌意想不到的情况下采取行动。这个原则的核心就是运用突然性，趁敌不备避实击虚，打击敌。古人认为，出其不意可使敌"莫识其来，莫知所御"，在无准备的情况下遭受突然打击。因此，如果运用得当，它可以变弱为强，化险为夷，化被动为主动，古今中外许多以弱胜强的成功战役，都是乘敌不备、乘敌之隙，在出其不意的情况下取胜的。

在战斗中，"攻其无备，出其不意"也是十分重要的一个要素。因为我们面对的敌，可能是一些危害国家安全、侵害人民生命财产的穷凶极恶的亡命之徒。航空安全员在与其搏斗中，稍有不慎，不仅会使罪犯逃脱，给社会留下后患，有时还会殃及自身的生命安全。因此，擒拿格斗的实施也与军队作战一样，要打有把握之战，要以最小的代价取得最大的胜利。那么，如何在擒拿格斗中，特别是我方处于劣势的情况下，有效地制服敌方并保护自己的生命安全，其重要的原则就是"攻其无备，出其不意"，在突然的攻击中以少胜多，以弱胜强，克敌制胜。

在练习擒拿格斗时，常听一些学生反映，说某某动作不好用，打不到对方或擒不住对方。究其原因，就是他在技击中暴露了动作的意图（教学中的"喂招"，本来就知道对方要做什么动作），使对方有了防卫的准备，造成擒拿技术难以奏效。例如，对方右手抓我的右腕，我做"金丝缠腕"的动作，这个动作的关键在于缠挫对方的腕关节，而对方如果时刻留意腕关节，腕部肌肉紧张用力，我则很难成功。再如，我施"挑肘别臂"动作擒敌，当敌面向我走来，我与其靠近时，乘其不备，我左手抓握其右手腕，右小臂挑击其肘窝，并迅速转体，右手抓肩别臂，左手向前推其右手腕，将其擒住，这一系列动作均是出其不意，突然出击，一气呵成的。如果我的意图暴露了，敌预先有察觉，我则很难成功。因此说"攻其无备，出其不意"是航空安全员实施擒拿技术成功的关键要素。

四、以快打慢，以巧取胜

"快打慢、巧打拙、力大打力小"历来被兵家认为是克敌制胜的重要因素。固然，作为未来空中的安保力量的航空安全员必须不断加强身体素质，尤其是力量素质的训练，使自己在将来的航空安全工作中能"力大打力小"，将力量小于自己的敌"弱者生俘"。但是，绝对的力量优势毕竟是很少的，更多的在于"以快打慢，以巧取胜"。

"快"历来被兵家推崇为用兵的最高境界，故有"速战速决""兵贵神速"之说。同理，技击中的"快"也是各技击流派有意追求的最上乘功夫。拳理有"拳如流星眼似电""拳打人不知，出手不见手""来如电，去如箭"的说法。可想而知，技击中，你的动作再合理，再巧妙，但没有应有的速度，则攻不中，防不成，被动挨打。要做到常说的"彼不动，己不动，彼欲动，己先动"，试想，若没有比他人更快的速度，又怎能做到后发而先至呢？

"快"而又"巧"，有如虎添翼之妙。格斗中采用灵活机动的战略战术，随机应变地虚实转换，如指左打右、佯上踢下、声东击西等巧变，能让敌无所适从而被我牵制；擒拿中顺其势，借其劲的借力使力、依势变化、阴翻阳转，就是善用巧劲而不用拙力，充分利用"合力"和"分力"的力学原理，"竖来横破，横来竖破""四两拨千斤"，将敌制服。练习中，还要悉心研究和把握力的方向，作用点和力的大小以及力的支点、力点、力臂、阻力臂和力偶等相应之间的关系，有虚有实，真真假假，有刚有柔，刚柔相济地以巧取胜。

五、上下相随，手脚并用

"上下相随，手脚并用"历来被认为是技击中的全面功夫。善于技击者，拳打脚踢，上下配合，协调一致，始终掌握着格斗的主动权。传统拳术中就有"无上不起下、无下不起上"的说法，即强调拳脚的配合运用。例如，技击时，一个简单的"点裆击头"动作就可能将敌制服，当我起脚虚踢敌裆部时，因裆部是要害部位，势必使其注意力下移，两手向下防守，头部即暴露，此时，我若顺势一记重拳，就很可能结束战斗。

擒拿技术曾常被人误认为是上肢对上肢的控制技术，无非是抓住敌的手，反其关节而已。实际上，施展擒拿技术时，敌被拿欲变，必先从脚步先变，我若迅速上步绊其脚，一可阻止其脚步的变化，不让敌有破解的机会；二可破坏其身体的平衡，达到既擒又摔的目的。例如，敌上左步，用右手抓我的衣领，我用右手迅速扣压敌的右手，不让其逃脱，左臂屈肘以小臂向前挫压其肘关节，同时上左脚向后绊其左脚，我手脚反向用力，既反挫敌肘关节，又将其绊倒在地，为我制服。无疑，"上下相随、手脚并用"是擒拿格斗的又一要素。

六、以擒为主，摔打结合

"以擒为主，摔打结合"是由公共安全工作的特殊性所决定的。警察与军队完成战斗任务有着质的不同，军队的战斗任务往往是消灭敌的有生力量（抓活口例外）。而公安工作的任务是维护社会治安，惩治犯罪，即使是罪大恶极的重犯也应该由警察缉捕归案后，通过一定的法律程序量刑惩治，而不能由警察随意"代表人民"将其就地正法（某些拒捕而威胁到警察或群众生命安全的情况除外），因此，这就决定了公安"以擒为主"的技击性质，对于航空服务人员也是一样。

但是，单纯的擒拿动作是很难成功的，特别是对付人高马大、身强力壮的敌时，或擒、或摔、或打、或踢，应根据临敌时的实际情况随机就势，因势变招，巧妙地将"踢、打、摔、拿"结合起来，即拳语所说的"远踢、近打、贴身摔"。与敌距离稍远时，可用脚踢；略近时则用拳打；敌我贴近时，巧制敌的关节要害，将其擒拿；或采用摔法将其摔倒在地，将其制服。例如，我尾随跟敌，欲将其擒获，这时，如果单纯地施展擒拿术是很难奏效的。若从其后突然下俯，将敌"抱膝顶摔"在地，趁敌被摔致昏的瞬间，我随即迅速跪颈擒拿，就很容易成功。这就是以擒为主、摔打结合的具体体现。因此，只有拿中带打，踢打兼摔，摔擒结合，将踢、打、摔、拿有机结合起来，才能有效地发挥擒拿格斗的技击特长，克敌制胜，所向无敌。

 思政拓展

团结协作，齐心协力，保障安全

2014 年 11 月 10 日，计划从珠海飞往北京的 CZ3739 航班在起飞后半小时遭遇故障，需要临时降落在白云机场。该飞机一共搭载了 3 名机组成员，8 名乘务组成员，2 名安全员

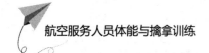

和 250 名乘客，总共 263 人。在机长和全体乘务人员完美配合和极限操作下，飞机平稳地降落，全员平安无事。

驾驶机长是 53 岁的贺中平，他是一名总飞行时长超过 20000 小时的顶尖飞行能手，标准的实践丰富、理论过硬的"飞行干部"；副驾驶是 25 岁的杜若飞，A2 级；乘务长是 38 岁的张晓蕾，她已经在乘务岗位上工作了 19 年。

当时正值北京 APEC 会议和珠海航展，人流量较大。飞机 20 点 40 分准时起飞，在进入三万英尺的高空中后，很多乘客已经慢慢地进入了梦乡。21 点 30 分左右，意外发生了，只听"砰——"的一声，飞机的左翼毫无预兆地撞上了一个不明物体。坐在靠窗位置的乘客被这巨大的声响吵醒，随后便有人看见左侧窗边冒出了滚滚浓烟，不久后飞机强烈地抖动起来。一些小孩子害怕地哭了起来；一些没能和孩子邻座的家长试图解开安全带去照看孩子，但这种危险的行为被乘务组和安全员及时制止。

此时坐在操作间的贺中平看到了飞机表层的烟雾，闻到了金属烧焦的味道，紧跟着，驾驶舱里的主警报就响起了"左侧发动机失灵"，飞机发出了连续不断的响声，十分刺耳。贺中平根据多年的飞行经验立马按下了高度改平的按钮，并吩咐副驾驶联系地面空管中心，很快便联系上了最近的白云机场。在得到机场工作人员的肯定回复之后，贺中平按照相关规定，在短短八秒内完成一系列操作。在关闭左侧发动机后，飞机的抖动更加强烈了。

很快，白云机场塔台同意了机组的降落请求。机组的李想用驾驶舱里的电脑查了广州的天气，并计算进近速率（飞机靠近机场、预备降落阶段的速率），做好降落准备。贺中平机长联系乘务长张晓蕾，告诉她飞机将在 15 分钟后降落广州白云机场，乘务组人员及时安抚好乘客的情绪，并做好应急撤离的准备，同时防止各种突发情况的发生。十多分钟后，在所有人的完美配合下，飞机终于顺利地降落在了地面上，客舱内的乘客按捺不住激动的心情，抽噎声、喝彩声和鼓掌声响成一片。

资料来源：最美机长单发执降保全机，回顾南航 CZ3739 航班 11.10 备降白云机场[EB/OL].（2019-12-05）[2024-05-17]. https://www.toutiao.com/article/6766176266614735367/?log_from=047fb61fabadb_1660720061441&wid=1715758643380.

问题分析：
1．每一架飞机的起飞、行驶、降落都离不开航空工作人员的团结协作，齐心协力。
2．在紧急情况来临之际，机组人员分工明确，各司其职，众志成城。

 **讨论拓展**

客舱安全的重要性

客舱安全是航空安全问题的重要方面。众所周知，飞行安全水平因航空科学技术的巨大进步实现了质的飞跃，但是威胁和干扰航空运输安全的突发状况或违法犯罪行为却日益突出，尤其是客舱突发状况对航空安全的威胁达到了前所未有的高度。空乘人员的应急能力受到了国际民用航空组织以及人们的高度重视，空乘人员在对待客舱安全问题上，要把握好安全第一和优质服务的关系，切实把客舱安全放在首要位置，逐步提高客舱突发状况的处理及应对能力。通过本章的学习，你能给自己制订一份个人提高客舱突发状况的处理及应对能力训练计划吗？

问题分析：

1. 客舱突发状况的处理及应对能力包含很多方面，擒拿技术只是其中一个方面。
2. 空乘人员提高客舱安全意识是客舱安全的基本保障。

 本章总结

近年来，擒拿技术在机舱安全方面的作用日渐突出，越来越受到各大航空公司人员的重视，被列为空中乘务人员和航空安全员重要的必修课程。同时，擒拿技术也在进一步适应新形势、新特点和新任务的要求，向系统化、实战化、法制化和战术化方向发展，比如，擒拿技术适应客舱服务公共安全就是一个重要方向。可以相信，经过擒拿格斗教学、训练和科研工作者的努力，擒拿技术必将在提高安保人员战斗力，保障国家财产生命安全和自身安全，有效制止违法犯罪行为，制服、擒获犯罪嫌疑人等方面发挥越来越重要的作用。

通过对本章内容的学习，不仅能够帮助航空服务人员了解擒拿的基本理论知识，还能够使他们拓宽客舱服务视角，进一步展现现代民航人的精神面貌。

 思考与复习

思考题

1. 思考空乘人员如何研判客舱公共安全。
2. 根据本章内容，思考如何正确使用擒拿技术。

复习题

1. 擒拿技术的力学原理有哪些？
2. 擒拿格斗的技击技术有哪些？

练习题

1. 在哪种情况下可以使用擒拿技术来维护客舱安全？
2. 请根据自身实际情况，制订擒拿技术训练的个人计划。

荐读 6-1

第七章　航空服务人员擒拿技术的基本功训练

【学习目的】

1. 手臂功、腰腿功的基本动作与练习方法。
2. 排打功、倒功的基本动作与练习方法。

【本章核心】

1. 掌握各种基本功的练习方法。
2. 掌握基本功是学习擒拿技术的重要基础。

【素质目标】

1. 融入民航服务文化，做优秀的专业民航人。
2. 提升民航服务安全保障。

【能力目标】

1. 熟练掌握擒拿基本功法，具备一定的专项基础能力。
2. 能够自我训练，能充分发挥主观能动性。

【导读】

擒拿技术是针对人体的关节、要害部位和薄弱部位的特点，按照人体生理机能与解剖学原理设计，利用人体关节的活动规律、要害部位的生理机能、人体重心的转移及力学原理，配合技击方法，对犯罪分子进行反侧关节、分筋错骨、点穴晕死，使之失去反抗能力、束手就擒的专业技术。但擒拿技术的运用必须建立在良好的基本功上，如果没有擒拿的基本功，则很难有效实施"速招擒拿"招法。为此，必须正确、熟练地掌握擒拿技术的基本功和科学的训练方法。

擒拿技术的动作复杂多变，练习者只有勤练基本功，掌握人体的活动规律和擒拿技术的内在联系，才能熟练有效地运用擒拿技术。

第一节　擒拿技术的手臂功

手臂功是发展和提高手、臂在实战训练和实战应用中所必须具备的专项柔韧素质和专项力量素质的练习方法。

一、手臂柔韧练习

（一）活腕

要领：①抖腕。以腕关节为轴，两只手的手腕同时快速向前、后最大限度地抖动。②压腕。以腕关节为轴，一只手卷、压另一只手的手腕，迫使其向前、后、左、右四个方向最大限度地屈、伸和内外旋转。③腕缠绕。以腕关节为轴，两只手的手腕贴靠粘连，紧密、灵活而又柔韧地相互缠绕、同旋、翻转练习。④腕绕环。两只手的手十指交叉，掌心相握，两只手的手腕同时以腕关节为轴，向前、后、左、右连续绕环练习。

要求：循序渐进，逐步提高练习的幅度、速度和灵活性、协调性。压腕要注意用力有分寸，以防受伤。

（二）活肘

要领：①肘屈伸。两脚左右分开站立，两臂弯曲，十指交叉，掌心向前，快速向前屈伸肘，或两只手在头后十指交叉，快速向上屈伸肘。②肘绕环。以肘关节为轴，小臂在体前快速向前、后立圆绕环，可单臂练习，也可双臂同时或交替练习或在身体左右两侧练习，还可结合直拳技术练习，在肘部绕环的过程中向前击打直拳或做打"梨球"练习，提高肘绕环的速度和灵活性。③肘钻翻。身体左转，左脚向左迈步呈左弓步的同时，两臂弯曲，左拳向外旋转向左前上钻出，右拳向内旋转向右后下翻出。身体右转呈右弓步时，右拳钻，左拳翻，左右交替练习。

要求：循序渐进，逐步提高练习的速度和灵活性、协调性。肘绕环要与直拳技术练习相结合，提高直拳的出拳速度。

（三）活肩

要领：①压肩。两脚左右分开站立，上身前倾，两只手抓握肋木或其他支撑物，上身和大臂上下弹动正压肩，或左、右侧倾斜弹动侧压肩。也可两人相互搭肩，同时正压或侧压肩。②拉肩。背对肋木站立，两手后上正握肋木，向前挺腹后拉肩。侧对肋木站立，两手体侧上下抓握肋木，腰外侧屈侧拉肩。也可两人相互后拉肩、侧拉肩。③吊肩。背对肋木站立，两手后上反握肋木，两腿弯曲，重心下沉吊肩。也可反手抓握其他器械（如双杠）

吊肩或两人相互吊肩。④甩肩。两脚左右分开站立，两手侧平举，同时上下甩肩（右手在头后从上向下甩拍左肩背，左手在身体前从下向上甩拍右腋部），两臂交替练习。⑤肩绕环。两脚左右分开站立，以肩关节为轴，单臂向前、后立圆绕环，双臂同时向前、后立圆绕环，双臂同时向前、后交叉立圆绕环。也可双手搭在胸前，屈臂做单、双、交叉三种形式的前、后立圆绕环练习。

要求：各项练习要循序渐进，逐步增加练习的幅度、速度和力度。双人练习要严格控制分寸，避免因用力过猛、幅度过大造成关节损伤和肌肉、韧带拉伤。

二、手臂力量练习

（一）俯撑

要领：①俯卧拳撑。身体俯卧，两手握拳以拳面撑地，按俯卧撑的动作要领连续练习。②俯卧指撑。身体俯卧，两手五指分开以指端撑地，按俯卧撑的动作要领连续练习。③击掌俯撑。按俯卧撑或俯卧拳撑的动作将上身快速撑起，上身腾空，两手在体前掌心互击，然后落地做俯卧撑或俯卧拳撑，连续练习。④翻掌俯撑。身体俯卧，用掌背和小臂背侧撑地（或只用掌背横向撑地），用力撑起，上身略腾空，翻掌，用掌心和小臂内侧撑地（或只用掌心横向撑地），连续练习。⑤伏虎撑。两臂伸直、掌心撑地，身体前俯弯曲呈拱形后坐，手脚相距约二步。两臂弯曲，上身弓身塌腰伏地（脸贴近地面）向前上撑起，还原后连续练习。

要求：拳、指撑地要稳固；俯撑过程中身体平直，平起平落；击掌时腾空要高；击掌要响；翻掌时要迅速，手腕用力；伏虎撑时弓身起伏幅度要大。各项练习要循序渐进，逐步增加练习次数、组数和难度（由松软地面到硬地面，由不腾空到腾空，增加脚的支撑点高度等）。

（二）抓拧

要领：①抛抓沙包。站在原地，一只手抓沙包上抛，另一只手在沙包下落时接抓，两只手交替练习，可围绕身体各部位上下左右抛抓，也可二人或多人相互抛抓练习。②落抓铅球。马步站立，一只手抓握铅球上提后松手下落，另一只手在铅球下落时抓握上提，两只手交替练习，也可抓哑铃、沙包或有抓口的坛、罐等重物练习。③拧千斤棒。两脚左右分开站立，两臂前伸平举，两手正握一根中间悬吊重物（砖或哑铃）的短木棒，手腕交替用力旋拧木棒，卷起重物后，反方向旋拧木棒，落下重物，连续练习。④分指夹砖。在身体两侧的地面上各按五角形立置 5 块立砖，两手的五指分开，相邻两指之间各夹一块砖，一只手可夹 5 块立砖，夹起后原地持续或夹砖行走。⑤三抓腕。两人相对左弓步站立，互架右臂，依次交替做刁捋、缠拧、推切腕关节练习，一侧练毕，换另一侧练习。

要求：各项练习要循序渐进，逐步增加练习次数、组数、重量或持续时间和练习强度。抛抓沙包、铅球或其他重物时要注意安全，防止手指受伤；分指夹砖可先戴手套练习；三抓腕练习时，双方要降低重心，站稳脚步，并相互适当增加练习强度。

（三）推举

要领：①平推杠铃。两脚左右分开站立，屈臂正握杠铃置于胸前，向前快速直臂平行推出，迅速收回，可结合基本步法连续练习。②立推杠铃。杠铃立置，以格斗式姿势站立在杠铃一侧，后手立握杠铃杠，以后手直拳（立拳）动作推击杠铃，收回后连续练习，可左、右交替练习。③卧推杠铃。上身仰卧于卧推凳上，屈臂正握杠铃并置于胸前，向上直臂推起，落下后连续练习。④弯举杠铃。两脚左右分开站立，直臂反握杠铃并置于腹前，屈臂向上弯举至胸前，落下后连续练习。⑤马步推砖。马步站立，两手正握砖，屈臂置于腰侧，两手交替内旋，直臂向前推出，外旋屈臂收至腰间，连续练习。

要求：各项练习要循序渐进，逐步增加练习次数、组数和重量。平推要突出快速出拳的发力特点，立推要突出后手重拳的发力特点，卧推要有人保护帮助，以防被杠铃砸压。马步推砖以女生单手握持一块砖，男生单手握持二块砖为宜。

（四）击打

要领：①击打沙袋。以各种拳法、肘法、掌法击打悬挂的沙袋。②拍击沙袋。以各种掌法、肘法拍击平置在凳子或台子上的沙袋。③击打靶、桩。以各种拳法、掌法、肘法击打手靶、墙靶或各种人形桩、木桩。④负重空击。手握短铁棒（或铜、铅、钢质棒均可）或小哑铃，或戴装铁沙手套，或小臂绑薄形沙袋，做各种拳法、肘法的空击练习。⑤抡锤砸胎。将汽车外胎平置地上，两手握长柄重锤，左右抡砸车胎。

要求：各项练习要循序渐进，逐步增加练习的密度、强度，同时要严格按技术要求练习，不能因击（拍）沙袋、靶、桩或手臂负重而出现动作变形、僵硬、步法呆滞等错误。

案例分析

天津航空公司首批女子安全员：搏击实战、擒拿摔跤样样在行

随着国际反恐形势日益严峻，也为了满足天津航空公司国际化战略转型的需要，优化空防安保资源配置、丰富客舱制敌战术，天津航空审时度势，成立了女子航空安全员队伍。经过层层选拔与训练，13名铿锵玫瑰组成了天航首批女子安全员队伍。

训练期间，她们每天5点钟起床，上午完成2000米热身准备活动后，接着是擒敌拳和客舱擒敌术的训练。下午她们头顶烈日，与男队员一起完成15千米体能训练，每一个动作，她们都力争合格、规范地完成。动作训练看似简单，但是每一个细节都需经过成百上千次的练习，才能达到最佳的效果。经过高强度、军事化的训练，并进行意志训练、搏击实战训练、摔擒训练、警械搏击训练、犯罪心理训练等军事化体能强化训练和理论培训，女子安全员反劫机应急处置能力得到全面提升。

她们不畏艰辛，不畏困难，奋力拼搏，克服一个又一个身体极限，最终通过层层考核。她们都以优秀的成绩毕业，成为合格的航空卫士。

分析要点：

1. 航空安全人员已由最初的以男生为主，逐步发展到男、女生都可以任职该岗位。

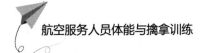

2．航空公司对航空安全人员的体能和擒拿技术都有较高的要求。

3．意志品质训练和犯罪心理训练都是提升航空安全人员综合能力的必要课程。

第二节　擒拿技术的腰腿功

腰腿功是发展和提高腰、腿在实战训练和实战应用中所必须具备的专项柔韧素质和专项力量素质的练功方法。

一、腰腿柔韧练习

（一）活腰

视频7-1

要领：①柔腰。两脚左右分开站立，两手叉腰，上身和下肢不动，腰部向前、后、左、右环绕柔转。②俯腰。两腿并拢挺直，上身向前俯腰和向左、右两侧俯腰时，两手十指交叉，掌心向脚前和向左、右两脚外侧触压地面。两脚左右大开立（约二步宽），上身向前俯腰时，两条小臂相抱，用小臂或肘尖触地，或两只手分抱两脚踝，以头顶触地。上身向左或右侧俯腰时，两手合抱左小腿或右小腿，脸贴小腿。③下腰。背对肋木，上身后弯，两手抓肋木向后下腰或在同伴的保护帮助下向后下腰，下腰到底后，以两手撑地或以头顶撑地，身体呈反弓形，通常称"桥"（见图7-1）。④翻腰。通常称"转桥"，即在下腰呈反弓形"桥"的基础上，以两手或头顶支撑为圆心，右腿向左抬转，腰向左翻转呈拱形"桥"支撑（见图7-2），继续抬右腿向左翻转腰呈反弓形"桥"支撑，连续练习，翻转一周，也可向右翻转一周。⑤转腰。两脚左右分开站立，以腰为立轴，两臂弯曲，立肘，随上身向左、右两侧平行转动，或两臂弯曲，平肘，随上身向左、右两侧平行转动。两脚左右分开站立，上身在前俯状态下左、右转腰，带动左、右腿在挺膝直腿状态下原地踏步或行进，两臂垂直，两手松握拳，随转腰在同侧腿落地时以拳面轻击地面（见图7-3）。两脚左右大开立，上身在前俯状态下左、右转腰，两臂弯曲，两手松握拳，随转腰用左拳面击打右脚背，右拳面击打左脚背（见图7-4）。⑥涮腰。两脚左右分开站立，以腰为轴，上身经前俯向右、后、左环转一周，两臂张开随同运动，可顺时针方向连续涮腰，也可与逆时针方向涮腰交替练习。

图 7-1

图 7-2

图 7-3

图 7-4

要求：各项练习要循序渐进，逐步提高练习的幅度、速度、力度和难度，逐步增加练习的次数、组数和时间。不要急于求成，不能蛮练，以防肌肉、韧带拉伤和腰椎受伤。下腰、翻腰、涮腰等练习，初学时必须在同伴的保护和帮助下进行。凡能左右对称的练习，一定要均衡对称练习，以防偏重或偏废。

（二）活髋

视频 7-2

要领：①站立压髋。一条腿直立，另一条腿以正蹬腿、侧踹腿、侧弹腿起腿时的屈腿姿势，或以正蹬腿、侧踹腿、侧弹腿动作结束时的直腿姿势，架在肋木或其他支撑物上，两手辅助用力或保持平衡，按腿法的柔韧性要求做屈腿和直腿压髋练习。左右两腿和屈、直两种压髋方法交替均衡练习。②坐、跪压髋。两腿伸直并拢或左、右分开坐于垫上，两手分抓脚掌，上身前俯或侧俯压髋练习。以前、后竖直劈叉或左、右横直劈叉的姿势坐于垫上，两手撑垫，上身挺直向下压髋练习。两腿弯曲，小腿内收，两脚掌心相对，上身挺直，以禅坐姿势坐于垫上，两手分别按两膝内侧，向下压髋练习（见图 7-5）。两腿弯曲，两髋关节外展，上身前俯，两手小臂前撑，以蛙式姿势爬于垫上，向后坐压髋练习（见图 7-6）。一条腿伸直，一条腿弯曲，髋关节外展，上身前俯，以跨栏姿势坐于垫上，向前、侧压髋练习（见图 7-7）。③转髋。一条腿直立，同侧的手扶握支撑物；另一条腿屈膝勾脚尖或挺膝勾脚尖，以髋关节为轴，做正面屈腿、直腿转髋练习，侧面屈腿、直腿转髋练习（从右向左或从左向右划弧各 360 度）。两腿左右分开站立，两手扶握支撑物，脚掌右横位，右脚跟和左脚前掌落地，上身不动，两腿同时原地向左跳动转髋，呈脚掌左横位，左脚跟和右脚前掌落地，左、右反复跳转髋练习。通过大幅度、低姿势、慢速度的左、右弓步转换，左、右仆步转换以及弓步、仆步转换等动作做转髋练习。

图 7-5

图 7-6

要求：同活腰练习。

（三）活膝

视频 7-3

要领：①膝绕环。两腿并拢屈膝半蹲，两手分别按膝关节，两膝同时由左向右或由右向左绕环，或两膝分开，同时由前向后或由后向前绕环。②双膝蹲撑。两腿并拢屈膝深蹲，提踵，两手分别按膝关节，起立时，上身前俯，两手后按挺膝关节，连续蹲撑练习。③单腿蹲撑。一条腿前伸悬空，另一条腿屈膝深蹲，提踵，同侧的手扶握支撑物。在同侧手的助力下，深蹲腿起立，挺直膝关节，前伸腿仍悬空，连续单腿蹲撑练习后，换另一条腿蹲撑。④单腿抱膝。一条腿直立，另一条腿分别按正蹬腿、侧踹腿、侧弹腿起腿时的不同屈膝要求屈膝独立，同时两手抱膝，保持平衡和稳定。

要求：循序渐进，逐步增加膝关节运动的幅度、速度、高度和难度，防止膝关节受伤。

（四）活踝

视频 7-4

要领：①踝绕环。一条腿站立，另一条腿用脚尖点地，以踝关节为轴，向前、后、左、右连续绕环。两踝交替练习。②跪压。两腿并拢屈膝，两脚背绷直，跪于垫上，臀部坐在两脚跟上，下压脚背。③扳压。坐于垫上，两手握住一个脚掌，以踝关节为轴，向前、后、左、右各个方向施压扳转。

要求：同活膝。

二、腰腿力量练习

（一）卧起

要领：①仰卧起。身体仰卧，两脚并拢，两手十指交叉抱于脑后，在收腹起坐、上身向腿部前俯的过程中，以左、右肘尖为着力点，向左、右侧前转腰发力，然后还原仰卧，连续练习（见图 7-8）。②侧卧起。身体侧卧，两脚由同伴固定，两手十指交叉抱于脑后，收腰侧起，上身向腿部尽量侧弯曲，然后还原侧卧，连续练习（见图 7-9）。③俯卧起。身体俯卧，两脚由同伴固定，两手十指交叉抱于脑后，仰头挺腰，上身尽量向后上挺起，然后还原俯卧，连续练习（见图 7-10）。④加难度卧起。两手扶握一杠铃片置于脑后，进行仰卧起、侧卧起、俯卧起的练习，以增强腰、腹、背肌的负荷能力。或利用山羊、跳马、肋木、体操垫等器械延长仰卧起、侧卧起、俯卧起的距离，增加练习的难度。

图 7-7　　　　　　　　　　　　　　　　图 7-8

图 7-9

图 7-10

要求：按增长爆发性肌肉力量的训练原则和格斗中腰、腹、背肌肉发力的特点、要求进行练习。练习中注意循序渐进，合理安排训练负荷，以免造成过度疲劳和肌肉拉伤。

（二）角力

视频 7-5

要领：①扛人。两人相互架臂，一人脱出双手后，身体下潜，双手抱住对方大腿，肩顶对方腹部，并腿挺腹将对方扛于肩上，放下后，两人交替练习（见图 7-11）。或两人相互架臂，一人上步近身插裆的同时，脱出一只手抱住对方的大腿根，另一只手抓对方手臂下拉，侧身挺腰将对方扛于肩上，放下后两人交替练习（见图 7-12）。②拔腰。两人侧身俯腰，然后相互夹抱对方的腰，一人挺腹将对方拔起，放下后两人交替练习（见图 7-13）。③摆荡。一人正面抱住对方的腰，抱起后，分别连续向左、右两侧转腰摆荡，对方做搂抱收腹摆腿配合，两人交替练习（见图 7-14）。④吊撑。一人仰卧呈肩肘倒立姿势时，将双脚吊挂在另一个人的颈部，另一个人双手抱住对方的双腿，挺腹弓身支撑，将对方连续收腹拉起（见图 7-15）。或一人双手搂吊住对方的颈部，双腿骑夹在对方的腰胯上，对方做连续挺腹弓身支撑练习（见图 7-16）。两人交替练习。

图 7-11

图 7-12

图 7-13

图 7-14

图 7-15　　　　　　　　　　　　　图 7-16

要求：各项练习要循序渐进，逐步提高练习的幅度、速度和力度，逐步增加练习的次数、组数和时间，并通过适当增加对方的对抗力或替换更重体重对手等方法，逐步提高练习的负荷强度。同时注意强调角力练习要严肃认真，积极配合，严禁开玩笑或出现随意性、不配合等现象。

（三）踢腿

要领：①屈腿踢。在屈腿压髋、转髋和抱膝等柔韧性练习的基础上，原地或行进间做各种屈腿踢练习。也可结合步法（前、后垫步等）做屈腿踢练习或负重（绑沙袋、压杠铃片等）做屈腿踢练习。②直腿踢。在直腿压髋和转髋练习的基础上，原地或行进间做各种直腿踢（正踢、侧踢、里合、外摆）练习。也可结合步法（前、后垫步等）做直腿踢练习或负重（绑沙袋）做直腿踢练习。③踢沙袋和靶、桩。在屈、直腿压、踢练习的基础上和初步掌握了基本腿法技术动作的基础上，以各种腿法进行踢沙袋、踢脚靶、踢墙靶和踢木桩练习。

要求：各种踢法要循序渐进。逐步提高屈、直腿踢的幅度、速度和力度，同时要求踢腿时两手在体前抱拳立肘配合，与武术套路基本功的踢腿相区别。踢沙袋和靶、桩要在教师的指导下，结合腿法练习进行。

（四）弹跳

要领：①跳绳。双手摇绳一周，单腿连续跳；双手摇绳一周，左、右腿交替跳；双手摇绳一周，双腿同时跳。可原地连续练习、交换跳法练习或小范围多方向移动跳绳练习。②抱膝跳。原地向上纵跳时，收腹并腿屈膝，双手在空中抱膝，落地还原后，连续练习。③架腿撑跳出拳。一条腿架于支撑物上（支撑物略高于膝），另一条腿单腿支撑向上跳起的同时，上肢配合出前手直拳（或后手直拳，或前、后手直拳组合），跳起一次，出一次直拳，连续练习。④纵跳转腰出拳。两腿并拢，原地直腿向上纵跳至最高点时，上身快速连贯地向左、右转腰，左、右手随转腰向前击出直拳。落地还原后，连续练习。

要求：循序渐进，逐步提高各种弹跳练习的速度和高度，逐步增加练习的次数和组数。同时注意全身尤其是上、下肢的协调配合，并注意与其他基本功练习交替循环进行，避免局部过度疲劳。

第三节　擒拿技术的排打功

排打功是发展和提高身体各主要部位在实战训练和实战应用中所必须具备的抗击打能力的练功方法。

一、头部排打

（一）自我排打

要领：①徒手排打。原地站立，两手松握拳，分别以拳心、拳轮、拳面向头顶、前额、头两侧及眼眶、面颊、口鼻三角区和下颌等部位进行自我排打，左、右拳交替排打练习。②戴拳套排打。两手戴拳击手套，以与徒手排打相同的要领进行练习。③持器械排打。两手分别持木板、橡胶砖等器械，以与徒手排打相同的要领进行练习。

要求：严格按徒手—戴拳套—持器械的顺序练习，排打的力度要适宜，由轻到重，逐步增加。练习时，头部要端正，颈部肌肉保持一定的紧张度，内收下颌，目视前方，合唇咬齿，用鼻孔呼吸，闭气排打，头部和颈部不可松懈摇晃或偏歪，不要闭眼。

（二）双人相互排打

要领：在自我排打练习的基础上，两人相对，间隔一步，一人按自我排打的要求准备承受排打，另一人按自我排打的要领和步骤对其进行排打。两人交替练习。

要求：同自我排打。双人相互排打时要严肃认真，严禁开玩笑和动作随意化，排打一方要掌握好动作的分寸和力度。

二、手臂排打

（一）自我排打

要领：①拳、掌排打。原地站立，左臂前伸，右手以拳心、拳轮或掌心、掌根沿左臂大臂向下依次排打前、后及左、右两侧各部位。两臂交替练习。②器械排打。在拳、掌排打练习的基础上，一手持短木棍、沙条或竹板等器械，采用与拳、掌排打相同的要领进行练习。③靠桩排打（俗称"三靠臂"）。面对木桩，呈左弓步站立，以右小臂背面，左、右两侧面依次向木桩靠击排打，然后原地右转呈右弓步站姿，左小臂以同样的要领靠木桩排打。左右交替练习。

要求：排打力度由轻到重，排打方向从上至下。手臂内侧因浅层血管较多，不做排打。排打时用鼻子吸气，吸足气后闭气排打，排打完后呼气，排打中闭不住气时可停止排打，换气后再进行排打。

（二）双人相互排打

要领：①在自我排打练习的基础上，两人相对，间隔一步，以拳掌排打、器械排打的要领进行相互排打；②在靠桩排打的基础上，两人相对呈左弓步站立姿势，间隔一步，各以右小臂为"桩"，相互"三靠臂"排打。之后原地右转呈右弓步姿势，各以左小臂相互靠臂排打。左右交替练习。

要求：同自我排打。在双人手臂排打的过程中，手臂要绷紧肌肉，将内气提布于全臂，在承受对方击打的一瞬间，鼓足内劲，产生极强的抗打力。

三、躯干排打

（一）自我排打

要领：①正面排打。两脚左右分开站立，膝微屈，两手松握拳，以拳心为着力点交替排打躯干正面腹、胃、肋、胸等部位。②前后排打。站法与握拳同正面排打，右拳在身体前以拳心为着力点，左拳在身体后以拳背为着力点，同时排打躯干正面和背面，两拳前、后交替练习，依次排打躯干正面、背面各部位。③持器械排打。在正面排打、前后排打的练习基础上，两手持沙包、木板、橡胶砖等器械，分别以正面排打、前后排打的要领进行练习。

要求：掌握好排打力度，由轻到重，逐渐加力。同时采用逆势呼吸方法，排打的间隔吸气，小腹内凹，排打躯干的同时呼气，小腹外凸，以提高腹内压和胸内压，增强内脏器官的抗震抗击打能力。

（二）双人排打

要领：①戴拳套排打。两人相对，间隔一步，一人马步站立，两肩张开，两臂立肘抱拳，稍微含胸，屏息憋气，小腹微凸；另一人双手戴拳套，以直、摆、勾等拳法交替对其躯干正面胸、腹、胃、肋等部位进行排打。两人交替练习。②腿法排打。一人马步站立，站法同戴拳套排打（可穿护具），另一人在对方前面以蹬、踹等腿法对其躯干正面进行排打，或在对方侧面以侧弹腿法分别对其躯干正面和背面进行排打。两人交替练习。③持器械排打。一人站法同戴拳套排打，另一人双手持木板或竹片等器械，在对方侧面分别对其躯干正面和背面进行排打，或一人仰卧（或坐卧）于地上，另一人手持实心球向其腹部抛击。两人交替练习。

要求：同自我排打。

四、腿脚排打

要领：①腿脚相互排打。单腿站立，另一条腿屈膝，分别用脚跟，脚背，脚内、外侧排打站立腿小腿前、后、内、外侧等部位。两腿交替练习。②双拳排打。坐地，两腿赤脚屈膝前伸，两手握拳，用拳背、拳心、拳轮排打同侧小腿及脚掌各部位。③器械排打。坐姿同双拳排打，两手分别持沙条、短棍、竹片等器械，排打同侧小腿及脚掌各部位。或赤脚站立，分别以蹬、截、踹、弹等各种腿法踢击沙袋、硬质脚靶、木桩、木板、实心球等硬物。

要求：同手臂排打。

第四节　擒拿技术的倒功

倒功可发展和提高身体各部位在实战训练和实战应用中所必须具备的倒地时的自我保护能力、倒地后的防守还击能力以及专门以倒功动作对敌实施攻击能力。

预备姿势：在立正的基础上，左脚向左分开，约与肩同宽，屈膝半蹲，两臂后摆，掌心向后，上身稍前倾，目视前方。

一、前倒

（一）原地前倒

要领：立正姿势；脚尖并拢，两腿和躯干挺直，上身前倾倒地；同时，两臂屈肘，置于胸前，掌心向下，稍微收腹含胸，屏息憋气，用两只手掌、小臂以及两脚前掌着地支撑，躯干和两腿平直悬空，抬头，目视前方。

视频 7-6

要求：前倒要快，全身保持紧张，两只手臂用力拍地并保持相应支撑力，以减缓着地时的冲力。

（二）跃起前扑

要领：预备姿势；两脚蹬地，向前跃出；同时，两臂前摆，掌心向下，屈臂，用两只手掌、小臂以及两脚内侧着地支撑，两腿分开，略比肩宽；稍微收腹含胸，屏息憋气，躯干和两腿平直悬空，抬头，目视前方。

要求：跃出要有一定的高度和距离。两臂前摆的幅度要大，以使肩、肘关节落地时有缓冲余地。

（三）前翻背摔

要领：预备姿势；两脚上前一步，团身跳起前空翻转（或蹲下前滚翻转）半周至仰脸状态时，展体挺腹呈反弓形姿势，用两脚掌和肩背着地支撑，两只手臂在体侧用力拍地；低头，屏息憋气，目视前上方。

要求：团身要圆，翻转要快，展体挺腹反弓要高，两脚掌和两手臂同时拍地。

二、后倒

（一）团身后倒

要领：预备姿势；左脚向后撤一步，屈膝下蹲，降低身体重心；随即低头团身后倒，臀、腰、背依次着地；两手合抱后脑，两腿屈膝分开，收腹收腿勾脚尖，脚掌正对前上方，目视前上方（见图 7-17）。

视频 7-7

要求：后撤步和下蹲的动作要快，低头、团身、屈膝，身体收紧，两手用力护头。

（二）仰身后倒

要领：预备姿势；两臂前摆，两膝向前下顶，上身后仰倒地；同时，右腿挺膝勾脚尖上踢，挺腹，低头，两只手臂呈弧形在体侧用力拍地，用手臂、肩背和左脚掌着地支撑，屏息憋气，目视前上方（见图 7-18）。

图 7-17   图 7-18

要求：摆臂拍地要快，右腿上踢要高、直，身体重心上提。后仰、挺身、抬头、踢腿和拍地要协调一致，同时完成。

（三）跃起后倒

要领：预备姿势；两脚蹬地，向后上跃起，身体挺腹展体后仰，两只手臂前摆后在体侧用力向下拍地，用两只手臂和肩背部着地；同时收腹、屈腿、低头、勾脚尖，两腿分开，约与肩同宽，脚掌正对前上方，目视前上方。

要求：向后上跃起要腾空，两只手臂前摆、下拍要快，用力要猛，以减缓落地的冲力。跃起时的挺腹、展体、后仰动作与落地时的收腹、屈腿、低头动作要连贯协调。

三、侧倒

（一）插腿侧倒

要领：预备姿势；右腿向左侧下插腿，身体向右侧倾倒；同时，右手臂向左上摆后，在身体右侧用力向下直臂拍地，右手臂、右腿外侧和身体右侧着地，左腿屈膝挺髋支撑，左手置于右胸前；侧抬头，目视左前上方（见图 7-19）。

要求：插腿要长、远，以最大限度降低身体重心。插腿、摆臂拍地、身体侧倒要协调一致，同时完成。

图 7-19

视频 7-8

（二）盖腿侧倒

要领：预备姿势；两臂向左后方向弧形上摆下拍，同时，右腿向左后方向弧形上摆下盖，身体向左后方向转 180 度侧倒；用左臂、右手掌、左腿外侧和右脚掌着地支撑；两腿弯曲呈剪状，侧抬头，目视右侧上方。

要求：摆臂、盖腿幅度要大、要高，转身要快。摆臂、转身、盖腿和着地支撑要连贯协调。

（三）跃起侧倒

要领：预备姿势；右脚蹬地向上跃起，左腿向左侧上摆，右腿随即向左后弧形上摆下盖，同时，两臂向左后弧形上摆下拍，身体腾空，左后转体 180 度侧倒；左臂、右手掌、左腿外侧和右脚掌着地支撑；两腿弯曲成剪状，侧抬头，目视右侧上方。

要求：跃起要高，摆臂、摆腿、盖腿幅度要大，转身要快。摆臂、摆腿、盖腿、转身和着地支撑要连贯协调。

四、滚翻

视频 7-9

（一）侧前滚

要领：立正姿势；右脚向前迈一大步，屈膝下蹲；两臂前伸，两手撑地，弯腰低头并向左偏转头，侧身以右肩背着地，团身屈腿，向前滚翻一周呈三角支撑（左小腿跪撑、右脚蹲撑）；随即两手撑地跳起，面对滚翻方向呈格斗姿势。

要求：右腿上步要大，下蹲要低，以最大限度降低身体重心。团身要紧，侧身滚翻要圆，轻快灵活，头部不可以碰地，跳起要快。

（二）侧后滚

要领：立正姿势；左脚后撤一大步，屈膝下蹲；两臂后伸，两手在身体两侧后撑地，弯腰低头并向右偏转头，侧身按臀部、右背、右肩着地的顺序向后团身屈腿滚翻一周呈三角支撑（右小腿跪撑、左脚蹲撑）；随即两手撑地跳起，面对滚翻方向呈格斗姿势。

要求：同侧前滚，但是方向、顺序相反。

（三）横滚

要领：在原地前倒基础上，两臂屈肘夹护头、肋，利用转头的惯性带动身体向左、右横向滚动。

要求：屈肘夹护要紧，左、右横滚要快速连贯。

思政拓展

航空安全员杨猛：不忘入党初心，坚守党员本色

福州航空始终坚持"党建为魂"的企业文化，将安全视为生命线，通过党建引领安全发展，强化责任担当，坚持安全隐患零容忍。有这么一位党员同志，他被方大集团授予 2021—2022 年度"优秀共产党员"称号，被福州航空授予"2020 年临时包机航班突出贡献"

称号，他是航空安保部优秀员工，二十几年如一日，战战兢兢地坚守在空防一线，他就是福州航空资深航空安全员、局方教员杨猛。作为空防安全守护者，他深知肩上的职责与重担，以高标准、严要求敦促自己守好特业一线"党员先锋岗"，凭借过硬的职业技能，全心全意爱岗奉献，让党徽在万尺高空熠熠生辉，一步一个脚印地践行"80后"党员的责任与担当。

2000年，杨猛通过自身的不断努力，经过层层选拔，成为中国第一批空中警察。他在担任空警的12年中曾多次执行各类重要保障航班，对处理飞机上各类扰乱行为有着丰富的经验。在2007年5月宁波—广州的航班上，他成功捕获并移交一名机上盗窃嫌疑人，后经查实，该嫌疑人为一盗窃团伙重要成员。因此，他受到了广州新白云国际机场公安局的表扬。

杨猛加入福州航空安保部以来，充分发扬空警的优良作风，在福州航空5年的飞行职业生涯中，不断地学习与努力，取得了航空安全员局方教员资质。作为一名安全员教员，他作风严谨，理论扎实，体能过硬，培养出了许多优秀的航空安全员。他的教学经验丰富，教学方式独特且实用，在教学工作中做到了因材施教，获得学员们的一致好评。

杨猛时刻发挥党员先锋模范带头作用，处处以党员的标准对照、检查、规范自己的行为。工作中，他时常叮嘱大家要强化红线意识、底线思维，不能抱有侥幸心理。在执行航班任务中，他时刻保持清醒的头脑，注重观察细节，保持高度的警惕性和责任感。他始终不忘入党初心，坚守党员本色，以自己的言行诠释了一名优秀共产党员的先进性。

资料来源：李彦成.不忘入党初心，坚守党员本色：航空安全员杨猛[EB/OL].[2024-05-17].https://www.ccaonline.cn/anquan/aqhot/751069.html.

问题分析：
1．如何践行坚持"党建为魂，将安全视为生命线"，以党建引领安全发展？
2．如何将"不忘入党初心，坚守党员本色"贯穿到客舱安全工作中？

 **讨论拓展**

提升扎实的擒拿基本功

客舱擒敌术是在来不及使用器械的情况下，依据法律以徒手的方式来制服犯罪嫌疑人，保障飞行安全以及旅客安全的一种格斗技术。由于机舱人员密集、空间狭窄，大多数的格斗技巧不适合使用，在这种情况下，不仅仅是身体和技术的较量，更是智慧的较量。因此，航空安全员的安全防范意识、应变能力是不可忽视的重要因素。扎实的擒拿基本功是培养应变能力的前提条件，只有基本功扎实才能灵活运用、从容应对，扎实的擒拿基本功也是制胜的保证。通常，在擒拿技术训练的初级阶段，主要是以擒拿的基本功训练为主，以增强练习者的身体素质和基本擒拿技巧。中级阶段主要是在强化基本功的基础上，进行实战对抗训练，以提高练习者的擒拿技能和灵活应变的能力。由于航空安全员工作环境的特殊性，在教学过程中，注重格斗基本功练习的同时，还应考虑格斗技术在狭小客舱环境里的有效运用性。

通过本章的学习，你能给自己制订一个提升擒拿基本功的训练计划吗？

问题分析：

1．在人员密集、空间狭窄的客舱中使用擒拿技术的技巧。

2．航空安全员的应变能力在客舱擒敌术使用中非常重要。

本章总结

擒拿技术在传统中华武术中俗称分筋错骨术，是以抓、拧、折、扳、切、点、挫、拉等基本手法，并依据关节筋膜韧度、限度和骨节逆反原理，通过制敌关节、要害部位及相关穴位，进而控制敌全身，使其失去反抗能力，达到制服之目的。但是，练习擒拿技术，首先要从基本功的训练方法上入门，苦练基本功，使基本技术动作能够有透骨的渗透力，使被抓扣的关节、穴位有疼切入骨、气血受阻、动摇不成的现象，才能达到制服犯罪嫌疑人的良好效果。

思考与复习

思考题

1．思考空乘人员练习擒拿基本功的特点有哪些。

2．思考擒拿技术如何运用在客舱安全服务中。

复习题

1．擒拿技术基本功的训练内容有哪些？

2．加强擒拿技术基本功的训练方法有哪些？

练习题

1．如何在客舱安全保障中合理使用擒拿技术？

2．请你制订出适合自身条件的擒拿基本功训练计划。

荐读 7-1

第八章　航空服务人员擒拿实用技术

【学习目的】

1. 掌握擒拿的基本技术。
2. 在实战中，熟练运用擒拿的基本技术。

【本章核心】

1. 擒拿的基本技术。
2. 在实战中，灵活运用擒拿的基本技术。

【素质目标】

1. 熟练掌握擒拿技术，做优秀民航人。
2. 全面提升民航人的整体素质。

【能力目标】

1. 能够在客舱服务中灵活应用擒拿技术。
2. 能够运用自身的擒拿技术优势，自信地处理突发事件。

【导读】

　　擒拿技术是一门独特的技击术，形成于武术的鼎盛时期。明代嘉靖年间，擒拿技术已风靡一时，著名武将戚继光在《纪效新书》拳经捷要篇中，对"鹰爪王的拿"便有赞誉。擒拿技术继承了古代技击法的精华，又经过专门的实践与创新，自成体系，别具一格。现在，很多军人、警察、特殊人群以及外国人都在深层次地研究和运用擒拿技术，这可以看出其技击特点非常突出，实用效果特别显著，确实有变幻莫测之妙，"分筋错骨"之威！它以巧制关节为手段，以擒伏对手为目标，以不伤害对手而达到擒获的目的为高超技能。充分体现中国技击法"巧打拙，柔克刚"的特点，这些绝招妙技所具有的深奥法理，不仅毫不神秘，而且完全符合现代生理学和运动力学的原理，有着严格的科学依据。

第一节　基本姿势与实战步法

基本姿势是进攻或防守前的一种最常用的临战身体姿态和架势，包括手形、步形、初级练习姿势和实战姿势。它的特点是：暴露面小，支撑稳固，起动迅速，移动灵活，攻守兼备；基本步法是实战过程中为使自己处于有利的进攻或防守位置，为保持身体重心平稳而采用的脚步移动变换的基本方法，是打、踢、摔、拿各种技法赖以实现的基础。它的特点是：步随身走，手到脚到，弹性移动，轻灵快捷。

一、基本姿势

（一）手形

1. 拳形

要领：四指并拢卷曲握紧，拇指紧扣在食指和中指第二指节上（见图8-1）。

要求：拳面平，腕关节平直坚挺。击打前，拳松握（保持拳形，拳心中空）。击打时，拳紧握，攥实。拳形变化及用途：①俯拳。拳心向下，用于直拳、摆拳或鞭拳击打，力达拳面或拳轮。②仰拳。拳心向上，用于勾拳击打，力达拳面。③立拳。拳眼向上，用于近身直拳、摆拳击打腰、腹等部位，力达拳面。

2. 掌形

要领：四指并拢伸直，拇指弯曲紧贴虎口处。

要求：四指并紧伸直，掌心微凹。击打前，掌松持（保持掌形，五指微屈），击打时，掌持紧，拢实。掌形变化及用途（见图8-2）：①立掌。掌心向前，手掌与小臂约成直角，用于推、挡，力达掌根。②直掌。掌心向下或向侧，手腕挺直，手掌与小臂成直线，用于插、戳，力达指端。③横掌。掌心斜向侧下，手腕稍内收，用于劈、砍，力达掌外缘。④八字掌。掌心向下或向侧，拇指向外分开，与四指构成"八"字形，用于抓、卡、扼，力达虎口和指端。

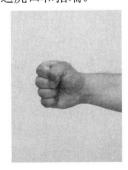

图8-1　　　　　　　　　　　图8-2　立掌、直掌、八字掌

视频 8-1

（二）步形

1. 弓步

要领：左脚向前迈一大步，脚尖向前稍内扣，屈膝弓立，大腿略平，膝盖不超过脚尖。右腿挺膝绷直，脚尖内扣。两脚全脚掌着地，上身对正前方，两手握拳置于腰际，拳心向上，两眼平视前后（见图 8-3）。弓左腿为左弓步，弓右腿为右弓步。

要求：步幅要大，重心要稳，前腿弓，后腿绷，挺胸、塌腰、沉髋，前、后脚成一条直线。

用途：主要用于配合后手直拳重击和抱腿顶摔、绊摔等动作。

2. 马步

要领：左脚左跨一步，略比肩宽，全脚掌着地，脚尖对正前方，屈膝半蹲，膝盖不超过脚尖，大腿略平，身体重心落于两腿之间。两手握拳置于腰际，拳心向上，两眼平视前方（见图 8-4）。

图 8-3　　　　　　　　　　　　　图 8-4

要求：姿势要低，重心要稳，上身挺直，挺胸、塌腰、提肛，两脚跟和膝盖向外撑力。

用途：主要用于配合各种过背摔法和骑压拿法等动作。

3. 仆步

要领：左脚左跨一大步，屈膝深蹲，全脚掌着地，脚和膝外展。右腿向右伸直平仆，脚尖内扣，全脚着地。左手置于左膝处，右手置于右膝处，两眼向右平视（见图 8-5）。仆左腿为左仆步，仆右腿为右仆步。

要求：步幅要大，重心要低，挺胸、塌腰、沉髋，平仆腿，脚掌不得外掀。

用途：主要用于绊腿摔法、骑压拿法以及折腕牵羊等动作。

4. 虚步

要领：右脚外展 45 度，稍微屈膝下蹲。左脚向前移一步，膝微屈，脚跟离地，脚面绷平，脚尖稍内扣，虚点地面，重心落于右腿。两手握拳置于腰际，拳心向上，两眼平视前方（见图 8-6）。左脚在前为左虚步，右脚在前为右虚步。

要求：挺胸、塌腰，虚实分明，支撑腿稳固。

用途：主要用于提膝进攻、防守前的准备动作和虚假动作。

5. 跪步

要领：左脚左跨一步，屈膝深蹲，全脚掌着地，脚和膝外展。上身左转，右腿屈膝内扣，用膝跪地，右脚前掌撑地，脚跟提起。两手握拳置于腰际，拳心向上，两眼向左平视（见图8-7）。跪右膝为右跪步，跪左膝为左跪步。

图 8-5　　　　　　　　　　图 8-6　　　　　　　　　　图 8-7

要求：下跪要快，跪步要稳；跨步、转体、下跪动作要协调一致。

用途：主要用于跪腿摔法和跪压拿法等动作。

（三）初级练习姿势

要领：左脚左跨一步，两脚与肩同宽，脚尖对正前方，稍微屈膝下蹲。两手松握拳，屈臂立肘夹抱于胸前，拳心相对，拳面与下颌同高。上身挺直，稍微含胸，收腹收下颌，两眼平视前方。

要求：身体对正前方，全身自然放松。

用途：主要用于基本功和拳法、腿法的初级练习阶段。

（四）实战姿势（格斗势）

要领：身体的一半向右转的同时，右脚后撤一步，脚前掌着地，脚后跟提起，脚尖外展45度。左脚掌着地，脚尖内扣15度。左脚尖与右脚跟位于一条向前延伸的直线的两侧，两脚间隔距离与肩同宽。两膝微屈，身体重心落在两脚之间，着力点在两脚前脚掌上。两手握拳，两臂弯曲，大、小臂的夹角约60度。左拳在前，拳面与下颌同高，拳心向右，肘尖下垂靠近左肋。右拳在后，位于第一和第二衣扣之间，拳心向内，距身体约一拳距离，大臂贴靠右肋。身体斜对前方，微收腹、含胸、沉肩、收下颌，两眼平视前方（见图8-8）。右脚、右拳在后为右格斗势，简称"右架"。左脚、左拳在后为左格斗势，简称"左架"。

视频 8-2

要求：整体姿势要轻松、协调、自然，外形放松，内劲蓄足，充满弹性，保持咄咄逼人、随时准备出击的态势，并在格斗的过程中做到快速灵活，进退自如，攻防相宜，架势不散、不乱。

用途及变化：主要用于进攻或防守前的准备姿势和实战中的姿势调整，是被广泛运用的一种最基本的实战姿势。此外，随着个人技术水平的提高和实战经验的丰富以及逐步形成个人技术特点和动作习惯，格斗势还可以有各种变化，如单手势（见图8-9）、提膝势（见图8-10）、虚步势（见图8-11）、分掌势（见图8-12）、自由势（见图8-13）等。

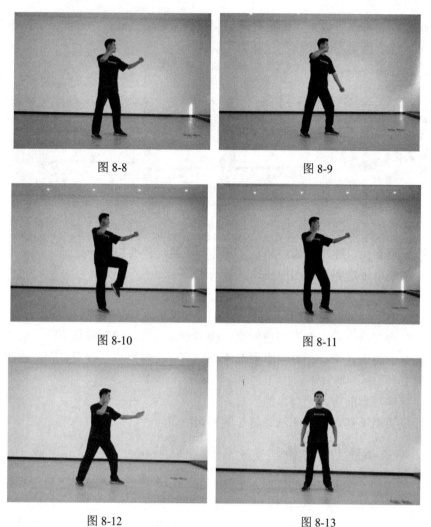

图 8-8　　　　　　　　　　　图 8-9

图 8-10　　　　　　　　　　图 8-11

图 8-12　　　　　　　　　　图 8-13

二、实战步法（均以右格斗势为例）

（一）前进步法

1. 上步

视频 8-3

　　要领：右脚从后取捷径上前一步，身体左转，左脚前掌随即碾转，脚尖外展，两拳同时交换，呈左格斗势。

　　要求：上步迅速快捷，重心平稳，换架自然、协调、灵活。上步的大小可根据实战需要灵活调整。配合摔法上步时，可向前上一大步。

　　用途：主要用于配合上肢各种打法、各种近身摔法和变换左、右架势。

2. 前滑步

　　要领：左脚前掌向前擦地滑进一步，右脚前掌蹬地向前紧跟，滑进一步。滑步时保持右格斗势（见图 8-14）。

要求：前滑步轻灵快捷，重心平稳，脚步不迈、不跳、不拖。前滑步幅和步数可根据实战需要灵活调整。配合摔法前滑时，可前滑一大步。

用途：主要用于配合上肢各种打法和各种近身摔法。

3. 前垫步

要领：①后脚前垫步。右脚由后向前擦地垫进一步到左脚位置，左脚随即向前擦进一步，或提膝向前迈进一步。垫步时保持右格斗势（见图8-15）。②前脚垫步。左脚向前擦地垫进一步，右脚随即提膝向前迈进一大步，落于左脚前，成左格斗势（见图8-16）。

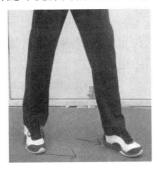 

图 8-14　　　　　　　　　　图 8-15

要求：前垫步要快速急促、重心平稳并稍微上提前压，上身不得后仰。

用途：主要用于配合下肢各种踢法和各种近身摔法。

4. 前纵步

要领：右脚由后蹬地向前提膝纵跳落于左脚前，左脚随即蹬地向前提膝纵跳落于右脚前。纵跳时保持右格斗势（见图8-17）。

图 8-16　　　　　　　　　　图 8-17

要求：前纵步要轻快灵活，连贯协调，有一定的高度和远度。

用途：主要用于远距离突然接敌动作。

（二）后退步法

1. 撤步

要领：左脚由前取捷径后撤一步，脚尖外展，身体左转，右脚前掌随即碾转，脚尖内扣，两拳同时交换，呈左格斗势。

视频 8-4

要求：同上步。

用途：主要用于配合各种后退、闪躲、防守和变换左、右架势。

2. 后滑步

要领：右脚前掌向后擦地退滑一步，左脚前掌蹬地向后紧跟，退滑一步。滑步时保持右格斗势（同前滑步图，只是方向、顺序相反）。

要求：同前滑步。

用途：主要用于配合各种后退、闪躲、防守。

3. 后垫步

要领：左脚由前向后擦地垫退一步到右脚前位置，右脚随即向后擦地滑退一步。垫步时保持右格斗势。（同前垫步图，只是方向、顺序相反）。

要求：同前垫步。

用途：主要用于配合各种后退、闪躲、防守和使用腿法进攻后的后退调整。

4. 后纵步

要领：左脚由前蹬地向后提膝纵跳落于右脚后，右脚随即蹬地向后提膝纵跳落于左脚后。纵跳时保持右格斗势（同前纵步图，只是方向、顺序相反）。

要求：同前纵步。

用途：主要用于快速远距离避敌动作。

视频 8-5

（三）侧移步法

1. 跳换步

要领：以腰为轴，向左（右）拧转，带动两腿同时原地跳换成左（右）格斗势。

要求：以腰带腿，步换手变，跳换迅速协调。

用途：主要用于原地变换格斗姿势和配合向侧边闪躲防守。

2. 侧滑步

要领：①左侧滑步。左脚前掌向左擦地横滑一步，右脚前掌蹬地向左紧跟，滑进一步（见图 8-18）。滑步时保持右格斗势。②右侧滑步。要领同左侧滑步，只有动作顺序与方向相反。

要求：同前滑步。

用途：主要用于配合上肢各种打法和向侧边闪躲防守。

3. 侧闪步

要领：①左侧闪步。以腰为轴，向右拧转，带动左脚前掌擦地向左斜前方闪进一小步，右脚前掌蹬地向左斜后方闪退一大步，上身同时向左侧闪身，斜对右前方（见图 8-19）。左侧闪步时，保持右格斗势。②右侧闪步。以腰为轴，向左拧转，带动右脚前掌擦地向右斜前方闪进一大步，左脚前掌蹬地向右斜后方闪退一大步，上身同时向右侧闪身，斜对左前方（见图 8-20），呈左格斗势。

图 8-18　　　　　　　　　　图 8-19　　　　　　　　　　图 8-20

要求：侧闪步快速急促，拧腰发力，上下协调，重心平衡。

用途：主要用于以斜避直，以急促侧闪身避开敌直线进攻。

4. 环绕滑步

要领：①左环绕滑步。左脚前掌擦地向左斜前方绕滑一小步，右脚前掌蹬地向左斜后方退滑一步，同时上身从左向右环绕（顺时针方向）约 45 度。环绕滑步时保持右格斗势。②右环绕滑步。要领同左环绕滑步，只有动作顺序与方向相反。

要求：同前滑步。

用途：主要用于在外围与敌周旋防守。

（四）转身步法

视频 8-6

1. 上步转身

要领：以左脚前掌为轴，右脚前掌蹬地从后向前上一大步，两脚前掌同时向左碾转，左脚尖内扣，右脚尖外展。同时，身体向左后转体 180 度（见图 8-21）。仍保持右格斗势。

要求：上步快捷，转身迅速，重心平稳。

用途：主要用于一人对付数敌时突然转变对敌方向。

2. 撤步转身

要领：以左脚前掌为轴向右碾转，上身向右后转体 180 度，同时，右脚前掌碾转蹬地后撤一大步，仍保持右格斗势。

要求：转身迅速，撤步快捷，重心平稳。

用途：同上步转身。

3. 原地转身

要领：左脚向右侧方向上一小步，以腰为轴，两脚前掌同时向右碾转，身体向右后方向转体 180 度，呈左格斗势。

要求：同上步转身。

用途：同上步转身。

图 8-21

4. 背步转身

要领：左脚尖外展，右脚前掌蹬地向左斜前方上一大步，以两脚前掌为轴向左后碾转，背步转身 180 度，同时左脚后撤一步，与右脚平行，两膝弯曲，随上身弯腰前俯的同时挺膝后绷。两手在背步转身过程中由拳变掌，伸手抓臂，前拉下拽。

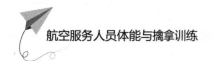

要求：背步转身要快速、连贯、协调。弯腰绷腿和抓臂前拉下拽要同时发力。

用途：主要用于配合各种近身过背摔法。

第二节　实用打法技术

基本打法是用上肢击敌的基本技术动作和攻防方法，包括拳法、掌法、肘法以及相应的防守方法和组合技术动作。特点：远拳近肘，就便加掌，变化多端，攻势凌厉。

一、拳法（均以右格斗势为例）

（一）直拳

视频 8-7

1. 左直拳

要领：右腿蹬地（略蹬直，脚跟提起，脚前掌撑地），左脚前滑一小步，身体重心前移至左脚。同时，左臂内旋前伸，左肩前送，上身略向右侧转，左拳由松握状态随臂内旋前伸至拳心向下时，以拳面为力点向前直线击出，在击到敌的一瞬间拳紧握。右拳不动，身体保持微收腹、含胸、收下颌姿势，使下颌处于右拳和左肩保护之中，两眼平视前方。出拳后迅速放松，左拳由原路线收回，还原成右格斗势（见图 8-22）。

图 8-22

要求：出拳前，身体与臂应保持自然放松，左拳不得下拉后引，以免影响出拳的速度和突然性。出拳时，上、下肢的动作要协调一致，使击打力量迅速从下肢、腰传送到肩，沿臂、肘、腕和拳面，直线作用于敌。距离敌较远时，左肘关节应完全伸直，左肩尽量前送，以延长出拳距离，但上身不可以过于前倾。击打敌腹部，左脚前滑一大步，同时膝关节弯曲，使身体重心降低前移，增加出拳的速度，增大出拳的力量。

用途：主要用于击打敌面部、胸、腹等部位。常做试探性拳法或重击前的引拳使用。既可单拳突击，也可连续攻击，或与其他拳法、腿法组合使用。

2. 右直拳

要领：在右臂内旋前伸，右拳向前击出的同时，右腿略屈膝蹬地，左脚前滑一小步，向左转胯、拧腰，使右肩对正出拳方向。其余要领同左直拳（见图8-23）。

图 8-23

要求：蹬地、滑步和转胯、拧腰以及出拳动作要快速连贯，迅猛有力，使右直拳击出重拳效果。其余要求同左直拳。

用途：主要用于击打敌面部、胸部等部位。常作为重创敌的重拳使用。既可直接用单拳重击，也可与其他拳法、腿法组合使用。

（二）摆拳

1. 左摆拳

视频 8-8

要领：左脚跟外旋，左腿、左髋向右蹬转的同时，向右转腰转肩，左臂弯曲（大、小臂夹角约90度）内旋随转体向右侧弧线平行摆动，左拳由松握状态随手臂内旋弧线摆动至拳心向下时，以食指、中指第一指节为力点，向右斜下方击出。右拳不动，身体保持微收腹、含胸、收下颌和右侧转姿势（见图8-24）。出拳后迅速放松，左拳取捷径屈肘收回，还原成右格斗势。

图 8-24

要求：出拳前，左臂不可以有下拉、后引等预摆动作。出拳时，不可以翻肘和耸肩。蹬地、转体要绕身体纵轴蹬转，充分利用蹬转的爆发力，加大摆击力度，加快摆击速度。

用途：主要用于击打敌头部右侧、腰部右侧等部位。常作为中、近距离拳法与右摆拳或勾拳组合使用。

2. 右摆拳

要领：出拳路线、用力方法等与左摆拳相同。与左摆拳方向相反，腰、胯转动力量更为明显，转动路线更长，更应积极快速转体，做到上、下肢协调一致，同时控制好重心和身体的平稳，避免影响上肢动作（见图8-25）。

要求：同左摆拳。

用途：主要用于击打敌头部左侧、腰部左侧等部位。常作为中、近距离重拳与左摆拳或勾拳组合使用。

图 8-25

（三）勾拳

1. 左勾拳

视频 8-9

要领：身体稍微向左转，左膝微屈，左臂降低高度，大、小臂的夹角约90度，左拳约与腰同高，拳心向里。左脚跟外旋，以左腿挺膝蹬转、向上顶髋和向右转体的力量带动左拳从下向前上（或向右斜前上）勾击，力达拳面。右拳不动，保护下颌（见图8-26）。出拳后迅速放松收回，还原成右格斗势。

要求：出拳前，左拳不可以下拉后引。出拳时，不要挺腰、挺胸，上、下肢和躯干的动作要协调一致，同时完成。勾拳击打的高度不要超过敌下颌。

用途：主要用于击打敌腹部和下颌。常作为近距离拳法与右勾拳或其他拳法组合使用。

2. 右勾拳

要领：同左勾拳。只有方向相反（见图8-27）。

图 8-26   图 8-27

要求：同左勾拳。

用途：同左勾拳。

（四）鞭拳

1. 转身上步鞭拳

要领：以左脚为轴，身体向右后方向转体 270 度的同时，右腿经左腿后上步，落于左脚前呈右弓步，左拳护住下颌，右拳从左腋下向右侧前横抡鞭打，拳与肩平，力达拳轮或拳背（见图 8-28）。鞭打后迅速放松收回，还原成左格斗势。

视频 8-10

要求：转体先转头，以头带腰，突然转动。转体时要绕支撑腿和身体的纵轴旋转，同时注意保持身体平衡。鞭打时要充分利用转体惯性，以腰带臂，鞭状横抡抽打。

用途：主要用于击打面部或颈部。常用于不同拳法组合的最后一击或防守后的突然反击。

2. 转身退步鞭拳

要领：以右脚为轴，身体向右后方向转体 270 度的同时，左腿经右腿前退步，落于右脚后成右弓步，右拳从左腋下向右侧前横抡鞭打，其余要领同转身上步鞭拳。

要求：同转身上步鞭拳。

用途：同转身上步鞭拳。

图 8-28

（五）拳法组合（示例）

1. 相同拳法组合

（1）左直拳—左直拳。

用途：第一拳虚晃，第二拳击打敌面部，或第一拳虚晃击打敌面部，第二拳击打敌腹部。

视频 8-11

（2）左（右）直拳—右（左）直拳。

用途：左直拳突击敌面部，右直拳紧跟，重击敌面部或胸部。或右直拳突然重击敌面部，左直拳随即补击一拳，也可右脚上前一步，左直拳为后手拳跟进重击敌面部。

（3）左直拳—左直拳—右直拳。

用途：第一拳以刺拳形式佯击敌面部，迫使敌防守，随即收回左拳，快速地以前滑步左直拳打乱敌的防守，紧跟着出右直拳重击敌面部或胸部。

注意：刺拳是左直拳的一种实战变化形式，主要靠左臂前伸完成出拳动作，具有短促、疾速、虚实难辨、可连续出击和穿刺力强的特点。

（4）左（右）直拳—右（左）直拳—左（右）直拳。

用途：在左—右直拳组合击打的基础上，如果敌向两侧闪躲或被袭击后退，即以左直拳跟进补击一拳。或在右—左直拳组合击打的基础上，再以右直拳重击敌面部或胸部。

（5）左（右）摆拳—右（左）摆拳。

用途：连续摆击敌头部右（左）、左（右）两侧。

（6）左（右）勾拳—右（左）勾拳。

用途：连续勾击敌腹部或下颌。

2．不同拳法组合

（1）左（右）摆拳—右（左）勾拳。

用途：左（右）摆拳击打敌头部右（左）侧，敌用右（左）手防守，快速地用右（左）勾拳击打敌腹部或下颌。

（2）左（右）勾拳—右（左）摆拳。

用途：左（右）勾拳击打敌腹部，敌用右（左）手防守，快速地用右（左）摆拳击打敌左（右）侧太阳穴。

（3）左直拳—左（右）摆拳。

用途：左直拳击打敌面部，敌用右手防守时，随即收回左直拳变左摆拳击打敌头部右侧太阳穴，或用右摆拳重击敌头部左侧太阳穴。

（4）左摆拳—右直拳。

用途：左摆拳击打敌头部右侧，敌用右手防守或闪躲时，紧接右直拳击打敌面部。

（5）左（右）直拳—右（左）勾拳。

用途：左（右）直拳击打敌面部，敌下潜闪躲，迅速地上步用右（左）勾拳击打敌下颌。

（6）左（右）直拳—右（左）摆拳—左（右）勾拳。

用途：左（右）直拳击打敌面部，紧接右（左）摆拳击打敌头部左（右）侧，敌以挂挡防守时，迅速地用左（右）勾拳击打敌腹部。

（7）左直拳—右直拳—上步（退步）转身鞭拳。

用途：左—右直拳连击敌面部，敌防守时，快速地用上步转身鞭拳横击敌面部或颈部。或在敌凶猛进攻时，在后滑步佯退的同时，以左—右直拳做掩护，突然以退步转身鞭拳横击敌面部或颈部。

二、掌法（均以右格斗势为例）

（一）插掌

要领：①左插掌。左臂由屈到直，左手由拳变掌，以直掌向前或斜前下方插击（见图8-29）。②右插掌。要领同左插掌，只是以右掌插击。

要求：转腰、催肩、抖臂、直腕，力达指端，插击快速准确，掌指各关节保持一定紧张度。

用途：主要用于攻击敌的眼睛、咽喉、软肋、腋下等。

（二）推掌

要领：①左推掌。左臂由屈到直，左手由拳变掌，以立掌向前推击（见图8-30）。②右推掌。要领同左推掌，只是以右掌推击。

要求：转腰、催肩、抖臂、立腕，力达掌根，推击猛烈。

用途：主要用于攻击敌面部、胸部、腹部等部位，还可以起到封眼和扰乱敌视线的作用。

视频 8-12

视频 8-13

图 8-29　　　　　　　　　　　　　　　　图 8-30

（三）砍掌

要领：①左砍掌。左臂弯曲上举，左手由拳变掌以横掌从左上方向右斜前下方斜向砍击（见图 8-31）。②右砍掌。要领同左砍掌，但是以右掌砍击。

要求：拧腰转体，屈臂挥砍，力达掌外缘，砍击短促、准确、有力。

用途：主要用于攻击敌颈椎、颈总动脉、肋部等位置。

（四）撩掌

要领：①左撩掌。左臂下伸，左手由拳变掌，以掌心或掌背向前或向后撩击（见图 8-32）。②右撩掌。要领同左撩掌，但是以右掌撩击。

图 8-31　　　　　　　　　　　　　　　　图 8-32

要求：动作隐蔽突然，力达掌心或掌背。

用途：主要用于攻击敌腹部或裆部。

（五）掌法组合（示例）

1．右推掌—左插掌—右砍掌

用途：右推掌击敌胸部，左插掌击敌咽喉，敌闪躲时，速以右砍掌击敌颈部左侧。

2．左右推掌—左右砍掌

用途：左—右推掌连击敌胸部，继而以左—右砍掌连击敌颈部两侧。

3．左前撩掌—右砍掌—左推掌

用途：左前撩掌击敌裆部，右砍掌击敌颈部左侧，敌防守时，速以左推掌击其胸部。

视频 8-14

4．右后撩掌—左后转身左砍掌—右推掌

用途：当敌从后面勒颈部或抱腰时，用右后撩掌击敌裆部，迅速地左后转身，用左砍掌击敌颈部，再用右推掌击敌胸部。

三、肘法（均以右格斗势为例）

（一）横肘

1．前横肘

要领：①左前横肘。左肘抬起，大、小臂内旋，平屈夹紧，拳心向下，上身右转，以左肘关节前部为力点向左前方横击，右拳变掌扶于左拳面，目视前方（见图 8-33）。击肘后，迅速放松，还原成右格斗势。②右前横肘。上身左转，以右肘关节前部为力点向右前方横击，左拳变掌扶于右拳面。其余要领同左前横肘。

要求：拧腰转体，以腰带肘，发力迅猛突然，动作短促利落。

用途：主要用于近距离横击敌头、颈、胸、肋等部位。

2．后横肘

要领：①左后横肘。左肘抬起，大、小臂内旋，平屈夹紧，拳心向下，上身左后转，以左肘关节后部为力点，向左后方横击，右拳变掌可扶于左拳面，向左后方转头，目视左后方（见图 8-34）。击肘后，迅速放松，还原成右格斗势。②右后横肘。上身向右后转，以右肘关节后部为力点，向右后方横击，左拳变掌扶于右拳面，向右后方转头，目视右后方。其余要领同左后横肘。

图 8-33　　　　　　　　　　图 8-34

要求：同前横肘。

用途：主要用于敌从后面以勒颈或抱腰等方式突然袭击时，用后横肘击敌头、颈等部位。

（二）顶肘

1．前顶肘

要领：①左前顶肘。上身稍微右转，左肘抬起，大、小臂内旋，平屈夹紧，拳心向下，肘尖向前，右拳变掌，用掌心顶住左拳面。左脚上前一步呈左弓步，右脚蹬地跟进，同时两臂合力，以左肘尖为力点向前顶击，目视前方（见图 8-35）。顶击后，迅速放松，还原成右格斗势。②右前顶肘。上身左转，右脚上前一步成右弓步，左拳变掌，掌心顶住右拳面，以右肘尖为力点向前顶击。其余要领同左前顶肘。

要求：脚到肘到，上下协调，蓄腰发力，前顶迅猛锐利，动作短促突然。

用途：主要用于侧身闪进后，用肘尖顶击敌腹、肋等部位。

2. 后顶肘

要领：①左后顶肘。左肘稍微前抬，大、小臂夹紧，上身左后转，同时以左肘尖为力点，向身后右斜下方顶击，右拳不动，向左后方转头，目视右斜下方（见图 8-36）。顶击后，迅速放松，还原成右格斗势。②右后顶肘。上身向右后转，同时以右肘尖为力点，向身后左斜下方顶击，向右后方转头，目视左斜下方。其余要领同左后顶肘。

图 8-35　　　　　　　　　　　图 8-36

要求：拧腰转体，以腰带肘，抖放发力，顶击迅猛锐利，动作短促突然。

用途：主要用于敌从后面以勒颈或抱腰等方式突然袭击时，用后顶肘击敌肋、腹等部位。

（三）挑肘

要领：①左挑肘。左脚跟外旋，左腿挺膝顶髋蹬转，上身同时右转，左臂屈肘夹紧，拳心向右，以肘尖为力点向右斜前上方挑击，右拳不动，保护下颌，目视前方（见图 8-37）。挑击后，迅速放松收回，还原成右格斗势。②右挑肘。右腿蹬转，上身左转，以右肘尖为力点向左斜前上方挑击。其余要领同左挑肘。

要求：蹬转和挑击动作要短促利落，协调一致，同时完成。

用途：主要用于近距离挑击敌胸部或下颌。

（四）沉肘

要领：①左沉肘。左臂屈肘上举，肘尖向下，拳眼向后，左脚上前一小步，身体重心快速下沉成半马步，同时以左肘尖为力点向下砸击，右拳不动，目视左肘（见图 8-38）。沉肘后，迅速起立，还原成右格斗势。②右沉肘。以右肘尖为力点向前下方砸击。其余要领同左沉肘。

图 8-37   图 8-38

要求：借助身体重心下沉之力，猛力下砸，用力合一。

用途：主要用于敌低身抱腰或腿时，用沉肘砸击敌颈椎、腰椎以及肩背等部位。

（五）肘法组合（示例）

1. 左前横肘—右前横肘—右前顶肘

用途：近身以左—右前横肘连击敌右、左两侧颈部，敌躲闪防守时，速以右前顶肘击敌胸或腹部。

2. 左挑肘—右前横肘—左沉肘

用途：用左挑肘击敌下颌，敌格挡防守时，又用右前横肘击敌左侧腰肋部，迫使敌弓身闪躲，再以左沉肘从上向下砸击敌右肩背。

3. 左后横肘—右后横肘—左后顶肘

用途：敌从后面抱腰时，用左—右后横肘连击敌头部左、右两侧，迫使敌缩身防守，再用左后顶肘击敌左侧腰肋。

4. 左后顶肘—右后顶肘—右转身上步右前顶肘

用途：敌从后面勒颈部时，用左—右后顶肘连击敌左、右两侧腰肋，迫使敌松手后闪，快速地右转身上右步，用右前顶肘击敌胸部。

四、防守法（以拳法防守和右格斗势为例）

（一）闪躲防守

视频 8-17

1. 后闪

要领：右脚后撤一小步，脚前掌撑地，重心移至右腿，两拳不动。同时，上身以腰右侧为轴快速侧身后仰，收下颌，平视前方（见图 8-39）。后闪后，迅速还原成右格斗势；也可在后闪的同时，辅以各种后退步法（如撤步、后滑步、后垫步等）。

要求：判断准确，反应敏捷，后闪急速短促，后闪距离恰当，以利于反击。仰身幅度不宜过大，保持身体重心平衡和稳定，头、颈和肩背也应保持一定的紧张度。

用途：主要用于向后闪躲敌拳对上身和头部的正面直线进攻或侧面弧线进攻。

2．侧闪

要领：①左侧闪。两脚不动，上身与头部同时向左前侧倾斜闪躲，同时重心下降移至左脚，收腹含胸，右拳不动，左拳移至下颌右侧，目视右前方（见图8-40）。侧闪后，迅速还原成右格斗势。②右侧闪。上身与头部同时向右前侧倾斜闪躲，重心下降移至右脚，右拳移至下颌左侧。其余要领同左侧闪；也可在左（右）侧闪的同时，辅以各种侧移步法（如侧滑步、侧闪步等）。

图 8-39　　　　　　　　　　　　　　　图 8-40

要求：判断准确，反应敏捷，拳到身闪，闪躲幅度要小，使敌的直拳从左肩或右肩上滑过即可。同时注意贴身靠敌，便于反击。

用途：主要用于向左、右两侧闪躲敌拳对头部的正面直线进攻。

3．下潜

要领：左脚上前一小步，重心下降并前移，两腿屈膝半蹲。同时上身和头部稍微前俯低头，向下潜伏闪躲，两拳上移护头，平视前方（见图8-41）。下潜后，迅速还原成右格斗势。

要求：判断准确，反应敏捷，潜闪急速短促，但不要过低。上步下蹲与前俯低头潜伏要协调一致，同时完成。

用途：主要用于向下闪躲敌拳对头部的正面直线进攻或侧面弧线进攻。

4．摇避

要领：①左摇避。在下潜闪躲的基础上，以腰腹的力量带动上身和头部向左侧（敌左摆拳进攻路线的延长线方向），转前下（敌左摆拳下方），再向右上（敌左摆拳后方）弧线摇绕闪避（见图8-42）。摇避后，迅速还原成右格斗势。②右摇避。要领同左摇避，只是摇避方向相反。

要求：判断准确，反应敏捷，摇避灵活快速，同时保持身体平衡，身体重心随摇避过程灵活移动。

用途：主要用于闪躲避开敌拳对头部两侧的弧线进攻。

图 8-41　　　　　　　　　　　　　　图 8-42

（二）手臂防守

视频 8-18

1. 拍击

要领：①右手拍击。在后闪或右侧闪的同时，右拳变掌，五指并拢，以拳心为力点向左侧前拍击敌拳或腕的侧位，左拳收回护胸，目视前方（见图 8-43）。拍击后，还原成右格斗势。②左手拍击。要领同右手拍击，只是以左手向右侧前拍击。

要求：判断准确，反应敏捷，拍击急速短促并有弹性，幅度不宜过大，以将敌拳拍击至自己面部或胸部一侧外为限。不要出现推、压、拨等错误动作。

用途：主要用于防守敌拳向面部、胸部的正面直线进攻。

2. 阻挡

要领：在后闪的同时，两臂内旋平屈，小臂上下平行重叠，拳心均向下，用两肘和两小臂的合力向前阻挡敌拳，目视前方（见图 8-44）。阻挡后，迅速还原成右格斗势。也可用左或右臂贴身屈肘夹紧，肘尖向下或斜下，以肘、臂阻挡敌拳。

图 8-43　　　　　　　　　　　　　　图 8-44

要求：屈肘用力，叠臂要紧，防守位置要灵活多变，以形成坚固和灵活多变的阻挡面。阻挡防守时不要遮挡自己的视线。

用途：主要用于防守敌拳对面部、胸部的正面直线进攻。

3. 格挡

要领：①左臂格挡。在左侧闪或后闪的同时，左臂弯曲立肘，肘尖向下，拳心向内，以小臂外侧为力点向右侧前格挡敌拳或腕侧位，拳面与眼同高，身体稍右转，右拳不动（见图 8-45）。格挡后，迅速还原成右格斗势。②右臂格挡。要领同左臂格挡，只是用右小臂向左侧前格挡。

要求：格挡短促有力，以将敌拳格挡偏离其击打路线为限。不要硬碰硬格挡，应在触及敌拳或腕时，小臂短促外旋，以顺势化解敌拳冲力，减缓小臂格挡的抗力。

用途：主要用于防守敌拳对面部、胸部正面的重击。

4．挂挡

要领：①左臂挂挡。在右侧闪或下闪的同时，左臂弯曲立肘，以小臂外侧为力点，由前向左侧后回收挂挡敌拳，肘尖向前上稍抬，拳心贴于头部左侧，身体向心收缩，收腹、含胸、收下颌，右拳不动，目视前方（见图 8-46）。挂挡后，迅速还原成右格斗势。②右臂挂挡。要领同左臂挂挡，只是用右小臂从前向右侧后挂挡。

图 8-45　　　　　　　　　　　　　　图 8-46

要求：挂挡短促有力，以将敌拳挂挡于头侧外为限。挂挡时，大、小臂和肩、胸收缩夹紧，手腕和拳背坚挺，以形成保护头部的坚固防护面。

用途：主要用于防守敌拳对头部的正面直线进攻或侧面弧线进攻。

5．下砸

要领：①左拳下砸。在后闪或侧闪的同时，以左拳拳轮为力点，向下或向左侧下砸击敌拳，右拳不动，目视下砸方向（见图 8-47）。砸击后，迅速还原成右格斗势。②右拳下砸。要领同左拳下砸，只是用右拳拳轮向下或向右侧下砸击。

图 8-47

165

要求：下砸短促有力，使敌拳被砸落空。下砸位置不可离自己身体过远或过近，以小臂长度距离为适宜。

用途：主要用于防守敌拳向胸部、腹部的正面直线进攻或侧面弧线进攻。

视频 8-19

（三）防守组合（示例）

1. 右拍击—阻挡—右下砸

用途：敌以左—右直拳—左勾拳连击时，以右手拍击防敌的左直拳，以阻挡防守敌的右直拳，再以右拳下砸防敌的左勾拳。

2. 左侧闪—左挂挡—右下砸

用途：敌以左直拳—右摆拳—左勾拳连击时，以左侧闪防敌的左直拳，以左臂挂挡防敌的右摆拳，再以右拳下砸防敌的左勾拳。

3. 后闪—右拍击—上步下潜

用途：敌以直拳组合连击时，以后闪防守敌的第一拳，以右手拍击防守敌的第二拳，在没有退路的情况下，突然上步下潜防守敌的第三拳。下潜后，可贴身搂抱敌的腿或腰。

4. 左挂挡—右挂挡—右摇避

用途：敌以摆拳组合连击时，以左挂挡防守敌的右摆拳，以右挂挡防守敌的左摆拳，再以右摇避防守敌的左摆拳。摇避后，可顺势搂抱敌的腰。

注意：以腿脚防守拳法的技术，可参见第三节"基本踢法"的有关防守技术。

第三节　实用踢法技术

基本踢法是以下肢击敌的基本技术动作和攻防方法，包括腿法、膝法以及相应的防守方法和组合技术动作。特点：放长击远，势大力猛，手掩腿发，功效明显。

视频 8-20

一、腿法（均以右格斗势为例）

（一）截腿

1. 左截腿

要领：原地或右脚前垫一步，上身略向右侧后倾倒，重心落于右脚，左腿屈膝上提，勾脚尖内收，以脚掌外缘中后段为力点，向前下方截击，双拳不动，目视前方（见图 8-48）。截击后，迅速收腿或后垫步，还原成右格斗势。

要求：提膝起动轻快灵活，截击出腿迅猛准确，髋关节展开，尽可能地将截腿放长击远，同时保持重心稳定。两眼不得有意注视截击部位，以免暴露攻击意图。

用途：主要用于截击、重创敌膝关节或小腿，使敌的腿丧失功能或使敌被截倒地。也可作为防守性腿法，阻截敌前腿上步出拳或起腿进攻。

2. 右截腿

要领：左脚不动，右腿略向外旋，屈膝前上提，勾脚尖外摆，以脚掌中后部为力点，向前下方截击，双拳不动，目视前方（见图 8-49）。截击后，迅速收右腿，还原成右格斗势。

图 8-48　　　　　　　　　　　　图 8-49

要求：同左截腿。

用途：同左截腿。

（二）蹬腿

1. 左蹬腿

要领：原地或右脚前垫一步，重心落于右脚。左腿屈膝上提勾脚尖，脚尖向上，脚掌向前，以脚跟为力点向正前方直线蹬击，稍微收腹直腰，重心上提前压，两拳不动，目视前方（见图 8-50）。蹬击后，左腿迅速下落，后垫步撤回，还原成右格斗势。

要求：提膝起动高快轻灵，蹬击迅猛有力，勾脚尖要紧，力点要准。上身不可以后仰或后坐，两手保持格斗势，不可以随意挥摆。蹬腿后落地要轻，后垫步撤回要快。

用途：主要用于蹬击重创敌腹部、胸部等部位，也可作为防守性腿法用于阻击敌的拳、腿进攻，或在危急情况下用于破门而入。蹬击方向也可随机应变，如向左、右侧蹬，后倒上蹬，前俯后蹬等，是实战中应用最广泛的基本腿法。

2. 右蹬腿

要领：左脚不动或前垫一步，重心落于左脚，右腿屈膝上提前蹬（见图 8-51）。蹬击后，右腿落地呈左格斗势，后垫步撤回。其余要领同左蹬腿。

要求：同左蹬腿。

用途：同左蹬腿。

（三）踹腿

1. 左踹腿

要领：原地或右脚前垫一步，上身向右侧后倾倒，重心落于右脚。左腿屈膝上提勾脚尖，大腿横平，脚掌横对前方，以脚掌中后部为力点，向前上方直线踹击，两拳不动，目视前方（见图8-52）。踹击后，左腿落地，后垫步撤回，还原成右格斗势。

要求：提膝起动高快轻灵，侧身前踹迅猛有力，左腿踹击时要展髋挺膝，与上身伸展成一条直线，使踹出的腿放长击远击高；同时保持支撑腿的稳定和侧身平衡。两手保持格斗势，不可以随意挥摆。踹腿后落地要轻，撤回要快。

用途：主要用于踹击重创敌胸、背、腰、腹、肋等部位。也可作为防守性腿法用于阻击敌的拳、腿进攻。

2．右踹腿

要领：左脚尖外展，身体左转，重心落于左脚，上身向左侧后倾倒。同时右腿屈膝上提勾脚尖，大腿横平，脚掌横对前方，以脚掌中后部为力点，向前上方直线踹击，两拳不动，目视前方（见图8-53）。踹击后，右腿落地呈左格斗势，后垫步撤回。

图 8-50　　　　　　　　　　　　　　　图 8-51

图 8-52　　　　　　　　　　　　　　　图 8-53

要求：同左踹腿。

用途：同左踹腿。

（四）弹腿

1．正弹腿

要领：①左正弹腿。右腿支撑，左腿屈膝上提，小腿叠紧，绷直脚尖，以脚背前端为力点，向前弹腿，两拳不动，目视前方（见图8-54）。弹腿后，左腿迅速收回，还原成右格斗势。②右正弹腿。要领同左正弹腿，只是用左腿支撑，右腿弹腿，弹腿后，右腿收回呈右格斗势（见图8-55）。

<table>
</table>

图 8-54　　　　　　　　　　　　　　　图 8-55

要求：大腿带小腿，猛弹快收，动作连贯，力点准确，重心平稳。

用途：主要用于弹踢重创敌裆部、小腹等部位。

2．侧弹腿

要领：①左侧弹腿。右脚不动或前垫一步，身体稍微右转，重心落于右脚，上身向右侧后倾倒。左腿屈膝上提，膝盖高顶，小腿向左后下叠紧，脚背绷紧，以脚背中后部为力点，向左前上方弧线弹踢，右拳不动，左拳配合伸摆，目视前方（见图8-56）。侧弹踢后，左腿迅速收回落地，还原成右格斗势，后垫步撤回。②右侧弹腿。左脚尖外展，身体左转，重心落于左脚，上身向左侧后倾倒。右腿屈膝上提，膝盖高顶，小腿向右后下叠紧，脚背绷紧，以脚背中后部为力点，向右前上方弧线弹踢，左拳不动，右拳配合伸摆，目视前方。侧弹踢后，右腿迅速收回，落地呈左格斗势，后垫步撤回（见图8-57）。

图 8-56　　　　　　　　　　　　　　　图 8-57

要求：利用拧腰转体切胯和屈膝高顶的力量与速度，以腰带动大腿，大腿带小腿，鞭状弧线抽弹，发力势猛，动作协调连贯。侧弹踢时，要注意展髋伸膝绷紧脚背，使侧弹腿与上身伸展成一条直线，同时上身在保持平衡稳定的前提下，尽可能地向侧后下侧身倾倒，头低脚高，以使侧弹腿能放长击远击高。侧弹腿后，腿落地要轻，撤回要快。

用途：主要用于从侧方弹踢重创敌头、臂、肋及胸、背等部位。

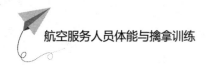

视频 8-21

（五）腿法组合（示例）

1. 相同腿法组合

（1）前垫步左截腿—右截腿。

用途：右脚前垫步，用左截腿吸引敌的注意力，快速地换右截腿击敌的腿膝关节。

（2）前垫步右蹬腿—左蹬腿。

用途：以左脚前垫步右蹬腿—左蹬腿组合连击、重创敌腹部。

（3）左转身右踹腿—前垫步右踹腿。

用途：左转身用右踹腿踢击敌胸部，敌后闪防守，右腿落地后，快速地以左脚前垫步，再用右踹腿连击敌胸部。

（4）左正弹腿—右侧弹腿。

用途：以左正弹腿踢敌裆部，诱敌下防，快速地用右侧弹腿重击敌左肋。

2. 不同腿法组合

（1）左截腿—前垫步左踹腿。

用途：以左截腿佯攻，诱敌下防，快速地以右脚前垫步，再用左踹腿重击敌胸部。

（2）右截腿—左踹腿。

用途：以右截腿—左踹腿组合，先踢击敌的前腿膝关节，再重击敌胸部。

（3）左蹬腿—右踹腿。

用途：以左蹬腿踢击敌腹部，敌退防，左脚落地后，快速用右踹腿重击敌胸部。

（4）左踹腿—右侧弹腿—前垫步右踹腿。

用途：以左踹腿踢击敌腹部，被敌防守住后，又以右侧弹腿踢击敌身体左侧，继而再以左脚前垫步，用右腿重踹敌胸部。

（5）右蹬腿—左侧弹腿—右后转身右踹腿。

用途：以右蹬腿踢击敌腹部，被敌防守住后，又以左侧弹腿踢击敌头部，继而快速地向右后转身，用右腿重踹敌胸部。

二、膝法（均以右格斗势为例）

视频 8-23

（一）顶膝

1. 正顶膝

要领：①右正顶膝。重心前移，左脚支撑，两拳变掌向前伸，抓住敌肩部、颈部、头发等或双手搂夹敌颈部向后下方拉，同时右腿屈膝绷脚尖，以膝关节髌骨为力点，向前上方顶击（见图 8-58）。顶击后，右腿收回落地呈右格斗势。②左正顶膝。从左格斗势开始，两手前抓后下拉，同时用左膝向前上方顶击，其余要领同右正顶膝。

要求：顶膝发力迅猛凶狠，动作短促刚烈。双手的前抓后拉动作与膝盖的前上顶击动作要协调配合，同时完成，以形成前上后下的交错合力，增强顶膝的效果。

用途：主要用于与敌的近身格斗、贴身搂抱扭打或从后面突袭敌时，用正顶膝重创敌面部、胸部、腹部、裆部、腰椎等要害部位，正顶膝是近距离制敌的主要方法之一，通常具有克敌制胜的作用。双手前抓后拉的主要用途是迫使敌低头前俯或抬头后仰，为正顶膝创造条件。

2. 侧顶膝

要领：①右侧顶膝。上身左侧闪，重心左前移，左脚支撑，两拳变掌向右前伸，抓住敌肩部、颈部、头发等或反手勾搂敌颈部向右后方下拉，同时右腿屈膝绷脚尖，侧身以膝关节髌骨为力点，向右前上方顶击（见图 8-59）。顶击后，右腿收回落地呈右格斗势。②左侧顶膝。从左格斗势开始，两手左前抓向左后下拉，同时侧身用左膝向左前上方顶击。其余要领同右侧顶膝。

图 8-58　　　　　　　　　　　　图 8-59

要求：同正顶膝。

用途：同正顶膝。

（二）跪膝

要领：①右跪膝。右脚向前上一步，上身左转，右腿屈膝，以膝关节髌骨为力点，向左后下方跪击，左腿屈膝蹲立，两拳不动，看跪击方向（见图 8-60）。跪击后，原地起立呈左格斗势。②左跪膝。从左格斗势开始，左脚上步，上身右转，左腿屈膝跪击，右腿蹲立。跪击后，原地起立呈右格斗势。

要求：转体屈膝跪击要快，借助身体下沉的力量，一跪到底，力透地面。蹲立腿要稳，保持身体平衡。

用途：主要用于在将敌击倒在地时，以跪膝重击或压迫敌颈、肋、裆、肩、臂等部位，为实施倒地拿法创造条件。

（三）膝法组合（示例）

1. 单腿连续正（侧）顶膝

图 8-60

用途：与敌相互搂抱扭打时，双手配合抓抱后拉，同时用有力腿以连续的正（侧）顶膝重击敌裆或腹、胸、面等要害部位。连续顶击的过程中，不换

视频 8-24

腿，不移重心，一鼓作气，连续猛顶，使敌无法防守，彻底丧失反抗能力。

2．右（左）正顶膝—左（右）侧顶膝

用途：以右（左）正顶膝顶击敌时，敌双手下防或侧身闪躲，右（左）腿迅速落地，双手配合，急起左（右）侧顶膝再顶击。两膝交替，正、侧连顶重击，使敌无法逃脱。

3．正（侧）顶膝—撤步跪膝

用途：以正（侧）顶膝重击，将敌击倒时，顺势将顶膝腿后撤一步，另一条腿用膝跪击敌肋或肩、颈、臂等部位，将敌制服。

三、防守法（以腿法防守和右格斗势为例）

（一）闪躲防守

1．后闪

视频 8-25

要领：同拳法防守中的后闪要领。只是上身的后闪幅度和后退步幅更大（见图 8-61）。

要求：同拳法防守中的后闪要求。

用途：主要用于向后闪躲敌踢腿对自己上身和头部的正面直线进攻或侧面弧线进攻。

2．侧闪

要领：同拳法防守中的左、右闪要领。只是躯干、头部的侧闪幅度和侧闪步幅更大（见图 8-62）。

要求：同拳法防守中的侧闪要求。

用途：主要用于向左、右两侧闪躲敌踢腿对自己下肢和躯干、头部的正面直线进攻。

图 8-61

3．下潜

要领：同拳法防守中的下潜要领（见图 8-63）。

图 8-62

图 8-63

要求：同拳法防守中的下潜要求。

用途：主要用于向下闪躲敌踢腿对自己头部的正面直线进攻或侧面弧线进攻。

注意：对敌踢腿进攻的闪躲防守与对敌出拳进攻的闪躲防守，虽然动作相似，要领相同，但在判断方法、距离感觉、反应时机、心理负荷及闪躲力度等方面均有所不同，需在练习时加以注意。

（二）手臂防守

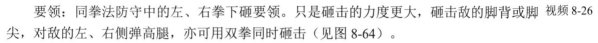

1. 下砸

要领：同拳法防守中的左、右拳下砸要领。只是砸击的力度更大，砸击敌的脚背或脚尖，对敌的左、右侧弹高腿，亦可用双拳同时砸击（见图8-64）。

要求：同拳法防守中的下砸要求。

用途：主要用于防守敌踢腿对裆、腹、胸、肋等部位的正面直线进攻或侧面弧线进攻。

2. 抄抱

要领：①左侧抄抱。两脚左侧闪步，上身向左侧闪躲的同时，左拳变掌，以小臂内侧为力点，由前下方并顺势向右后下方贴身挂挡敌小腿于自己身前，随即两手上下合力抄抱敌小腿，屈臂夹于自己右腰侧，上身侧前俯，低头贴靠敌腿部（见图8-65）。抄抱后，松手还原成右格斗势。②右侧抄抱。两脚右侧闪步，上身向右侧闪躲的同时，右小臂挂挡，两手合力抄抱敌小腿于自己左腰一侧。其余要领同左侧抄抱。

图 8-64   图 8-65

要求：判断准确，反应敏捷，上下协调，手脚配合。侧闪、挂挡、抄抱要快速连贯，一气呵成。

用途：主要用于防守敌踢腿对自己躯干的正面直线进攻，并在防守的基础上将敌的腿抄抱住，为高抱腿摔法创造条件。若敌的腿过低或过高时，不宜采用此法。

3. 勾挂

要领：①左手勾挂。两脚右侧闪步，上身向右侧闪躲的同时，左拳松握，以小臂外侧为力点，由前下方并顺势向左后下方贴身挂挡敌小腿于自己身左侧外，随即左拳变掌，反手屈肘勾手上提，将敌的小腿踝关节勾挂于掌心，右拳不动，目视左侧后方（见图8-66）。勾挂后，松手还原成右格斗势。②右手勾挂。两脚左侧闪步，上身向左侧闪躲的同时，右小臂挂挡，随即反手勾挂。其余要领同左手勾挂。

视频 8-26

要求：判断准确，反应敏捷，手疾眼快，反手勾挂要顺势灵活。

用途：同抄抱防守。

4．接腿

要领：上身向后闪躲的同时，两拳变掌，左小臂横平收回，左掌在下，掌心向上，托垫敌脚跟，右掌在上，掌心斜向右侧，搭扣敌脚掌，两手合力接扣敌的脚（见图 8-67）。接扣后，松手还原呈右格斗势。

图 8-66　　　　　　　　　　　　　　图 8-67

要求：后闪及时到位，在敌的腿伸展到头、进攻落空时接扣敌的脚，以减轻敌的脚对双手的冲力。接扣时，轻接紧扣，双手协同用力。

用途：主要用于防守敌的腿对胸部的正面直线进攻，并在防守的基础上，将敌的脚按扣住，为高抱腿摔法创造条件。当敌的腿过低或过高时，不宜采用此法。

（三）膝脚防守

视频 8-27

1．提膝

要领：①左提膝。重心后移，右腿支撑，左腿屈膝上提勾脚尖，膝盖斜对右前方，两拳不动，目视前方（见图 8-68）。提膝后，左腿落地还原成右格斗势。②右提膝。上身左转，重心左前移，左腿支撑，右腿屈膝上提勾脚尖，膝盖斜对左前方，两拳呈左格斗势，目视前方（见图 8-69）。提膝后，右腿落地呈左格斗势。

图 8-68　　　　　　　　　　　　图 8-69

要求：提膝要快，控腿要牢，吸腿要高，勾脚尖要紧，支撑腿要稳固。

用途：主要用于以屈膝上提闪躲敌低腿进攻或是以横破直，以提膝撞击敌的进攻腿。也可先发制敌，主动提膝防守，对敌形成居高临下、蓄"腿"待发的威慑态势。

2．拦截

要领：在敌即将起腿进攻时，速以截腿、低蹬腿、低踹腿等腿法拦截阻击并重创敌大、小腿或脚掌、踝关节，使敌的腿无法出击或丧失进攻能力（见图 8-70）。拦截后，将腿收回落地，还原成右格斗势。

要求：判断准确，反应敏捷，掌握好时间差，做到后发先至。拦截时，出腿要快、准、狠。

用途：以腿制腿，使敌不敢轻易起腿进攻，也可用于拦截阻击敌上步出拳。

图 8-70

（四）防守组合（示例）

1．左提膝—左腿拦截

用途：敌起低腿踢击，左提膝躲过后仍保持提膝姿态，当敌欲再次起腿时，以左腿拦截敌的腿。

视频 8-28

2．左拳下砸—右手勾挂

用途：敌以左—右蹬腿组合连击时，先以左拳下砸，防守敌的左蹬腿，继而在左侧闪躲敌右蹬腿的同时，右手勾挂敌的右脚踝关节。

3．后闪接腿—双拳下砸

用途：敌以左腿踹胸，在后闪的同时，如果双手接敌的腿未果，敌又以右侧弹腿踢击头部，在向右侧后闪的同时，上身左转，用双拳向左侧下方砸击敌的右脚背。

4．左腿拦截—左侧抄抱

用途：敌欲起左腿时，以左截腿拦截，敌急换右蹬腿踢腹部，在左侧闪躲的同时，双手从左侧抄抱敌右腿。

第四节　实用摔法技术

基本摔法是破坏敌身体平衡，将敌快摔倒地的基本技术动作和攻防方法，包括低抱腿摔法、高抱腿摔法、抱腰夹颈摔法、架臂摔法以及相应的防守方法。它的特点是：贴身进招，顺势借力，以快制慢，以巧胜拙。

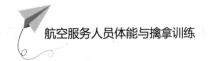
一、低抱腿摔法（均以右格斗势为例）

（一）近身低抱腿

要领：①近身低抱腿的时机。在敌以拳、腿进攻，自己向侧边闪躲或下潜、摇避闪躲的同时，利用敌的拳、腿击空收回，无暇防守的时机，乘虚闪进抱腿。也可主动以直拳佯击敌的面部，诱敌上防而下肢出现防守空当时，乘机抢进抱腿。或趁敌疲惫乏力、精力分散、重心不稳、反应迟缓时，疾速突进抱腿。②上步近身的方法。可直接让前脚上前一大步，插入敌两腿之间。也可以让后脚上前一大步，插入敌两腿之间或插到敌前腿外侧。上步的同时，上身前俯，以腰为轴，偏头侧身晃腰闪进，肩、头部分别贴靠敌的腹、肋部。③低抱腿的方法。在上步近身的同时，两手前伸，贴敌大腿外侧或内侧，直臂插入，往回屈臂搂抱敌的腿。抱单腿时应两手合力搂抱敌前腿的大腿根部。抱双腿时，两手分别搂抱敌两腿膝关节的后上部（见图 8-71）。

要求：准确把握、灵活运用低抱腿的时机。低抱腿时，上步要快，近身要活，插腿要深，贴靠要紧，冲力要大，重心要稳，双手搂抱迅猛有力，使敌难以挣脱。

用途：为快速实施各种低抱腿摔法创造条件。

（二）低抱腿摔

要领：①低抱敌的双腿或单腿，以两手后拉上提敌的腿，肩部、头部向前顶撞，下压敌腹部的合力，将敌向后顶摔倒地（见图 8-72）。②绊摔。低抱敌的双腿或单腿，以肩部、头部向前顶撞，下压敌的腹部，上步插裆之腿后绊敌后腿的合力，将敌向后绊摔倒地（见图 8-73）。③扛摔。低抱敌双腿或单腿，后脚上步，挺腹起身，以两手抱腿上扛的合力将敌扛于肩上，向自己身后摔出倒地（见图 8-74）。④跪摔。低抱敌双腿或单腿，上步插裆的腿跪地，小腿向外侧后贴地划弧盘夹住敌后腿踝关节，大腿别压敌小腿，胸部冲压敌大腿，用一只手按压敌髋关节的合力将敌向后跪摔倒地（见图 8-75）。⑤靠摔。右脚由后上步插到敌前腿外侧时，以右脚控制住敌的脚，右手穿入敌裆部，向上反手横抱敌的后腿，肩、头枕靠敌腹部的合力，将敌向后靠摔倒地。

图 8-71   图 8-72   图 8-73

图 8-74　　　　　　　　　　　　　　　　　图 8-75

要求：各种摔法均要和上步抱腿前后连贯，一气呵成，不得有脱节、停顿、迟缓等断劲现象。发力时要全身协调，形成爆发合力，做到快、准、狠、猛。将敌摔倒时，自己的重心要稳，不可以摇晃趔趄，并尽可能地抱住敌的腿（扛摔除外），以利于转入实施倒地拿法。

用途：主要用于在徒手格斗擒敌、突袭擒敌等实战中近身低抱敌的腿，将敌快摔倒地，并为连接使用倒地拿法，将敌彻底制服创造条件。

（三）低抱腿摔防守

视频 8-30

要领：①拳掌阻击。当敌欲近身低抱自己的腿时，自己在向后方、侧方闪躲的同时，以拳掌向前下方阻击敌的头、颈或肩部，使敌无法近身低抱腿（见图 8-76）。②后撑下压。当敌近身低抱自己的腿时，两腿用力向后分腿，绷直后撑，同时双手下抱敌的腰，上身顺势下压，将敌压伏倒地（见图 8-77）。③反抱掀腿。当敌近身低抱自己的腿时，将前腿插入敌的两腿之间，后腿绷直，同时右转身下俯，双手抄抓敌的前腿踝关节，将敌的腿掀起，将敌翻转倒地（见图 8-78）。④沉肘砸击。当敌近身低抱自己的腿时，在重心下沉或两腿后撑的同时，以沉肘向下砸击敌的颈椎或腰椎，将敌砸击倒地（见图 8-79）。⑤按头击裆。当敌近身低抱自己的腿时，在后腿后撤一步，重心下沉，两腿绷紧的同时，一只手向后下方按压敌的头部，另一只手以掌心为力点从前向后下方贯击敌裆，将敌按击倒地（见图 8-80）。

图 8-76　　　　　　　　　　　　　　　　　图 8-77

图 8-78

图 8-79

图 8-80

要求：判断准确，反应敏捷，尽可能抢在敌近身低抱住自己的腿之前实施防守，以免被动。要全面掌握，灵活运用各种防守方法。

用途：主要用于防止、破解敌对自己突然实施的各种低抱腿摔法。

二、高抱腿摔法（均以右格斗势为例）

（一）高抱腿

要领：①高抱腿的时机。格斗中诱敌或趁敌起高腿进攻时，直接以抄抱、接腿等防守方法将敌的腿高抱住。或在腿法防守中，采用下砸、勾挂、拦截等防守方法基本奏效，趁敌的腿来不及或尚未收回落地时，迅速转接抄抱防守将敌的腿高抱起。也可在低抱腿摔或其他摔法未能奏效时，趁机迅速将敌单腿抱起，变为高抱腿摔法。②高抱腿的方法。以两手抄抱为主，也可用反手抄抱。无论从敌腿部外侧或内侧高抱，均可实施同一种摔法。或按不同的抱腿部位（大腿、小腿、脚腕），变换不同的摔法。

要求：高抱腿摔法是各类摔法中成功率最高的。因此，要准确把握时机，尽可能多运用各种高抱腿方法。高抱腿要快、高、紧，使敌难以挣脱和维持单腿支撑。

用途：为快速实施高抱腿摔法创造条件。

（二）高抱腿摔

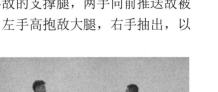

要领：①托摔。两手高抱敌小腿或脚腕，先向自己侧后方向猛力拖带，迫使敌的支撑腿移（或跳）动，再向前上方向高托远推敌被抱着的腿，将敌腾空后摔倒在地（见图8-81）。视频8-31
②绊摔。两手高抱敌大腿，以自己的前腿侧绊敌的支撑腿，上身侧后转别敌被抱腿的合力，将敌向侧边绊摔倒地（见图8-82）。或以自己的前腿后绊敌的支撑腿，两手向前推送敌被抱腿的合力，将敌向后绊摔倒地（见图8-83）。③抹摔。左手高抱敌大腿，右手抽出，以反手勾搂敌颈部，向右后下方抹带，同时上身向右后方转体，长腰，甩脸，用左手抱敌的腿推送的合力将敌向自己身后抹摔倒地（见图8-84）。④涮摔。两手抓抱敌小腿或接扣敌脚腕，前腿后撤一步，两手合力，按顺时针（或逆时针）方向，向侧后下方斜圆划弧涮拉敌腿，将敌涮摔倒地（见图8-85）。⑤踢摔。两手高抱敌小腿，起前腿，以截、踹、勾等腿法踢击敌支撑腿的踝关节侧后部，小腿正面，膝关节正、侧面，大腿内侧面以及裆部等部位，同时两手推送敌被抱着的腿的合力，将敌向后踢摔倒地。

图 8-81

图 8-82

图 8-83

图 8-84

图 8-85

要求：各种摔法均要和高抱腿前后连贯，一气呵成，不可以出现脱节、停顿、迟缓等断劲现象。发力时要全身协调，形成爆发合力，做到快、准、狠、猛。将敌摔倒时，自己的重心要稳，不可以摇晃趔趄，以便于转变实施倒地拿法。

用途：主要用于在徒手格斗擒敌实战中高抱敌的腿，将敌快摔倒地，并为连接使用倒地拿法，将敌彻底制服创造条件。

（三）高抱腿摔防守

要领：①直拳击打。敌高抱自己的腿时，以被抱腿同侧手直拳击打敌头部或面部，迫使敌松手。同时支撑腿跳动保持平衡（见图 8-86）。②夹颈撑腿。敌高抱自己的腿时，用支撑腿跳近敌，被抱腿屈膝，同时以被抱腿同侧手臂搂夹敌颈部，另一只手协助被抱腿向侧前下方猛力挣撑解脱（见图 8-87）。③挑裆支撑。敌高抱自己的腿时，被抱腿小腿外（或内）旋屈插入敌裆，脚尖上勾挑裆，挺膝收髋，同时两手抓敌的肩，以挑裆腿、支撑腿和两手抓肩的合力与敌形成僵持态势，或两手以直、摆等拳击打敌的头部，迫使其松手解脱（见图 8-88）。④抽腿蹬踹。敌高抱自己的腿时，上身侧后转（必要时下俯，两手撑地），同时被抱腿屈膝内旋向回抽腿蓄劲，再向后猛力蹬踹，挣脱敌的手（见图 8-89）。⑤跃起蹬弹。敌高抱自己的腿时，自己急向后下转身，两手撑地，支撑腿跃起向后蹬击敌胸部，迫使敌松手；或运用跃起侧倒动作，支撑腿跃起侧弹敌头部，迫使敌松手（见图 8-90）。

图 8-86 　　　　　　　　　　　　　　图 8-87

图 8-88

图 8-89　　　　　　　　　　　　　　　　图 8-90

要求：反应敏捷，防守及时，抢在敌高抱自己的腿摔自己之前防守解脱。各种防守破解动作要果断、快速、干脆、利索。

用途：主要用于防守、破解敌对自己实施的各种高抱腿摔法。

三、抱腰夹颈摔法（均以右格斗势为例）

（一）近身抱腰夹颈

要领：①近身抱腰夹颈的时机。在敌以拳、腿进攻，自己向侧边闪躲或下潜、摇避闪躲的同时，利用敌的拳、腿击空收回，无暇防守的时机，乘虚闪进抱腰或夹颈。或在自己以拳、腿组合主动进攻，敌防守出现空档时，乘机抢进抱腰或夹颈。或在双方相互抓把拉扯时，施以撕、别、绕等手法，趁势插进抱腰或夹颈。还可趁敌疲惫乏力、精力分散、重心不稳、反应迟钝时疾速突进抱腰或夹颈。②上步近身方法。侧身抱腰或夹颈时，可采用转身背步的上步方法（详见基本步法），上步的同时，上身稍微前俯，以腰为轴，偏头侧身塞腰调胯闪进，臀部顶紧敌腹部。正面抱腰、夹颈或反手夹颈时，可直接以前（或后）脚上前一大步，插入敌两腿之间，后（或前）脚跟进并步。也可以前（或后）脚上前一大步，插到敌对应脚的外侧后，上步的同时，身体前冲，上身压住敌的胸部，腹部顶紧敌的腹部，或将上身闪到敌的一侧。③抱腰夹颈的方法。侧身抱腰时，以右手搂抱敌的腰，左手抓敌的右大臂或肩领。侧身夹颈时，以右臂搂夹敌的颈部，左手在前协助（见图 8-91）。正面抱腰时，双手合力搂抱敌的腰并往回勒紧。正面夹颈时，以右手搂夹敌的颈部，左手在后面协助（见图 8-92）。反手夹颈时，以右臂反手向右外缠绕搂夹敌颈部（见图 8-93）。

要求：准确把握、果断运用抱腰、夹颈的时机。近身抱腰夹颈时，上步（背步）要快、要灵活，贴靠要紧，重心要稳，抱夹有力，使敌难以挣脱。

用途：为快速实施各种抱腰、夹颈摔法创造条件。

图 8-91

图 8-92 　　　　　　　　　　　　　　　　 图 8-93

视频 8-33

（二）抱腰夹颈摔

要领：①过背摔。侧身抱敌的腰或夹敌的颈部，背转向敌，下蹲、弓腰、团身。以猛绷双腿，臀部向后上方撞击，左手抓敌右臂向左前下方拉转，右手向上提腰或向左前下方夹颈拧转，同时上身前倾并向左转体，用长腰甩脸的合力将敌经过自己的背向前摔出倒地（见图 8-94）。②挑腿摔。侧身抱敌的腰或夹敌的颈部，向左转体，右胯顶紧敌的腹部，左腿背步稍微屈膝。以右腿由右前向后上别挑敌的右小腿，两手向左前下方提、拉拧（夹）转，同时蹬左腿，用向左长腰、甩脸的合力，将敌挑起后向前摔出倒地。③过胸摔。正面抱住敌的腰，后脚上步，以屈膝蹬腿，猛力挺腹，两手上抱的合力将敌抱起后，向后弓身仰头后倒的同时，向右转体，将敌砸摔在自己身下（见图 8-95）。④抱踢摔。正面抱敌的腰，后脚上步，以屈膝蹬腿，猛力挺腹，两手上抱的合力，将敌抱起后，在向左横抢下砸的同时，左腿屈膝，以脚掌向右横踢敌的左小腿，将敌横踢摔倒在自己的左侧前方（见图 8-96）。⑤折腰摔。正面抱住敌的腰向回紧勒，身体前倾下压，下颌顶压敌的胸，迫使敌的腰后折的同时，右腿由外侧前向后勾挑敌的左小腿，将敌向后方仰摔倒地。⑥插腿摔。侧身夹敌颈部，在向左转体，两手协助向左前下方夹颈拧转的同时，右腿向左前下方插腿，身体侧倒。将敌砸摔在自己身下（见图 8-97）。⑦夹绊摔。正面夹敌颈部，在两手协助向后夹压拉转敌颈部，上身冲压敌上身的同时，右腿右前摆，绕至敌右腿后，向后绊腿，将敌向后绊摔倒地（见图 8-98）。也可将夹绊摔变为切绊摔，即用右臂向后下切压敌颈部，左手抓敌衣领向左后拉，其余要领同夹绊摔（见图 8-99）。⑧反夹摔。从正面用右臂反手夹敌颈部，同时，左脚上步落在敌右脚外侧，迅速地向右拧身，以右脚拦踢敌左踝关节的外侧，左手配合推转敌右肩，将敌向右翻转摔倒在地（见图 8-100）。

要求：各种摔法均要和抱腰、夹颈前后连贯，一气呵成，不可以出现脱节、停顿、迟缓等断劲现象。发力时要全身协调，上、下配合，尤其要注重腰、胯、臀等部位力量的运用，形成爆发合力，做到快、准、狠、猛。将敌摔倒时，自己的重心要稳，不可以摇晃翘翘。利用身体砸摔的动作，练习时要分步骤进行，做好配合，被砸者要掌握好抗砸压的憋气呼吸方法，以免受伤。

用途：主要用于在各种近身实战中将敌快摔倒地，并为连接使用倒地拿法，将敌彻底制服创造条件。

图 8-94

图 8-95

图 8-96

图 8-97

图 8-98

图 8-99

图 8-100

（三）抱腰夹颈摔的防守

要领：①抽身闪躲。敌近身（正、侧）抱自己的腰时，以腰为轴，向后坐臀或向左、右两侧抽身闪躲或抽出被绊的腿的同时，辅以相应的各种闪躲步法，并以掌推挡敌抱腰之手或以拳、肘击打敌，令敌无法靠近，始终与敌保持对峙的格斗态势和距离。②低头绕闪。当敌近身（正、侧）夹颈部时，在低头收下颌的同时，顺着敌手臂夹颈的方向绕闪脱出，使敌夹颈落空。若无法绕闪脱出，可以用头侧顶撞挤靠敌的胸，使敌无法夹紧自己的颈部，同时一只手在后上方推压敌的肩，一只手在前下方别拉敌的小臂，趁机将头、颈脱出（见图 8-101）。③扳头拧转。当敌近身（正、侧）抱腰或夹颈时，运用状态反射原理，以双手的合力向左（右）侧后方扳拧敌的头，或以单手用采发、挫鼻、扣颌等擒拿方法（详见基本拿法），迫使敌向后转（仰）头，使敌抱腰、夹颈的手臂自然松开，还可以顺势将敌摔倒（见图 8-102）。④里外勾腿。当敌近身（正、侧）抱腰或夹颈时，在顺势反抱敌的腰或反夹敌的颈的同时，以左（或右）腿从里向外或从外向里勾住敌的腿，运用缠、挡、别、拦以及躺刀等各种方法破坏敌的摔法，使敌的腿无法发力或无法保持平衡。⑤撑跳反背。敌侧身抱腰欲施过背摔法时，右手撑压敌的左腰胯部，两腿滑跳，绕到敌的脚前，左手夹敌的颈部，以左侧过背摔将敌摔倒。

图 8-101

图 8-102

要求：反应敏捷，防守及时，处置灵活、果断，尽可能抢在敌抱、夹住自己的腰、颈前防守解脱，以免被动。各种防守、破解动作要快速、勇猛、干脆、利索。

用途：主要用于防守、破解敌对自己突然实施的各种抱腰夹颈摔法。

四、架臂摔法（以双方架臂为例）

（一）架臂

要领：与敌的手臂相互架臂支撑对峙时，以正手或反手抓揪敌的衣领、肩袢、衣袖或袖口等。抓揪时，拇指在外，其余四指在内。课堂练习时，在没有专用摔跤衣的情况下可以相互搭背代替抓揪。

要求：抓揪要紧，手臂略弯曲，不可撑直，重心要沉稳。

用途：为快速实施各种架臂摔法创造条件。

视频 8-35

（二）架臂摔

要领：①过肩摔。双方架臂时，右脚上步落于敌右脚内侧前，左脚背步，同时向左后转体背对敌。左手抓握敌右肘关节，右手插入敌右腋下方抓握其大臂，使敌紧扑在自己的右肩背上。上身前俯，低头圆背，用两手抓敌的右臂的合力向前下后方（两腿中间往后）拉，将敌从自己的右肩上向前摔出倒地（见图 8-103）。②手别摔。双方架臂时，右脚上步，插入敌两腿之间，左转身绷腿呈左弓步，左手抓敌的右小臂向左后方拉转，右手从外侧别压敌右膝，并向右后上方撩，同时向左转体，长腰，甩脸，将敌向左侧别摔倒地（见图 8-104）。③拉臂摔。双方架臂时，两手（右手在上，左手在后）突然抓握敌的右手腕，向左侧用力拉摇，迫使敌欠身，左脚跟离地，同时左脚背步，两手向右侧后方用力拧拉（增加圆轮旋转力），两脚向左拧转，上身随之左转，尽量长腰，甩脸，将敌旋拉拧摔倒地（见图 8-105）。或在两手抓握敌右手腕时，向敌右侧后下方地面用力拖拉，同时右脚向敌右侧后方抢上一大步，将敌向后摔倒在地，自己顺势侧倒，将敌砸压在自己身下（见图 8-106）。④架踢摔。双方架臂时，两手合力向左下方用力一按，借敌向反方向犟劲之机，两手向右用力挣拧下拉，同时以右脚拦踢左踝关节外侧，向右后方转体，甩脸，将敌踢摔倒地（见图 8-107）。或在双方架臂时，左手抓敌的右肘关节，右手闭住敌左臂，左手向前用力一捅，同时左脚上前一步，借敌欺胸迎扑之势，右手迅速插入敌右腋下方，向斜上方挑架，右脚拦踢敌左踝关节外侧，左手配合捅送，将敌踢摔倒地（见图 8-108）。⑤后倒蹬摔。双方架臂时，两手合力用力向前捅，借敌欺胸迎扑之势，左脚后撤一步，团身屈膝向后倒地，同时两手抓敌衣领或肩袢向自己头后方下拉，右腿屈膝向后上方蹬击敌腹部或裆部，将敌向后蹬摔倒地。随之借两手抓拉之力，顺势收腹团身向侧后滚翻，骑压在敌身上（见图 8-109）。

要求：从架臂开始的各种摔法，两手与步法、腿法的动作要协调配合，快速连贯，形成爆发合力，一气呵成，不可以出现脱节、停顿、迟缓等断劲现象。各种为引势借力而采取的假动作要突然、逼真、适度，使敌上当受骗，不给敌可乘之机。引势借力的感觉和时机要用心揣度，准确把握，巧妙运用。

用途：主要用于在双方架臂拉扯时将敌快摔倒地，并为连接使用倒地拿法，将敌彻底制服创造条件。

图 8-103

图 8-104

图 8-105

图 8-106

图 8-107

图 8-108　　　　　　　　　　　　　　　　图 8-109

（三）架臂摔的防守

要领：可灵活采用低抱腿摔、高抱腿摔、抱腰夹颈摔等各类摔法中的相应防守方法。

要求：同上述各类摔法的防守要求。

用途：在双方架臂拉扯时，主要用于防守、破解敌对自己突然实施的各种架臂摔法。

第五节　实用拿法技术

基本拿法是以抓、切、点、挫、搬、拧、锁、扣等手法，通过制敌关节等要害部位及相关穴位，进而控制敌全身，将敌制服擒获的基本技术动作和攻击方法，其包括在实战中制敌关节等要害部位及相关穴位的常用拿法和将敌踢、打、摔倒在地后压伏控制的倒地拿法。特点是：点穴拿脉，分筋错骨，反折关节，击打要害，攻其一点，控制全身。

一、常用拿法

（一）头部拿法

要领：①采发。单手五指叉开像梳发状沿敌头皮插入头发中（从前、后、侧边插入均可），然后五指弯曲回勾攥紧头发根部，同时手腕撑紧，肘关节弯曲，小臂贴靠敌头部（见图 8-110），使敌头皮产生剧烈的撕痛感而牵制其全身，这是实战中应用频率最高的基本拿法之一。②封眼。以单手掌心为力点向前扑击敌的眼睛，使敌的眼睛产生剧烈疼痛、流泪和暂时性失明或眩晕，在短时间内丧失行为能力（见图 8-111）。危急时，可直接以拳面击眼睛，"封眼"效果更佳，但容易产生明显的外伤痕迹和过度伤害的后果。危急时，还可以用五指指端并齐戳击敌的眼睛，或以食指、中指指端分别同时戳击敌的双眼，俗称"夺目"（见图 8-112）。③挫鼻。为迫使敌转头，可以掌心为力点，压住敌鼻子后向一侧推挫挤压（见图 8-113）。为迫使敌仰头，还可以食指、中指指端向下勾住敌的鼻孔上提，俗称"金钩钓鱼"（见图 8-114）。④贯耳（击打颈动脉）。以掌心为力点，单掌或双掌同时扇击敌耳朵，使扇动的气流猛烈冲击，甚至击穿耳内鼓，造成脑内剧烈疼痛，丧失听力和平衡失调，使敌在短时间内丧失行为能力（见图 8-115）。⑤错颌。以拳从侧面击打下颌关节，或以两手从左右两侧交错推击下颌关节，可使敌的下颌关节脱臼，产生剧痛，不能发音，并牵制头部和全身的运动（见图 8-116）。还可以勾拳或掌根从下向上击打或推击下颌，使敌后仰倒地，同时使敌舌头受伤，并对上、下牙床及大脑产生强烈震痛而牵制全身，俗称"冲天炮"（见图 8-117）。为迫使敌张嘴（强制阻止吞咽或需强制灌输药液），可以单手或双手掐捏敌下颌关节隙缝处，俗称"撑颌"（见图 8-118）。⑥头部穴位。对头顶的百会穴，可以用掌心或拳心、拳轮向下拍砸贯顶。对两眉之间的印堂穴，可按头向墙、树等硬物撞击。对头部两侧的太阳穴，可以拳面击打。对后脑的风池、风府、哑门、天柱等穴位，可以掌根劈砍或以"透骨拳"（握拳时，中指第二指节尖突出于拳面）点击。使用这些拿法，均能对大脑产生强烈震动，造成中度以上脑震荡或昏迷，使敌在短时间内丧失意识和行为能力，情况严重时，会造成颅骨凹陷或颅内血管破裂而使颅腔内压力增强，形成"脑疝"而致敌死亡。

要求：在实战应用时，各种头部拿法要做到出手快速，部位准确，劲力凶狠，入骨三分。课堂练习时，要注重弄清原理，掌握要领，明确法律法规所限定的使用范围、对象和使用时机、程度以及使用后可能产生的后果，适度体会被拿的感觉。要在教师的指导下，严格按照规定的步骤、方法、力度进行练习，对有可能造成严重伤害后果的拿法，必须在有防护措施的条件下身会练习，严防发生伤害事故。

用途：主要用于在实战中通过直接对敌头部施以各种拿法，将敌制服擒获，或辅助配合其他实战技术制敌擒敌。

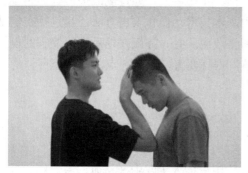

图 8-110

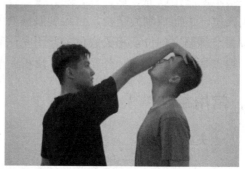

图 8-111

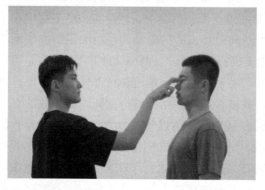

图 8-112

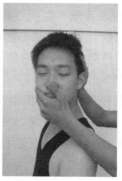

图 8-113

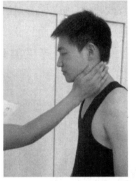

图 8-114　　　　　　　　　图 8-115

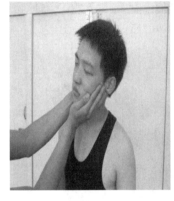

图 8-116　　　　　　　图 8-117　　　　　　　图 8-118

（二）颈部拿法

要领：①颈椎。两手合力，以各种头部拿法将敌的头向一侧极度拧转，或在夹颈　　　摔的夹颈方法基础上，加大拧转的力度和幅度，使敌的颈椎因超越正常活动幅度的极限和过度挤压而产生剧痛、窒息，进而使全身受制，甚至造成颈椎受伤或错位，俗称"拧脖"（见图 8-119）。在危急时，还可利用有利的时机和态势，以掌根劈砍，横肘、摆拳击打，肘尖、拳轮砸击或在敌倒地时以膝盖跪压、脚掌踩压等方法重创敌颈椎，使敌彻底丧失行为能力。②咽喉。右手拇指、食指弯曲分开，指端相对（形似端酒杯状，又称"醉指"），以虎口抵住敌下颌，拇指、食指指端从两侧用钳状合力掐住敌喉结后上部凹陷处，另一只手协助采敌的头发向后拉（见图 8-120），或两手成"八"字掌，合力掐住敌颈部，左、右手的大拇指交错从两侧对掐住敌喉结后上部凹陷处（见图 8-121），使敌因咽喉被掐而窒息昏迷，丧失行为能力，俗称"扼喉"。也可以右手拇指一侧及相连小臂一侧为力点，从敌颈部右侧后方向前再转左侧后方环状挫压勒锁敌颈部，左手协助封住敌左臂（见图 8-122），使敌因咽喉被勒而窒息昏迷，丧失行为能力，俗称"锁喉"。在将敌击倒，仰卧骑压在地上或顶撞挤压在支撑物上（墙面、树干等）时，还可以两手虎口为力点，直接合力卡压住敌的喉结，俗称"卡喉"，或以小臂横压、膝盖跪压、脚掌踩压敌喉结。危急时，还可以抓扯住敌的衣领、领带或利用警绳、腰带和其他就便器材套住敌颈部。两手合力交错绞压或直接勒紧敌的咽喉，俗称"绞脖"或"勒脖"。③颈总动脉。常用拿法主要是以有力手的掌根为力点，猛力砍击敌颈部总动脉（见图 8-123），使敌的颈部总动脉产生痉挛，血液循环受阻，使大脑因缺血、缺氧而昏迷，同时引发心脏反射性心跳停止而休克。对颈椎和咽喉的各种拿法也会使颈总动脉产生类似的连锁反应。

图 8-119

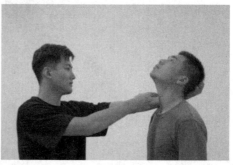
图 8-120

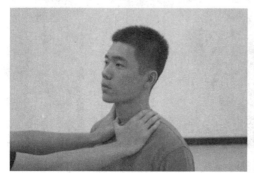
图 8-121

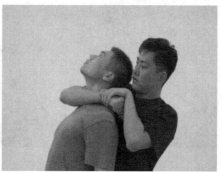
图 8-122

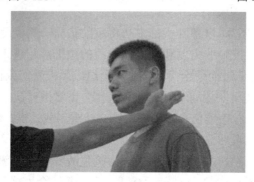
图 8-123

要求：同头部拿法。

用途：主要用于在实战中通过直接对敌颈部各部位施以各种拿法，将敌制服擒获，或辅助配合其他实战技术制敌擒敌。

（三）上肢拿法

视频 8-36

要领：①肩关节。一只手按压或以脚掌踩压敌的肩背，另一只手抓住敌的手腕，将其手臂向后上方推至极限（见图 8-124），使敌产生剧烈的撕痛感而被制服，俗称"撕翅"。

在将敌的手臂弯曲、拧别于背后时，一只手抓拧敌手腕，一只手从敌的肘关节下方插入，手扒敌的肩，以小臂为力点向后上方别抬至极限（见图8-125），使敌的肩产生剧烈的疼痛感而被制服，俗称"别肩"。双手抓住敌手腕，沿敌颈部缠绕一周，以敌的手臂自捆其颈部，右手按压敌手腕，左手箍抱敌手臂（见图8-126），使敌的肩产生剧烈撕痛，俗称"捆肩"。右手从敌左臂内侧上插，右肩向上顶靠敌左臂，两手合力锁扣敌肩部向下压至极限（见图8-127），使敌的肩产生剧烈的疼痛感而受制，俗称"锁肩"。②肘关节。一只手抓住敌手腕下拉，另一只手上托敌肘关节，形成交错合力（见图8-128），使敌的肘关节超过伸展极限，产生折断的剧痛感而受制，俗称"托肘"。将敌的肘关节担于自己肩（或胸、肋、大腿）上，一只手或两手抓住敌的手腕下拉（见图8-129），使敌的肘关节超过伸展极限，产生折断的剧痛感而受制，俗称"担肘"。双手抓住敌的手腕直接扭拧或利用转体、套头力量扭拧敌小臂（见图8-130），使敌的肘关节极度扭曲别转，产生扭断的剧痛感而受制，俗称"拧肘"。双手抓敌手腕，拉直其手臂，以顶膝向上撞击肘关节，或在敌的肘关节弯曲时，拉敌的肘向坚硬物体撞击，使敌的肘关节被撞受伤而丧失行为能力，俗称"撞肘"。③腕关节。一只手抓敌手腕，同时以身体或地面顶住敌的肘关节，另一只手以掌心为力点向下扣压敌掌背（见图8-131），使敌手腕产生剧烈的压痛感而受制，俗称"扣腕"。一只手抓敌手腕，另一只手抓敌的四指指节向后下方折撅（见图8-132），使敌的手腕产生剧烈的折痛感而受制，俗称"折腕"。一只手抓敌手腕，另一只手用掌心包拢敌掌背，向左或右侧卷压，使敌手腕产生剧烈的撕痛感而受制，俗称"卷腕"。双手抓拉敌小臂，以膝盖或向坚硬物体上撞击敌手腕，使敌手腕受伤而丧失功能，俗称"断腕"。④手指。一只手抓捏敌的一根手指，向其掌背或掌心方向撅压（见图8-133），使敌的手指产生折断的剧痛感而受制，俗称"撅指"。

要求：同头部拿法。

用途：直接对敌上肢各关节施以各种拿法，将敌制服擒获。或辅助配合其他实战技术制敌擒敌。

图 8-124

图 8-125   图 8-126

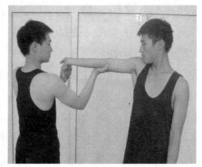

图 8-127   图 8-128

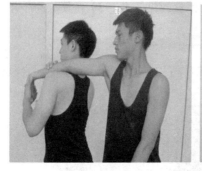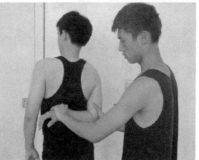

图 8-129   图 8-130

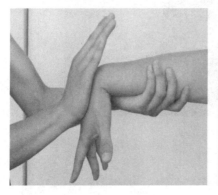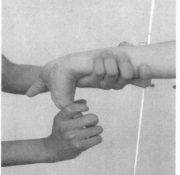

图 8-131   图 8-132

图 8-133

（四）躯干拿法

要领：①胸、腹、腰、肋部。这些部位虽然都是人体的要害部位，但由于其生理、解剖特点和自我保护的生理机制与本能反应，以及这些部位都有宽阔厚实的胸肌、背肌和腹肌覆盖保护，因此在实战中无法使用一般的常用拿法，只能以踢、打代拿，以摔、砸代拿，即对敌胸、腹、腰、肋部施以凶狠的各种踢法、打法，或是在将敌重摔倒地的同时，以躯干或肘、膝、臀等部位用力砸击敌的胸、腹、腰、肋部，使敌的各重要内脏器官被重创后造成严重内伤，丧失行为能力，束手就擒。具体的踢、打、摔、砸动作要领详见本书有关章节。②裆部。单手以掌心或掌背为力点向前或向后撩击敌裆部阴茎，或以脚掌前端为力点（也可勾脚尖，以脚后跟为力点），屈膝向后上方撩击敌裆部（见图 8-134），使敌产生剧烈的疼痛感，甚至因痉挛而受制，俗称"撩裆"。以脚尖或脚背前端为力点，向前弹踢敌裆部阴茎或睾丸，使敌产生剧烈的疼痛感，甚至休克，俗称"踢裆"。以掌或拳由前或由后插入敌裆部，抓握攥紧敌睾丸或阴茎后，用力掐捏，使敌产生剧烈的疼痛感，甚至休克或昏迷，俗称"抓裆"。还可以跪膝的方法跪压敌裆部，俗称"跪裆"。

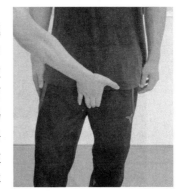

图 8-134

要求：胸、腹、腰、肋部的拿法练习可结合有关打法、踢法、摔法进行，但应穿戴护具，着重体验拿法效果。进行裆部拿法练习时，应注意男、女生有别，有条件的应分班练习。其余要求同头部拿法。

用途：主要用于在实战中通过直接对敌躯干各部位施以各种技击方法或拿法，将敌制服擒获。或辅助配合其他实战技术制敌擒敌。

（五）下肢拿法

要领：①膝关节。在敌站立（或一条腿被高抱住）时，以截腿、低踹腿、低侧弹腿踢击敌前腿（或支撑腿）膝关节正面或左、右两侧面，也可从后面踢击敌膝关节后面的腘窝处，使敌因膝关节腔内半月板、十字韧带或左右两侧的侧副韧带严重损伤而摔倒，并产生剧烈的疼痛感，丧失站立、行走能力而被控制。具体动作要领详见本书有关章节。也可在高抱住敌一条腿时，以小臂或掌挫压敌被抱腿的膝关节正面或侧面（见图8-135），或以两手抱敌小腿上扳，臀部向下坐压敌的膝关节正面（见图8-136），或在敌站着自己俯身时，一只手压拉敌的脚，另一只手推挫敌的膝关节内侧（见图8-137），效果同上。②踝关节。双手抓握敌的脚腕时，一只手托住敌的脚跟上搬，一只手按敌的脚掌内侧向外拧（见图8-138），使敌的踝关节因被猛力搬拧而过度外旋，产生剧烈的疼痛感，甚至伤及关节、韧带，丧失行走能力而被控制。或在敌俯卧倒地时，将敌的两条小腿交叉重叠后折，以双手按压（或以膝跪压、以脚掌踩压）敌脚背，使敌的踝关节因被过度折压而产生剧烈的疼痛感，甚至伤及关节、韧带，丧失行走能力而被控制。

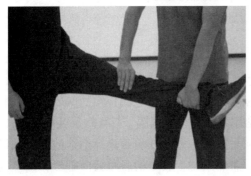

图 8-135　　　　　　　　　　　　图 8-136

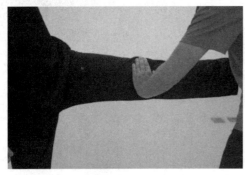

图 8-137　　　　　　　　　　　　图 8-138

要求：膝关节的拿法练习可结合有关踢法、摔法进行，但应着重体验拿法效果。其余要求同头部拿法。

用途：主要用于在实战中通过直接对敌下肢各关节施以各种技击方法或拿法，将敌制服擒获。或辅助配合其他实战技术制敌擒敌。

二、倒地拿法

（一）骑压拿法

要领：①俯卧骑压拿法。敌俯卧倒地时，迅速骑压敌腰部，左腿向左前方伸直，脚后跟蹬地支撑。同时，两手抓发，拉起敌的头向地面撞击敌前额，或左手抓发上拉，右手锁喉（见图 8-139）。在撞头或锁喉的基础上，依次将敌的两臂向后拉，置于自己的大腿根下，两手向下按压，左脚收回，两腿向内夹紧敌的肘部，或将敌的一只手臂反别在其背上，另一只手臂缠绕、自锁其颈部（见图 8-140）。在敌仰卧倒地时，可以两手抓住敌的右手外旋拧转（或左手抓住敌的右手外旋拧转，右手推压其肘关节），迫使敌向左翻转成俯卧倒地，顺势骑压敌腰部，同时，将敌的右臂缠绕自锁其颈部，掏抓敌左臂反别在其背上（见图 8-140）。也可两手抓敌的右手内旋拧转（或右手抓敌的右手内旋拧转，左手推别其肘关节），迫使敌向左翻转呈俯卧倒地，顺势骑压敌腰部，同时，将敌右臂反别在其背上，掏抓敌左臂反别在其背上（见图 8-141）。将敌骑压制服后，可以腾出两手直接进行上铐或捆绑。②仰卧骑压拿法。敌仰卧倒地时，迅速骑压敌的腹部，两膝跪撑；两腿夹紧敌的身体。同时，两手抓发，拉起敌的头向地面撞击敌的后脑，或两手卡压敌的咽喉，或一只手扼敌的喉，一只手拳击敌的太阳穴，或以小臂横向挫压敌咽喉，或一只手抓敌的手腕后拉，反折其小臂，一只手按压肘关节（见图 8-142），或两只手将敌的手臂缠绕抱压，自锁其颈部（见图 8-143）。将敌骑压制服后，一只手保持控制，另一只手准备直接上铐。或推压拧别敌的肘关节，将敌翻转成俯卧状态，以俯卧骑压拿法，将敌制服后，再上铐或捆绑。

图 8-139　　　　　　　　图 8-140　　　　　　　　图 8-141

图 8-142　　　　　　　图 8-143

　　要求：骑压和连接使用的各种拿法要快速连贯，干脆利索，手狠力猛，动作到位，使敌无法反抗。练习时，操练者要注意减缓骑压冲力和掌握好各种拿法的力度，配合者被骑压时要屏息憋气，被拿后有剧烈的疼痛感时，要主动表示屈服（口喊、手拍垫子或拍操练者的身体），以便及时停止动作，避免受伤。由于俯卧骑压拿法在实战应用中独特的安全性、可靠性、稳定性以及有利于上铐、捆绑的方便性等诸多优点，因此，在课堂练习中和实战条件允许的情况下，都应在各种倒地拿法的基础上和保持将敌压伏控制的前提下，尽可能顺势转变成俯卧骑压拿法后，再上铐或捆绑。

用途：主要用于在敌倒地时，直接以骑压拿法将敌制服擒获。

（二）侧压拿法

要领：①俯卧侧压拿法。敌俯卧倒地时，迅速插腿侧身砸压在敌身上。同时，右腋夹敌的左臂，两手抓敌的左手上扳（见图8-144），或两手锁抱敌的颈肩，右肩顶敌的左臂，或右肘后击敌后颈，按压敌左肘，左手上别敌小臂并向下扣压其腕。将敌侧压制服后，一只手保持控制，一只手准备直接上铐。或推压拧别敌肘关节，顺势转换成俯卧骑压拿法，将敌制服后，再上铐或捆绑。②仰卧侧压拿法。敌仰卧倒地时，迅速插腿侧身砸压在敌身上。同时，右手夹敌颈部，左手抓敌右手，将其肘关节担于自己右大腿上下压，或左手反手夹敌颈部，右手抓敌的右手，将其肘关节担于自己的右大腿上下压，或右肘后击敌颈部，左手抓敌的右手，将其肘关节担于自己的胸部下扳（见图8-145）。将敌侧压制服后，一只手保持控制，另一只手准备直接上铐。或推压拧别敌的肘关节，将敌翻转成俯卧状态，顺势转换成俯卧骑压拿法，将敌制服后，再上铐或捆绑。

 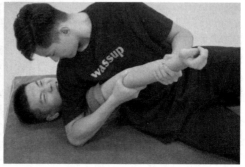

图 8-144　　　　　　　　　　　　　图 8-145

要求：同骑压拿法。

用途：主要用于在敌倒地时，直接以侧压拿法或顺势转成俯卧骑压拿法将敌制服擒获。

（三）俯压拿法

要领：①俯卧俯压拿法。敌俯卧倒地时，迅速俯身扑压在他身上（尽量与敌的身体成直角），两腿左、右叉开，左腿压住敌的左手。同时，两手抓敌的左（右）手臂，后拉拧在其背上，或一只手按压敌的右肘，一只手折立敌的左（右）小臂向下扣，压其腕（见图8-146），或两只手抓按并向内卷压敌右手背。将敌俯压制服后，一只手保持控制，一只手准备直接上铐。或推压拧别敌肘关节，顺势转变成俯卧骑压拿法，将敌制服后，再上铐或捆绑。②仰卧俯压拿法。敌仰卧倒地时，迅速俯身扑压在敌身上（尽量与敌的身体成直角），两腿左、右叉开，左腿压住敌右手。同时，左肘后击敌颈部，两手抓敌的左手臂向地面用力撞击敌的肘关节或手腕，或两只手抓按并向外卷压敌的左手背，或右手抓住敌左手向后上推，左手从敌肘部下方插入，抓住自己的右腕，以左臂后别敌的肘关节，或左手抓敌的左手向后下方拉，右手从敌肘部下方插入，抓住自己的左腕，以右臂反别敌的肘关节。将敌俯压制服后，一只手保持控制，一只手准备直接上铐。或推压拧别敌肘关节，将敌翻转成俯卧状态，自己顺势转换成俯卧骑压拿法，将敌制服后，再上铐或捆绑。

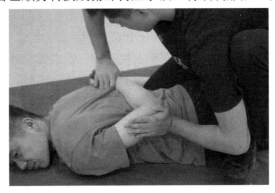

图 8-146

要求：同骑压拿法。

用途：主要用于在敌倒地时，直接以俯压拿法或顺势转换成俯卧骑压拿法将敌制服擒获。

（四）跪压拿法

要领：①俯卧跪压拿法。敌俯卧倒地时，迅速以右膝跪压敌的左肩或左大臂，两手抓敌的左手上扳，或右膝跪压敌左肋，左手抓敌的左手上拉压于自己的左大腿上，右手向下 视频 8-37
按压敌左肘关节，或两手将敌的两条小腿交叉反折叠压，右膝跪压在其上，或右腿盘腿跪夹敌左腿，两手反折按压其小腿与脚背，或两手抓敌的左手上拉，右脚以脚掌横扫敌头部后顺势盘腿跪夹敌左大臂，两手抓敌的左手上扳。将敌跪压制服后，一只手保持控制，另一只手准备直接上铐。或推压拧别敌的肘关节，顺势转变成俯卧骑压拿法，将敌制服后，再上铐或捆绑。②仰卧跪压拿法。敌仰卧倒地时，迅速地以右膝跪压敌裆部，左脚上前一步，踩住敌的右臂，左手卡压敌的咽喉，右拳击敌的脸，或右膝跪压敌右肋，右手卡压敌咽喉，左手抓敌右手上拉，将其肘关节担于自己左大腿上下压，或右膝跪砸辗压敌右大臂，两只手抓敌的右手向外卷压其手背，或左膝跪压敌颈部，两手抓敌的右手上拉，将其肘关节担于自己右大腿上下压，或两手抓敌的右手上拉，右脚以脚掌横扫敌的脸后顺势盘腿跪夹敌的右大臂，两手将敌的右肘关节担于自己的小腿上下压。将敌跪压制服后，一只手保持控制，另一只手准备直接上铐。或推压拧别敌的肘关节，将敌翻转成俯卧状态，自己顺势转变成俯卧骑压拿法，将敌制服后，再上铐或捆绑。

要求：练习跪压裆、肋部时，要采取保护措施（如穿戴护具），或仅做表示。其余要求同骑压拿法。

用途：主要用于在敌倒地时，直接以跪压拿法或顺势转变成俯卧骑压拿法将敌制服擒获。

（五）踩压拿法

要领：①俯卧踩压拿法。敌俯卧倒地时，迅速以右脚踩压敌左肩关节，两手抓敌的左

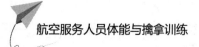
手上扳前推，将敌的左臂撕别于自己的右小腿前，或以右脚踩压敌颈椎，左手抓敌的左手上拉，右手下按敌的肘关节，或右脚用力跺踩碾压敌的左臂后群肌肉或肘、腕、掌指等各关节。将敌踩压制服后，一只手抓敌的手，一只手准备直接上铐。或推压拧别敌的肘关节，顺势转换成俯卧骑压拿法，将敌制服后，再上铐或捆绑。②仰卧踩压拿法。敌仰卧倒地时，迅速以右脚踩压敌的腹部，两手抓敌的右手上拉拧腕，或右脚掌外缘踩压敌的咽喉，两手抓敌的右手上拉拧腕，或右脚用力跺踩碾压敌右臂前群肌肉或肘、腕、掌指等各关节。将敌踩压制服后，一只手抓敌的手，另一只手准备直接上铐。或推压拧别敌的肘关节，将敌翻转成俯卧状态，顺势转换成俯卧骑压拿法，将敌制服后，再上铐或捆绑。

要求：同骑压拿法。

用途：主要用于在敌倒地时，直接以踩压拿法或顺势转换成俯卧骑压拿法将敌制服擒获。

（六）仰压拿法

要领：①仰压锁喉拿法。敌俯卧倒地，以骑压、俯压、跪压等拿法制敌，敌翻身反抗时，顺势用双手锁抱敌颈部，向后仰身翻倒在敌身下，利用敌身体后仰压自己的重力，双手锁紧敌的咽喉，同时，两腿从两侧盘紧夹牢敌的身体。待敌被锁喉盘夹失去反抗能力时，再顺势将敌翻转成俯卧状态，以俯卧骑压拿法，将敌制服后，直接上铐或捆绑。②仰压十字固拿法。敌俯卧倒地，以各种倒地拿法制服敌，敌翻身反抗时，自己两只手抓敌一只手，顺势向敌翻身的方向仰身后倒，同时两手抓敌的手后拉拽直，将敌的肘关节担于自己的腹部或大腿内侧面上，两腿向下砸压封盖住敌的胸和头部，使自己的身体与敌的身体成十字叠压状。将敌固住制服后，一只手保持控制，另一只手准备直接上铐。或推压拧别敌的肘关节，将敌翻转成俯卧状态，顺势转换成俯卧骑压拿法，将敌制服后，再上铐或捆绑。

要求：同骑压拿法。

用途：主要用于在实施倒地拿法时，以仰压拿法将翻身反抗之敌制服擒获。

 **案例分析**

山航空保大队：不动则已，一动制敌，快、准、稳

在山东济南遥墙机场附近有一处楼房，楼房里有一间约80平方米的室内训练馆，这是山航安全员们平时进行体能训练的地方之一。不上机执勤的时候，他们在这里，从早上9点一直训练到下午4点。山东航空空保大队每年进行一次体能考核，各个中队每个季度就有一次考核。平时的训练分为客舱擒敌术、实战演练、情景模拟演练等，班组轮流训练，周期为一周。"客舱擒敌术"不同于普通警察的日常训练，肢体的伸缩更为敏捷，对招数的要求也更高。安全员许华龙表示，客舱狭小的空间不允许空警在大范围内与犯罪分子展开生与死的搏斗，为了保证乘客安全，安全员练习的擒敌术讲究一击必中，必须快、准、稳，机舱环境要求安全员在短时间内将对方控制住，以免牵连其他乘客，并维护好客舱秩序。

分析要点：

1．客舱擒敌术讲究一击必中，必须快、准、稳。

2．安全员必须经常训练擒拿技术，保持体能和技能一直处于战备状态。

思政拓展

忠诚担当是党和国家以及民族的未来

1917 年，赴美国学习的巴玉藻为创建祖国的航空事业，毅然决然地放弃国外优厚的待遇，辞去两厂的职位回国。虽然巴玉藻带着满腔热血回到祖国，但是现实却令人唏嘘，巴玉藻和其他两位同学王助、曾诒经没有启动资金，海军部虽然答应向他们拨款 5 万元，但只是写了一封信给福建船政局局长，叫他们接济点材料，解决工资。巴玉藻等三人便在这样艰苦的条件下筹建了中国第一个正规的飞机制造厂——福建马尾海军飞机工程处。在克服重重困难之后，他们终于在 1919 年制造出中国最早的"甲型一号"双栖双翼水上飞机。直至 1930 年底，马尾海军飞机工程处已造出 7 种飞机，包括教练机、侦察机、海岸巡逻机、鱼雷轰炸机等，它们属于中国第一代航空产品。但在 1928 年，巴玉藻赴柏林参加世界航空展览会回国后，被诊断为脑中毒，疑在国外遭人暗害，最后经抢救无效死亡，年仅 37 岁。巴玉藻一生为国，忠于人民、忠于自己所热爱的航空事业。

1907 年出生的高志航，19 岁时在法国学习飞机驾驶并取得优异成绩后回国，被张学良任命为东北航空处少校驾驶员。高志航奉蒋介石的命令去意大利购买飞机时，意大利向他出售落后的飞机，还用巨额的金钱行贿，但高志航将意大利币抛撒在地，愤然离去，绝不受贿。1932 年春，高志航被分配到杭州笕桥航空学校，在他担任第四大队中校大队长期间，他开始训练新的飞行员。高志航在培养飞行员时说："谁不爱惜自己的生命？我也有父母妻女，但是如果大家都珍惜自己的生命，不敢拼命，不肯牺牲，那中国还有救吗？一旦当了亡国奴，那是生不如死，什么都没有了，光有生命做什么？所以我才要求大家拼命，督促大家训练，有了高超的飞行技术，作战时才能救自己，也才能挽救国家危亡，使我们的子孙不会变成亡国奴！"

资料来源：

霍郁华．中国航空先驱巴玉藻入选蒙古族十大杰出科学家[EB/OL]．（2009-04-30）[2024-05-17].https://news.ifeng.com/mil/history/200904/0430_1567_1134134_1.shtml.

抗日英雄飞行员高志航[EB/OL]．（2018-05-07）[2024-05-17].https://www.sohu.com/a/230689124_115926.

问题分析：

1．热爱祖国、忠诚担当，党、国家、民族才有未来。

2．忠诚担当既是我国的航空精神，也是中华民族的优良传统，还是建设党的重要任务。

讨论拓展

机舱环境的特殊性

目前中国民航的机型种类繁多，有大型宽体飞机、中型飞机、小型飞机三大类，不同机型的结构不同，按旅客、乘务员和安全员所处的客舱部位分类，一般分为双通道和单通道客舱机型，无论哪种机型，客舱通道两侧均有座椅，上面有货架，两人只能侧身通过，其客舱环境都显拥挤，形成了活动范围较小，不适合大幅度移动的狭小机舱环境。飞机完成一次飞行任务主要经过起飞爬升、平飞巡航、下降着陆等几个阶段，无论哪个阶段，都不会像在地面上一样平稳，形成了一个不稳的机舱环境。针对这一特征得出，航空安全员在处置事件时，运用一般格斗技巧往往事倍功半，因此，机舱环境的特殊性决定了航空安全员的技能训练内容必须融入动作简洁、快速有效、技法性强、一招制敌的擒拿动作。通过本章的学习，你认为航空安全员在机舱环境中更适合掌握哪些擒拿技术动作？

问题分析：

1. 哪些擒拿技术动作更适合在机舱环境中使用？
2. 掌握适合机舱环境的擒拿技术动作更能维护机舱安全。

本章总结

本章主要从实际操作方面，详细阐述了"踢、打、摔、拿"四大类技击方法。从学习的程序来说，一般都是先学摔或打，之后才接触拿法，并且是先会其技，后明其理。从擒拿技术的特点来看，在控制对手的过程中，几乎每招每式都含有可打、可摔的招法。拿住之后，一撒手便可击伤，一挂脚立刻跌倒，而且拿住后的一击，将击得更狠，跌得更重，可使对方防不胜防。所以，在实战中，必须融"打、拿、摔"三位于一体，集技击法之长，展拿法之妙，才能充分发挥擒拿技术克敌制胜的良好效果。总的来说，擒拿技术是实战技能中的一种必要技能，要想很好地运用，就要反复练习，熟能生巧，更要活学活用，举一反三，随机应变。

思考与复习

思考题

1. 如何才能熟练地将擒拿技术运用于实战当中？
2. 擒拿技术动作在航空服务当中如何发展改进？

复习题

1. 擒拿技术的基本姿势和基本步伐有哪些？
2. 擒拿技术动作有哪些？如何熟练地运用？

练习题

1. 擒拿基本技术的训练方法有哪些？
2. 结合自身实际，列出擒拿基本技术训练方案。

荐读 8-1

第九章　航空服务人员擒拿实用技术与战术运用

【学习目的】

1. 擒拿实用技术的熟练应用。
2. 通过战术的应用提高实战能力。

【本章核心】

1. 擒拿实用技术与战术应用。
2. 熟练掌握技术与战术，提高实战能力。

【素质目标】

1. 将擒拿能力融入民航服务文化，做优秀的民航人。
2. 提升民航服务安全保障。

【能力目标】

1. 拥有技术与战术的熟练运用能力。
2. 通过学习训练，掌握实战能力。

【导读】

实战遇敌，贵在谋略，强者智取，弱者生俘，这些是擒敌战术的精义。擒拿的道理是以巧见长，以计为首。贵神明，重妙用。兵书有云："每逢举动，必先料敌，洞察情势，敌无变动，我则待之，乘其有变，随而应之；或奇战，攻其不备，出其不意，上惊下取，声东击西，形至奇速，使敌不知所措，战而必胜；或谋战，含而不露，引而不发，固能而

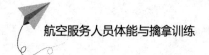

示之不能，诱而取之。"

实战之中，面对弱者，不可轻敌，慎而速取。骄兵必败，古之常理，知己知彼，可先发制人，胸有成竹，疑虑无多；知己不知彼，宜后发制人，静而观之，待而应之，察其虚实，观其变化，随机就势，把握主动，急来急应，缓来缓随，顺人之势，借人之力，待机一击，出奇制胜。这是应变的机理。如果得到明师亲自指点，自己苦练功夫，日积月累，自己就会明白其中的真谛。艺精招熟，善战多变，直来横取，横来直破，此相生相克之理。技击之道，虚有其名，实无方略，好勇斗狠，必遭灾祸。

第一节　徒手擒敌实用技术与战术

徒手格斗擒敌是在敌以徒手准备实施或正在实施不法犯罪时，在机舱内等狭窄范围内，不准、不能或无法使用警械和武器的情况下，与敌徒手格斗，并将其制服擒获的技术动作和战斗方法。特点是：手脚并用，长短结合，上下相随，攻防兼备，攻势凌厉，速战速决，讲究打、踢、摔、拿技术的有序组合，灵活运用，强调将敌重创击倒后再制服擒获。

一、徒手格斗擒敌的战斗途径

徒手格斗擒敌是以徒手与敌进行格斗，并通过擒拿技术，将敌制服擒获。制服擒获的标志是在敌无法反抗或不敢再反抗的态势下，将敌双手铐住或捆绑住。由于敢以徒手与别人格斗对抗的往往是一些胆大妄为、心狠手辣、罪大恶极、强悍凶顽之敌，这决定了徒手格斗擒敌战斗的激烈、残酷和复杂。大量的战斗实例已经证明：在敌我双方势均力敌（指在人数、体能、格斗技能等方面大致相当）的情况下，不可能通过一拳、一腿或一两次交手回合就能将敌制服擒获；在敌已有准备，有能力顽抗，并且各种顽抗手段都可能采用的情况下，单独使用一种技击方法（如拳法，或腿法，或摔法）与敌格斗，除非在这种技击方法上具有很高的水平和较大的技术优势，否则是很难将敌制服的；直接使用拿法，更不可能，也无法将敌制服擒获；同时，由于空中客舱战斗的特殊性和时效性，以及实战训练水平和体能状况等现实因素，也决定了在徒手格斗擒敌的战斗中，不能与敌拼体力，耗时间。因此，要想迅速取得徒手格斗擒敌战斗的胜利，只能是在最大限度地发挥和利用自己已掌握的打、踢、摔、拿基本技术的基础上，在最经济合理地分配、使用和保存自己的体能，以最快的速度将敌制服擒获的前提下，选择最简捷有效的战斗途径。即通过打、踢、摔基本技术的有序组合和灵活运用，形成快速连贯、勇猛凌厉、效果显著、连珠炮般的组合攻势，将敌打倒、踢倒、摔倒，并在敌倒下自己站立（或自己也倒地）的态势下，迅速转换使用倒地拿法，将敌压伏控制住，使敌无法反抗或不敢再反抗，从而将敌彻底制服。因此，也可以说徒手格斗擒敌既是一种高级实战应用技术，也是夺凶器擒敌、突袭擒敌、反袭擒敌等实战应用技术的基础，为整个擒拿技术体系的实战训练和实战应用开辟了一条简易可行、简捷有效的新路。

二、徒手格斗擒敌的战斗组合

（一）打、踢组合

1. 组合规律

打、踢组合主要是指拳法与腿法的组合，是分别在单个或组合拳法和单个或组合腿法的基础上，按照同侧拳、腿组合或异侧拳、腿组合交替运用的原则，和先拳后腿或先腿后拳的组合顺序，以及二点组合或三点组合的点数要求等组合规律，根据实战应用的需要，灵活而又有序地组合而成的。同侧拳、腿组合常用于直线进攻，是指凡直线先后连击的拳、腿，都应以同侧的拳、腿组合连击，这是因为同侧拳、腿组合在直线连击的过程中，无须转换支撑腿和防守姿势，也无须转换神经系统的调节支配机制，因而组合动作更快速连贯，也更顺势、顺劲、顺手；异侧拳、腿组合常用于弧线进攻，是指弧线先后连击的异侧拳、腿组合中，前一个动作能为后一个动作更好地创造拧腰转体发力的条件和时机，因而更容易打出重击效果；先拳后腿或先腿后拳的组合顺序是指无论拳、腿组合的连击速度和节奏有多快，总有一个明显清晰的先后出击顺序，这个顺序或是先拳后腿，或是先腿后拳，而不可能是拳、腿同时出击。此外，两种组合顺序的灵活运用，也能使练习者在组合动作、进攻顺序、进攻路线的变化上有更大的选择余地。二点或三点的组合点数要求是指为了保证进攻组合的速度、力度、节奏和效果，以及为了保持组合与组合之间的灵活转换，合理分配、使用、保存练习者的体力，以利于再战，一般以二个或三个进攻动作组成一个进攻组合为宜，习惯把一个进攻动作称为"一点"，二个和三个进攻动作组成的组合称为"二点组合"和"三点组合"。

2. 二点组合

（1）左直拳—左截腿（左蹬腿、前垫步左踹腿）。

用途：左直拳虚晃击打敌面部的同时，紧接左截腿踢击敌的膝关节，或紧接左蹬腿（前垫步右踹腿）踢击敌胸部。

视频 9-1

（2）左截腿（左蹬腿、前垫步左踹腿）—左直拳。

用途：以左截腿吸引敌的注意力的同时，紧接左直拳击打敌面部，或在左蹬腿踢击敌腹部（前垫步左踹腿踢击敌胸部）的同时，紧接左直拳击打敌面部。

（3）左（右）摆拳—右（左）侧弹腿。

用途：以左（右）摆拳击打敌头部右（左）侧的同时，紧接右（左）侧弹腿踢击敌头部左（右）侧。

（4）左（右）侧弹腿—右（左）摆拳。

用途：以左（右）侧弹腿踢击敌头部右（左）侧的同时，紧接右（左）摆拳击打敌头部左（右）侧。

3. 三点组合

（1）左直拳—右直拳—右蹬腿（右踹腿）。

用途：以左—右直拳连击敌面部的同时，紧接右蹬腿或右踹腿踢击敌腹部或胸部。

视频 9-2

（2）右蹬腿—左蹬腿—左直拳。

用途：以右—左蹬腿连击敌腹部的同时，紧接左直拳击打敌面部。

（3）左直拳—右摆拳—左侧弹腿。

用途：以左直拳—右摆拳连击敌面部，接左侧弹腿踢击敌头部右侧。

（4）右蹬腿—左侧弹腿—右摆拳。

用途：以右蹬腿—左侧弹腿连击敌腹部和头部右侧的同时，紧接右摆拳击打敌头部左侧。

（二）打、踢、摔组合

1. 组合规律

打、踢、摔组合主要是指拳法、腿法与低抱腿摔、抱腰夹颈摔等摔法的组合，是在拳、腿组合（或单拳、组合拳、单腿、组合腿）与单个摔法动作的基础上，按照先打（踢）后摔，以打（踢）掩摔，摔中带打（踢）的组合规律，灵活有序地组合而成的。先打（踢）后摔是指在徒手格斗的过程中，由于受双方间隔距离和攻防态势的限制，无法直接对敌实施各种摔法时，可先从打（踢）法开始，步步进逼到合适的位置和距离，同时以各种凶狠猛烈的拳、腿进攻打乱、打散敌的防守态势，打出练习者近身实施各种摔法的空当和时机。以打（踢）掩摔是指为了不暴露自己的摔法意图，保证摔法的突然性和一次得手成功，而有意识、有目的地以各种拳、腿进攻做幌子，吸引、转移或分散敌的注意力，掩护自己突然近身实施摔法。在动作组合的内容和形式上，打（踢）掩摔与先打（踢）后摔可能非常相似，但在组合性质上，前者的打（踢）是虚假的，起着掩护的作用，而后者的打（踢）是真实的，起着主动进攻的作用。还可以在格斗的过程中，故意暴露自己防守上的破绽，以此引诱敌的拳（腿）出击，为自己闪进实施各种摔法创造条件。摔中带打是指在双方互搂抱夹的过程中，抢先或寻机以各种近身短拳（如勾拳、立拳形式的短直拳等）用力击打敌的各要害部位，或在高抱敌的腿时，以拳击打敌的头，以腿踢击敌的支撑腿等方法，削弱敌的抗摔破解能力，增强摔法效果。也可在自己的摔法一时未能奏效的情况下，果断中止摔法，快速脱手脱身，转变以拳、腿攻击敌。

视频 9-3

2. 先打（踢）后摔组合

（1）直拳组合进攻—低抱腿摔。

用途：以直拳二点或三点组合进逼连击敌面部，趁敌仰头仰身闪躲，下肢出现防守空当时，疾速近身低抱腿，以各种低抱腿摔法将敌摔倒。

（2）直、摆拳组合进攻—夹颈摔。

用途：以直、摆拳三点组合，进逼连击敌的头，趁敌偏头闪躲，颈部出现防守空当时，疾速近身搂夹敌颈部，以各种夹颈摔法将敌摔倒。

（3）摆、勾拳组合进攻—抱腰摔。

用途：以摆、勾拳三点组合进逼连击敌头、腹部，趁敌偏头收腹闪躲，腰部出现防守空当时，疾速贴身正面搂抱敌的腰或侧身抱敌的腰，以各种抱腰摔法将敌摔倒。

（4）直拳、蹬腿组合进攻—夹颈摔。

用途：以左、右直拳—右蹬腿组合进逼连击敌头、腹部，趁敌侧身闪躲或以手防我的右蹬腿，颈部出现防守空当时，右腿落地，右臂搂夹敌颈部，以各种夹颈摔法将敌摔倒。

3．打（踢）掩摔组合

（1）可采用与先打（踢）后摔相似的组合，但在打（踢）动作的意识和力度上，要明确打（踢）掩护摔法的指导思想，在具体组合运用时，要达到幌上掩下、左虚右实、声东击西的目的和效果。

（2）格斗中诱敌拳、腿出击，以掩护自己闪身进摔的组合技术，可参见基本摔法中低抱腿、高抱腿、抱腿夹颈的有关技术。

4．摔中带打（踢）组合

（1）低抱双腿不成时，可一只手低抱敌单腿，另一只手抽出以摆拳猛击敌肋部。

用途：重创敌肋部，削弱敌抗摔破解能力，为转而实施低抱单腿摔创造条件。

（2）侧身抱腰或夹颈时，在实施摔法前，腾出辅助手，以摆拳、勾拳或立拳形式的短直拳猛击敌肋部或头部。

用途：同上。

（3）高抱敌的腿时，在实施摔法前，后面的手抱住敌的腿，抽出前面的手以直拳猛击敌面部或胸部，或以前面的腿猛击敌的支撑腿。

用途：同上。

（4）实施摔法未奏效，可用左手推撑敌的身体，腾出右手以直拳重击敌面部，或在双方已脱离接触的情况下，急赶一步，快起右腿蹬击敌腹部。

用途：转摔为打（踢），使敌无法逃脱。

（三）由打、踢、摔转入倒地拿法的时机与方法

（1）敌被重击倒地不起，自己仍保持稳定的站立格斗姿势和适宜的对敌距离时，自己应充分利用敌倒地的瞬间已丧失反抗能力的有利时机，根据敌倒地的姿态（俯卧或仰卧）和自己所站的位置，从踩压、跪压、骑压、侧压、俯压、仰压等各种转入方法中，选择使用一种适宜的转入方法，将敌压伏住，而后迅速连接使用相应的倒地拿法，将敌制服擒获。

（2）敌被击倒在地，自己因用力过猛或其他原因站立不稳，即将随之倒地时，自己应充分利用敌倒地后尚来不及反抗的有利时机和地面对敌身体活动的限制作用，顺势以最接近自己即将倒地姿势的一种转入方法，直接将敌压伏住，而后迅速使用相应的倒地拿法，将敌制服擒获。

（3）使用摔法（如夹颈插腿摔、抱腰过胸摔等动作），有意用身体将敌砸压在身下时，应充分利用自己身体的砸压重力和地面的反作用力对敌身体的双重作用，使敌丧失反抗能力的有利时机，在砸压态势的基础上，迅速连接使用相应的倒地拿法，将敌制服擒获。

（4）敌被击倒地，仍抓住敌的一只手臂或抱住敌的一条腿或双腿时，可直接对敌被抓、抱的手臂或腿施以踩压、跪等倒地拿法，或充分利用敌被抓、抱手臂或腿对敌身体的牵制作用，选择适宜的转入方法，形成相对的力量优势区域，而后迅速连接使用相应的倒地拿

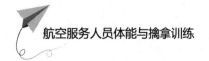

法，将敌制服擒获。

（5）敌被击倒地或因其个人原因倒地，欲爬起顽抗或以团身、屈腿等本能防守姿态倒地固守顽抗时，自己应趁敌将起未起或刚起未稳之机，快速赶上前去，以腿法将敌踢倒，或以前扑动作直接将敌扑倒。对敌本能的倒地团身、屈腿固守顽抗，可充分利用敌倒地团身后只能以腿防守，同时身体转向、移动不灵活的弱点，在外围与敌周旋的同时，突然转变方向，从敌的腿无法防守的角度切入，或直接以脚踩踩、踢开敌的腿，以手向侧边推开或向左右分开敌的屈膝关节，然后以适宜的转入方法将敌压伏住，而后迅速连接使用相应的倒地拿法，将敌制服擒获。

（6）敌倒地，将自己也拽拉倒地时，应充分利用敌拽拉自己的力量，顺势向下砸压敌身体的要害部位，或迅速以各种滚翻动作将敌的手挣脱开后，再选择适宜的转入方法将敌压伏住，而后迅速连接使用相应的倒地拿法，将敌制服擒获。

（7）敌与自己相互搂抱同时倒地时，应充分利用滚动惯性，以连续的横滚动作将敌滚压到自己身下的同时，迅速将两条腿向左、右撑开，以增大支撑面和支撑力量，防止敌再度滚翻，而后再施以相应的倒地拿法，将敌制服擒获。

（8）格斗中，敌欲转身逃跑或已转身开始逃跑，此时，自己应充分利用敌已有前冲惯性或重心不稳的有利时机，以迅猛的高姿前扑动作扑压敌上身，或以低姿前扑动作扑压敌的腿，将敌扑砸倒地，而后迅速连接使用相应的倒地拿法，将敌制服擒获。

要求：准确把握各种转入时机，合理运用各种转入方法。转入动作要快速、果断、勇猛、连贯，与转入前的打、踢、摔动作紧密衔接，不可以出现迟疑、犹豫、停顿等脱节现象。为在实战中保持最大程度的主动性和机动性，在选择转入方法时，应在确保将敌制服的前提下，尽可能使用踩压、跪压、骑压等能随时自主机动的方法，能不倒地的，尽量不要倒地。

用途：由站立状态迅速、有效地转入倒地拿法状态，彻底制服、擒获倒地之敌，并为铐住或捆绑住被自己制服、擒获之敌创造便利条件。

三、徒手格斗擒敌的战斗方法

（一）战斗姿态与战斗距离

1. 战斗姿态

徒手格斗擒敌的战斗姿态是指在格斗姿态的基础上，随着个人技术水平的提高、实战经验的丰富和逐步形成的个人技术特点与动作习惯，以及根据实践中敌我双方的具体态势和战斗需要，而灵活变化运用的个人实战姿态和与敌对峙的实战态势。个人实战姿势的灵活变化与运用，应以能最大限度地发挥自己的技术特长，能最有效地防守敌的各种进攻为原则。例如，根据一般人都具有的"右利"生理现象和运动特点（右侧肢体比左侧肢体更灵活，更有力），战斗中一般应以"右架"为主，以充分发挥右拳、右腿重击作用。但也可反其道而行之，通过强化"左利"训练，使自己能左、右开弓，左、右架转换运用自如，可使敌难以分清自己的主力拳、主力腿所在，无法招架自己左、右开弓的连续重击而受制于自己；此外，还可根据各种随时可能发生的战斗变化和战斗需要，而灵活采用不同的实战姿势。例如，为使自己保持放松状态，可以采用"单手势"或"自由势"；为遏制敌的拳、腿进攻，可采用"提膝势"；为配合各种试探性的进攻动作，可采用"虚步势"；为配合摔法动作或为防守敌的腿法、摔法，可采用"分掌势"。与敌对峙的实战态势的灵活变化与运用，应以能使自己处于最有利的攻防兼备的对敌态势为原则。根据事物矛盾的对立统一规律和普遍认同的对等格斗法则，从攻与防、进与退等技击矛盾和胜负因素诸方面综合平衡分析，一般认为，最有利的实战态势同时也应是对敌我双方机会均等的相对应的对峙态势，即：敌若持右架，自己也应相对持右架，敌若换左架，自己也应随即相对换左架，而不应出现敌持右（左）架，自己仍持左（右）架这种不对应的对峙态势。这是因为，敌我相对应的右架或左架，无论从进攻的角度、路线，还是从防守的角度、路线，对自己而言，都是最有利的选择。同时，也同样给予敌对等的机会，但自己若不给敌机会（采用不对应的态势），意味着自己也同时失去了机会。敌若给了自己机会，则应牢牢把握住机会。因此可以说，相对应的实战对峙态势，无论进攻还是防守的机遇与胜算对敌我双方都是均衡对等的。所以，在徒手格斗擒敌的战斗中，要灵活地变化与运用相对应的实战对峙态势，在机会对等的条件下，靠斗智、斗勇、斗技，靠自己的临战发挥，靠自己的先声夺人或后发先至去战胜、制服并擒获敌。

2. 战斗距离

徒手格斗擒敌的战斗距离是指在敌我双方相互发起进攻或防守前所保持的间隔距离，即敌前脚尖到自己前脚尖之间的直线距离。通常以步数来表示距离的远近，如一步距离、二步距离（距敌一步或二步）。习惯把一步以内的距离称为近距离，二至三步以内的距离称为中距离，三步以外的距离称为远距离（又称外围）。根据格斗步法移动幅度的规律，一步的步幅为 40～50 厘米。

基于实战态势中所述同样的事物矛盾的对立统一规律和对等格斗法则，中距离应是在徒手格斗擒敌战斗中随时保持和坚守的最佳战斗距离。这是因为，在这个距离内，只需上前一小步或仅靠身体重心前移、送肩、顺肘、展髋、挺膝等身体姿态的变化，就能轻易快捷地使拳、腿直接命中敌身体的各个部位。同样，在这个距离内，也只需后退或侧移一步，或仅靠后仰、收腹、闪转等身体姿态的变化，就能轻易快捷地迅速躲过敌拳、腿的攻击。此外，中距离介于近距离和远距离之间，起着连接枢纽和中间站的作用，进可攻，退可守，进退自由，快捷灵活。拳谚中也有"远则失之于嫩，嫩则敌易逃；近则失之于老，老则己身难逃"的说法。因此，是否敢于、能否保持在中距离与敌对峙格斗，既是对徒手格斗技术的检验，也是对胆量、勇气和信心等心理素质的考验。可以说，只要敢于和善于在中距离内与敌战斗，就从根本上掌握了徒手格斗擒敌的主动权，稳操了赢得战斗的胜券。

近距离是在中距离的基础上，根据战斗需要，以各种前进步法上前一步而成，主要用于配合近身摔法以及摆拳、勾拳、肘法、膝法等近身打法、踢法使用。

远距离则是在中距离的基础上，根据防守或调整的需要，以各种后退步法或侧移步法后退一步或侧移一步而成，主要用于在外围与敌周旋，或借机进行调整。

（二）动作判断与反应试探

1. 动作判断

动作判断是为提前准确掌握敌的进攻动向，以使自己能在徒手格斗擒敌的战斗中始终保持主动，并对敌的进攻动向适时做出灵活反应而采用的一种预警式的战斗方法，包括对敌动作意图、动作预兆的判断方法。

敌的动作意图（准备在何时以何种方法对自己的身体的哪一部位发起攻击的内心想法）主要是通过其目光和眼神暴露出来的。俗话说"眼能传神""眼睛是心灵的窗口"，拳谚中也有"眼催意、意摧气、气催力"的说法，说的都是一个道理。在徒手格斗擒敌的战斗中，敌为了达成其动作意图，在发起攻击前，首先要用目光对欲攻击自己的某一部位进行窥测窃视或快速扫描，以弄清自己的防守态势和确定自己的身体位置及距离，为发起攻击做好准备。同时，往往情不自禁地流露出或急不可耐，或焦躁紧张，或暗自得意等不同的眼神。只要在战斗中，始终注意观察敌的目光、视线和眼睛神态，同时以咄咄逼人的目光紧紧逼视、盯住敌的眼睛，用目光慑敌，就能从敌的目光眼神中摄取、捕捉、意会、感知到其动作意图。

敌的动作预兆（出拳或起腿前身体相应部位所反映出的动作迹象和征兆）主要是通过肩关节和髋关节的动作暴露出来的。武术传统理论中有"三节"的说法：上肢中手为梢节，肘为中节，宿为根节；下肢中足为梢节，膝为中节，胯为根节；出拳起腿讲究"梢节起，中节随，根节催"。从人体解剖学角度看，上肢的运动首先是由上肢肌中的肩带肌收缩而引起的，下肢的运动也首先是由下肢肌中的髋肌前群肌肉收缩而引起的。因此，敌出拳前的动作预兆首先是肩关节的催动（肩带肌的收缩），表现为突然的抖肩、耸肩；敌起腿前的动作预兆首先是髋关节的催动（髋肌前群的收缩），表现为突然的屈髋、转髋。这些动作预兆的表现程度与敌的格斗水平成反比，水平越高，预兆表现越不明显，反之则预兆明显，易被自己察觉。徒手格斗擒敌战斗中，在盯住敌眼睛的同时，应以周边视线（又称余光）密切注视敌的肩关节、髋关节的动向，这是准确判断、预测敌拳、腿进攻动向的主要依据和方法。

2. 反应试探

反应试探是在徒手格斗擒敌的战斗中，为准确探知和掌握敌的反应能力、格斗实力及防守虚实程度，以便为确定自己的进攻决心和战斗意图提供决策依据而采用的一种战斗方法。武术传统理论著作有载："大凡技击家之逢敌手，总以先用探手，观其宗派家法与得力深浅，而后可以变化应敌，握机进取。"拳谚中亦有"先看一步走，再看一伸手，便知有没有"。说的都是试探性战斗方法的重要性和必要性以及试探的方法。归纳起来，常用的试探方法主要有以下几种。

（1）前手直拳（左直拳）试探。以短促急快的前手直拳虚击敌面部，试探敌对自己拳击的应答性反应能力、敌头部的灵活闪躲能力以及两手的配合防守能力。有时也可不出前手直拳，只以前肩的抖肩、耸肩等预兆性动作来试探。

（2）前腿截腿（左截腿）试探。以短促急快的前腿截腿虚击敌前腿，试探敌对自己腿击的应答性反应能力、敌步法的灵活移动能力以及前腿的防守能力。有时也可直接以前、后腿提膝的屈髋、转髋等预兆性动作来试探。

（3）步法试探。以短促急快的半滑步（仅以前脚前滑一小步后快速收回）或左右环绕滑步，试探敌对自己步法移动的应答性反应能力、敌步法的相应移动能力及全身实战姿势的保持能力。

（4）换架试探。以短促急快的原地跳换实战姿势，改变对敌的实战态势，试探敌对实战态势的应变能力和敌实战姿势的灵活转换及保持能力。

（5）诱击试探。有意暴露防守破绽，诱敌拳、腿出击，试探敌对自己防守破绽的判断反应能力及敌拳、腿出击的技术、力量、速度等综合实力。

如果敌对自己的各种试探有沉着冷静，从容不迫，甚至机智敏锐的反应，防守动作也适时恰当，不温不火，简捷有序，说明敌的反应能力、防守严密程度达到了较高的水平，具备了相当的格斗实力。如果敌对自己的各种试探表现为紧张忙乱，惊慌失措，甚至茫然不知，防守动作僵硬失调，步法呆滞，动作过大、过早、过乱或过慢，有较大的反应盲区、反应延迟和防守漏洞等现象，说明敌的反应能力低下，基本不具备对自己有威胁性的格斗能力。敌也可能有介于这二者之间的试探反应，不一一列举。凡此种种试探反应，都应成为自己确定进攻决心和战斗意图，有针对性地运用各种战斗动作和战术的依据。此外，试探性的战斗方法也常常用于进攻中的假动作，目的是制造假象，迷惑对方，使敌虚实、真假难辨，因而放松警惕和戒备，疏于防守，为自己实施真正的攻击创造条件。

（三）战术的选择和运用

1. 强攻硬取

对身材高瘦，虽灵活但攻击威胁性小之敌，而自己具备功力大，抗击打能力强，尤其是敢拼敢打的心理素质等条件时，宜采用这种战术。具体实施时，可双手护头，缩身蓄劲，顶着敌拳、腿的攻击，抢步入怀，抵近攻击，以各种坚强有力的短拳或肘法、膝法，直取敌各要害部位，将敌重创击倒，制服擒获。或是在敌直拳击来时，后手护头，以连续交替的拗步左右直拳交叉迎击敌的拳，连续猛击敌的头，将敌重创击倒，制服擒获。

2. 连招快打

对防守能力强，善于防守反击之敌，而自己具备较全面的技术和协调性，尤其是具有较强的组合进攻意识等条件时，宜采用这种战术。拳谚说："不招不架，只是一下，若犯招架，就有十下。"说的就是当自己出招进攻时，敌不予接招架挡，则一下即了，另行再攻；若敌接招架挡便入了自己的圈套，连续受自己击打。具体实施时，这种连招出击不一定是固定的"十下"。但一般是手脚并用，左右开弓，远则拳打脚踢，近则肘击膝顶，贴身靠打快摔，各种单招、组合有序结合，招招相连，环环相扣，有的放矢，快密如雨，一击到底，势如破竹，使敌防不胜防，终被自己重创击倒，制服擒获。

3. 突击抢攻

对防守不严或反应不快之敌，自己应以"迅雷不及掩耳"之势，"出其不意，攻其不备"，突击抢攻。突击动作不仅要快，而且要突然，不带多余的附加动作或暴露意图的"动作预兆"，有时还要有快速突进的步法配合，才能取得理想的突击抢攻效果。突击抢攻时切忌盲目出招，这种盲目性表现为不见敌有防守空当就凭主观想象盲攻，在无效距离就出招。如此突击，不但无效果，而且浪费体力，当突击落空收回时，还会被敌乘机反攻。

4. 佯攻巧打

对防守严密，能沉着应战之敌，而自己具备动作协调，技术全面，尤其是反应快，善变招等条件时，应采用这种战术。即以"似有若无，变幻莫测的势态"，时而"佯势虚晃"，打乱敌的阵脚，寻机反击；时而"诓诈虚实人莫测"，先给一个较慢的虚招，敌防守后，就见缝插针，乘机而入。若敌不受诓诈，即可由虚变实，虚实相生，弄假成真，直趋进击；时而"指上打下""声东击西"，以假掩真，转移进攻。各种佯攻动作要协调自然，使敌看不出假来，否则容易弄巧成拙，反被敌识破而挨打。当自己佯攻奏效，敌受骗而出招时，要及时判断，果断抓住战机，以最有效的进攻动作，快速准确地攻其空档，直至将敌击倒制服擒获。

5. 招架反击

对速度快，善用主动进攻之敌，自己应"以静待动，以守为攻"。当敌出招进攻时，即发挥"手似两扇门"的作用，采用各种手臂防守方法，防守架挡敌的来招，并及时反击。拳谚说"待其奋力略过，新力未发而乘之，似得用艺之妙矣"，说明掌握防守反击的时机非常关键。若敌刚起动用招而劲力未全发出，自己就接招防守，易被敌觉察而将计就计，趁机转移攻击目标，使自己来不及调整防守，或敌很快换招攻击自己因过早接招防守而出现的漏洞。但若待敌进攻动作"奋力略过"时，由于其动作惯性作用，不易很快停招回收，此时接招防守，正是敌"新力未发"之时，乘机反击，一般都能取得好的反击效果。

6. 闪躲进攻

对体壮力蛮，猛冲猛打之敌，宜沉着应战，利用敌想"以力取胜"的心理而使出的进攻动作幅度较大，不够灵活的弱点，采用"不招不架"、避实就虚、闪躲进攻的战术。拳谚说"逢闪必进，逢进必闪"，就是说闪躲是为了进攻，而不是消极逃脱，每当欲近身攻击（尤其是近身摔法）时，则必须先闪躲开敌的进攻，所以无论采用左右侧闪，还是低身潜闪，都要逢闪必进，边闪边进，一进就攻（近身短拳、肘、膝或摔）。敌猛力前冲和自己闪进击打或摔的力量同时相对作用于敌身体，很容易将敌重创击倒，制服擒获。

7. 诱攻伏击

对善于主动进攻或招法少，习惯性打法单一之敌，可将计就计，或"卖一个破绽"，有意暴露空档，如有意敞开两门（指"手似两扇门"），或有意送上敌爱打的目标做诱饵，同时精神高度集中，静观其变。当敌被诱出招时，即采用左右合击，或迎面阻击，或撤闪还击等技法伏击敌。有时，这种诱敌也可以"败势"引斗，杀一个回马枪，达到"败中取胜"的效果，如采用后转身退步鞭拳、后转身侧踹腿等技法。诱攻的"破绽"要做得自然逼真，不暴露真实意图，而且伏击动作要快。否则，会送饵上门，适得其反。

8. 后发阻截

对动作预兆明显之敌，而自己判断、反应能力较强，可采用这种战术。即待敌"预兆"略过，即将出招时，自己迅疾直线出招，"后发先至"，一则半路截断敌的进攻动作，使敌的动作断劲，无法组织起新的进攻，致使其阵脚混乱后乘机反击；二则以比敌更简捷的动作，将敌的动作阻击堵截回去，无法出招后再乘机连击。具体实施时，一定要正确判断敌的动作是真预兆，还是假动作，避免上当。另外，阻截动作的路线要比敌的进攻动作路线短而便捷，才能"后发先至"，先击中敌，而敌打不着自己。

9. 顺势化打

对身体强壮力气大，直冲直撞，善于直线进攻之敌，宜采取以柔克刚、顺势化打的战术。即不以横破直，避免以硬碰硬，两败俱伤，而是以灵活的闪躲，避让过敌的直线进攻攻势后，利用敌直线进攻动作力大势猛，难以控制住身体重心的弱点，顺着敌的动作路线，以很轻巧的力量，或顺势化解，引进落空后加以重击，或上拨下绊，"顺手牵羊"，将敌摔倒。拳谚总结："工夫虽制我，隙开进莫停，势猛君休俱，四两拨千斤。"

10. 拨打进攻

对不善以技格斗，索性低头缩身，以两臂前伸阻挠或以提膝阻挡他人靠近之敌，可主动采用拨、托、推、挑、按等方法，或以顶膝撞击开路，排除敌的阻挡，并顺势插入，拳打肘击，贴身抱摔，将敌重创击倒，制服擒获。这种排除阻挡的战术要干净利落，准确有力，快刀斩乱麻，同时近身插入要果断迅速，趁敌受惊还未反应过来，就进招发力，才能奏效。

案例分析

擒敌技术是航空安全员、司法警察等职业必备的一种专业素质

某市人民法院法警在执行押解被告人任务时，被告人趁其不备，快速脱逃，窜入路边一间餐厅，劫持了餐厅的一名工作人员作为人质。司法警察采用擒敌技术成功将其制服，救下了人质。

当时，现场的情况非常危急，由于餐厅场地窄小，狡猾的被告人劫持人质后退到了餐厅收银台的后面，紧靠着厨房，其中一只手扼住人质的脖子并且拿着一支笔顶住人质，另一只手拿着一把摩托车防盗锁。被告人情绪暴躁，精神状况很不稳定，扬言谁敢靠近就采取过激行为。鉴于空间狭小，现场指挥决定以强攻方式迅速控制被告人。司法警察王某冲锋在前，挑起了抓捕被告人的重担，他扮成餐厅员工，从后门悄悄潜入，寻找机会实行强攻。当民警在餐厅的正门与被告人周旋，引开其注意力时，王某趁其不备，火速冲上前去，一招擒敌锁喉扑倒被告人，迅速将其制服，成功解救了人质。此案发生的场地与客舱有相似之处，对客舱内航空安全员维护客舱安全、防患于未然有参考价值。

分析要点：
1. 擒拿格斗已是航空服务人员的职业必备素质。
2. 擒敌实用技术是航空服务人员业务训练的重要内容之一。

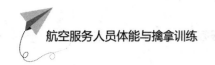

第二节　突袭擒敌实用技术与战术

突袭擒敌是在有所准备的情况下，趁敌不备，以突然袭击的方式和手段，将其制服擒获的技术动作和战斗方法，是擒敌战术中最为有效、最常用的战斗形式。特点是：出其不意，攻其不备，一招制敌，疾速擒获，以摔拿为主，辅以踢、打，讲究突袭方法的智取谋略，强调突袭动作的快、准、狠、猛，不允许敌有丝毫反抗的余地。

一、突袭擒敌的准备

在一般情况下，突袭擒敌的准备内容和程序应包括熟知情报、明确任务、判断情况、现场勘察、下定决心、下达命令、组织协同等。

二、突袭擒敌的技术动作

视频 9-4

（一）从前方突袭擒敌

1. 抱腿顶摔

要领：①由前（或侧前）接近敌约二步时，左脚上步，右直拳（或掌）突击敌面部，同时右脚上步插入敌两腿之间呈右弓步，两手分抱敌两膝关节后上部，右肩、头右侧顶靠敌腹、肋部。②以肩、头向前顶撞下压，用两手后拉上提的合力将敌向后仰摔倒地，两只手臂夹抱敌小腿于自己腰侧。③将敌的腿摔砸于地，或夹拧敌的腿，将敌翻转成俯卧倒地，顺势以倒地拿法将敌制服后捆铐擒获。

要求：接敌自然，上击下抱，突然连贯，顶摔要猛，各部位协同发力，转入倒地拿法要快、狠。练习时，对手在操练者攻击面部时要仰头，后倒时要低头，以防受伤。

用途：主要用于从前突袭擒获身高体壮之敌，或衣着较厚之敌，或两手处于"三手"（背手、抄手、袖手）姿态之敌。

2. 绊腿扼喉

要领：①从前接近敌右侧前时，左脚上步，左手抓敌的右腕，右手成八字掌扼敌咽喉；②以右手扼喉前推，右脚前摆后绊敌右腿的合力将敌向后仰摔倒地；③顺势以倒地拿法将敌制服后捆铐擒获。

要求：接敌自然，抓腕扼喉绊腿要快、猛，上下协同发力，敌后倒时要抓住其右腕，以利于转入倒地拿法。练习时，对手后倒时要低头，操练者可抓住对手右腕上提，减缓其后倒冲力。

用途：主要用于从前突袭擒获身体强壮之敌，或有可能身藏凶器之敌。

3. 击腹砍脖

要领：①由前接近敌右侧时，左脚上步，左手按住敌右臂，右手以勾拳击敌的上腹部，或以拳心撩击敌下腹部；②趁敌本能弯腰收腹低头之际，右拳变掌，以掌根为力点向下劈砍敌颈椎或颈总动脉，将敌向前下击倒地；③顺势以倒地拿法将敌制服后捆铐擒获。

要求：接敌自然，左手按压封闭敌右臂要紧处，右拳（掌）击腹、砍脖要狠，快速连贯，干脆利索。练习时，对手可穿戴护具，操练者右手可戴拳套击腹砍脖，或徒手以掌心击腹、拍颈表示，以防对手受伤。

用途：同绊腿扼喉。

4．挑肘别臂

要领：①由前接近敌右侧前时，左脚上步，左手抓敌右腕，右小臂向上挑击敌肘部；②随即原地向右后转身的同时，右手扒敌右肩下压，左手向上推别敌右臂；③将敌别臂向前下压伏倒地，顺势以倒地拿法将其制服后捆铐擒获。

要求：接敌自然，抓腕要准，挑肘要狠，转身扒肩要快，别臂下压要猛，动作快速连贯，协调一致。练习时，配手应自行先做别臂倒地练习（左转头，右臂自行反别在背上，左小臂和右肩着地前倒），以防止被别臂压伏倒地时受伤。

用途：主要用于在公共场所由前突袭擒获有可能右手握持凶器之敌，或两人左、右配合突袭擒敌。

5．抓腕压肘

要领：①由前接近敌左侧前时，右脚上步，左手抓敌左腕；②随即左后转身的同时，以左手拉直敌的左臂，右掌下压敌肘部，右腿绊敌左腿的合力，将敌向自己左侧前绊压倒地；③顺势以倒地拿法将敌制服后捆铐擒获。

要求：接敌自然，抓腕要准，转身要快，拉臂、压肘、绊腿要狠，动作快速连贯，协调一致。练习时，配手要先行做好单臂前倒练习，操练者压肘时要掌握好分寸，以防配手受伤。

用途：同挑肘别臂。

6．拉肘扣腕

要领：①由前接近敌右侧前时，左脚上步，左手抓敌右肘向自己怀里回拉，右掌心包拢敌右手背向其腰后推别；②双手合力扣压敌右腕，胸、肋部顶紧敌右大臂；③直接以扣腕动作将敌制服并快速押离现场至安全地带后再行上铐。也可在扣腕后，在同伴配合下将敌的手由后铐住后再押离现场。

要求：拉肘、推别要快，扣腕要狠，迫使敌因剧烈疼痛而踮起脚尖，以利于快速押离现场。练习时，操练者扣腕要掌握好分寸，以配手能承受为限度。

用途：适宜于在人多拥挤的场合或其他有危险的场合由前快速隐蔽突袭擒敌。

7．折腕牵羊

要领：①由前接近敌约二步时，左脚上前一步，以各种假冒的朋友身份或伪装的社交热情，在暂时消除敌疑虑和戒备的同时，以相互握手、递烟、点烟及其他类似手法或借口，诱敌右手伸出；②两手疾速扣握敌右手掌心，拇指顶紧其掌背，两手合力向下折压敌手腕，迫使敌因腕关节剧痛而跪倒；③右脚后撤一大步，在保持折腕的同时，将敌向自己右侧后

牵拉倒地；④顺势以倒地拿法将敌制服后捆铐擒获。

要求：接敌自然，诱敌逼真；扣握敌的手要快，抢抓住最佳时机。折腕要狠，折伤（断）敌手腕，牵拉倒地要连贯，一气呵成。练习时，操练者折腕要掌握好分寸，以配手能承受为限度。

用途：适宜于各种由前伪装突袭擒获有可能右手携持凶器或爆炸物品之敌。

8．握手撅指

要领：①由前接近敌约二步时，左脚上前一步，以各种假冒的朋友身份或伪装的社交礼仪，在暂时消除敌疑虑和戒备的同时，主动伸出右手与敌右手相握；②在握手的过程中，疾速以拇指、食指圈牢扣紧敌拇指的掌指关节处，以右手虎口和拇指、食指的顶撅合力，向后下顶撅敌拇指，迫使敌因拇指剧痛而跪倒；③以与折腕牵羊相同的牵拉倒地动作和倒地拿法，将敌制服后捆铐擒获。

要求：同折腕牵羊。

用途：同折腕牵羊。

视频 9-5

（二）从后方突袭擒敌

1．抱腿顶摔

要领：①由后接近敌约二步时，右脚上前一大步，插入敌两腿间呈右弓步，两手分抱敌两膝关节前部，头右侧、右肩顶靠敌腰、臀部；②以右肩前顶，两手后拉上提的合力将敌向前俯摔倒地，两手臂夹抱敌小腿于自己腰侧；③将敌的腿摔砸于地，顺势以倒地拿法将敌制服后捆铐擒获。

要求：接敌隐蔽，上步抱腿突然，顶摔要猛，各部位协同发力，转入倒地拿法要快、狠。练习时，配手倒地时要做好前倒动作，操练者如果使用骑压拿法，配手要屏息憋气，以防腰椎受伤。

用途：同由前抱腿顶摔，只是方向相反。

2．踹膝锁喉

要领：①由后接近敌约二步时，左脚前垫步，右脚低踹（截）敌左膝窝后落于敌左脚外侧，同时，趁敌上身后仰之际，右掌以拇指一侧为力点，环挫敌颈后，抓牢敌左肩，屈臂以右小臂桡骨横卡锁紧敌咽喉，左手抓敌左腕后拉；②直接以锁喉动作将敌制服并快速拖带押离现场至安全地带后再上铐。也可左后转身，以夹颈摔法将敌摔倒在地，顺势以倒地拿法将敌制服后捆铐擒获。

要求：接敌隐蔽，垫步踹膝突然，挫颈锁喉要快、狠，拖带或转夹颈摔和倒地拿法要快速连贯，一气呵成。练习时，配手在被锁喉时可适当收下颌，操练者锁喉要掌握好分寸，以防配手窒息。

用途：主要用于由后突袭擒获身强力壮之敌或有可能身藏凶器之敌。

3．掏裆砍脖

要领：①由后接近敌右侧后时，左脚在前，左手由后掏抓敌裤裆上提，同时，右脚上步，右手横掌下砍敌颈椎，将其摔倒；②顺势以倒地拿法将敌制服后捆铐擒获。

要求：接敌隐蔽，掏裆要深，抓裆要狠，上提下砍要猛，上下协调一致。练习时，配手在操练者掏裆砍脖时应提臀前倒，操练者掏、抓裆时可抓大腿内侧裤子或以掌心托裆，砍脖要有定点或改砍为拍，以防配手受伤。

用途：同踹膝锁喉。

4．拉肩顶腰

要领：①由后接近敌背后时，两手抓敌肩部（衣领、头发）后拉，同时，右膝前顶敌后腰；②右脚向后落步，将敌后拉倒地，顺势以倒地拿法将敌制服后捆铐擒获。

要求：接敌隐蔽，抓肩要紧，后拉要猛，顶腰要狠，上下协同发力。练习时，配手被拉肩顶腰时应弯腰后仰，后倒地时要低头，操练者顶腰时不可以用力过猛。

用途：同踹膝锁喉。

5．架臂扣颈

要领：①由后接近敌背后时，两臂从敌腋下穿出上提，将敌手臂向上架起，随即两手十指交叉向下扣压敌颈部；②直接以架臂扣颈动作将敌制服并快速拖带押离现场至安全地带后再上铐。或向前扣压敌颈部，迫使敌前倒，或左后转身，将敌摔倒，顺势以倒地拿法将敌制服后捆铐擒获。

要求：接敌隐蔽，穿臂要快，架臂要高、猛，扣颈要狠。练习时，操练者扣颈要掌握好分寸，以防配手颈椎受伤。

用途：适宜于在人多拥挤场合或其他有危险的场合由后突袭擒获有可能携持凶器或爆炸物品之敌。

6．携臂扣腕

要领：①由后接近敌左侧后时，左脚上步，左手抓敌左大臂，右手掌心向前推抓上折敌左小臂；②两手掌心合力包拢敌左掌背，向下扣压其腕，同时，右臂携持夹紧，右胸贴靠其左臂；③直接以携臂扣腕动作将敌制服并快速押离现场至安全地带后再上铐。也可在扣腕后，在同伴的配合下将敌双手由后铐住后再押离现场。

要求：同由前拉肘扣腕。

用途：同由前拉肘扣腕，只是方向相反。

7．高扑压伏

要领：①由后接近敌时，敌正快步向前行走，或因对自己接近有所察觉而开始向前快跑；②急赶上前，在距敌约二步远时，以高姿前扑动作向前扑出，同时右臂前伸搂夹敌颈部，利用前冲惯性和身体重力将敌扑倒压伏；③顺势以倒地拿法将敌制服后捆铐擒获。

要求：高扑要快速、果断、勇猛，有一定高度和远度，倒地时要将敌压伏在自己身下并夹紧敌颈部。练习时，配手要做好倒地自我保护，不能以手撑地，以防手臂各关节受伤。

用途：主要用于由后突袭擒获快速运动之敌或欲逃跑之敌，也可用于伏击形式的突袭擒敌。

8．低扑压伏

要领：①同高扑压伏；②急赶上前，在距敌约三步远时，以低姿前扑动作向前扑出，

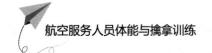

两臂前伸搂抱回拉敌小腿或踝关节，同时，右肩向前顶撞压迫敌小腿后部，以回拉、前顶的交错合力和前冲惯性将敌扑倒压伏；③顺势以倒地拿法将敌制服后捆铐擒获。

要求：低扑要快速、果断、勇猛，有足够的远度，倒地时要尽可能地将敌小腿压伏在自己身下。练习要求同高扑压伏。

用途：同高扑压伏。

三、突袭擒敌的战斗方法

突袭擒敌的战斗方法，就战斗原则而言，应着重突出努力达成战斗的突然性的原则；就战斗要求而言，一般应包括接敌行动的处置、突袭战斗的实施、战斗结束后的现场处置等各个战斗阶段的要求；就战斗类型而言，主要是指机舱狭小空间下的突袭擒敌战斗；就战术配合而言，一般有二人配合、小组配合、多组配合等各种配合战术；就具体的战术选择与应用而言，一般常采用强击突袭、夹击突袭、伪装突袭、引诱突袭等不同的战术。

第三节　反袭擒敌实用技术与战术

反袭擒敌是在敌趁我不备，施加暴力侵袭时，我解脱或闪躲后反将敌制服擒获的技术动作和战斗方法。特点是：反应机警，巧妙化解，倒地闪躲，脱中带拿，倒中有踢，以攻为守，正当防卫。

一、敌抓、抱侵袭的定性分析与处置对策

1. 敌抓、抱侵袭的定性分析

抓、抱侵袭是犯罪嫌疑人及各类违法人员的挑拨、煽动、唆使和领头参与下，与其家属、亲友或不明真相的围观群众一道，公然以徒手的抓扯拉拧、推搡拥挤、搂抱腰撞等形式，对自己进行围攻、侮辱、谩骂，限制自己的行动自由，甚至对自己进行人身攻击和伤害的暴力侵袭行为。抓、抱侵袭的目的是聚众干扰、妨碍甚至强行阻止依法执行安全服务，以使犯罪嫌疑人和各类违法人员逃避法律的制裁或保护家族、地方及部门的非法利益。为达到此目的，一般情况下，这类侵袭的暴力程度不会非常强烈和明显，短时间内在矛盾没有激化的情况下，也不会直接危及空中乘务的生命安全。

2. 敌抓、抱侵袭的处置对策

通常采取的处置对策主要有：对不明真相的围观群众做好说明、解释和疏导；同时，在不激化矛盾的前提下，加强警示、警戒和防范措施。当航空服务人员在现场遭到抓、抱侵袭时，可视抓、抱侵袭的暴力程度、事态危急程度和实际的防卫反击需要，灵活选择采用直接解脱、击打解脱、反拿解脱等各种解脱与反拿的技术动作和战斗方法。不宜或无法直接解脱的，可采用较为隐蔽的击打解脱方法；当被几个人同时抓、抱侵袭，无力直接解脱时，或在被抓、抱的同时有可能遭到更为严重的暴力侵袭时，或为了迅速撤离现场，需

立即解脱抓、抱时，可采用击打解脱方法；当需在现场擒获犯罪嫌疑人或违法活动首要分子并将他们迅速带离现场时，可采用反拿解脱方法。

二、敌由前抓、抱侵袭的解脱与反拿

1. 敌由前抓发的解脱与反拿

要领：①敌由前以右手抓住自己头发时，一般情况下，可以拳心砸击敌手背，掌心推、托敌肘关节，或小臂格、挡敌肘关节等方法直接解脱；②危急时，可以掌心扑击敌眼睛，掌指戳击敌咽喉、腋窝，"透骨拳"点击敌肋部，掌根砍击敌肘部或大臂肱二头肌以及各种便利的拳法、肘法、腿法、膝法等击打方法击打解脱；③必要时，可以两手向下扣压敌掌背，头顶向前顶敌掌心的合力反折敌手腕后，以"折腕牵羊"将敌反拿制服。或以右手扣压敌掌背，右后转头转身，将敌右臂拉直后，以"抓腕压肘"将敌反拿制服。或以左手按压敌掌背，右手抓敌肘部下拉，顺势反折夹抱敌手臂，将敌反拿制服。

要求：练习时，配手应真实模拟敌抓发侵袭时的心态和举动，为操练者练习和掌握反袭擒敌技术创造条件。不可以抓发过轻或提前松手来曲意配合。也不可以暗自绷劲较力或故意抬杠，而妨碍练习。操练者练习击打解脱和反拿解脱时，要掌握好分寸，以防配手受伤。

用途：主要用于防卫和反击擒获由前对自己抓发侵袭之敌。

2. 敌由前抓领的解脱与反拿

要领：①敌由前以右手抓住衣领（或肩衽）时，一般情况下，可以拳心砸击敌掌背，掌心推、托敌肘关节，或左手按压敌掌背，右后转身拉直敌右臂的同时，以自己的左肩撞击敌肘关节等方法直接解脱；②危急时，可用与"抓发击打解脱"相同的方法击打解脱；③必要时，除了可用与"抓发反拿解脱"相同的方法反拿解脱，还可以右手按压敌掌背，左肘尖向下砸击敌肘部后，肘尖外拐，左臂乘机从敌右臂下缠绕穿出后顺势锁住敌右肩，将敌反拿制服。或以左手按压敌掌背，右肘尖向下砸击敌肘部后，肘尖外拐，右臂乘机从敌右臂下缠绕穿出后夹别敌右臂，右手扼敌咽喉，将敌反拿制服。

要求：同由前抓发的解脱与反拿。

用途：主要用于防卫和反击擒获由前对自己抓领侵袭之敌。

3. 敌由前扼喉的解脱与反拿

要领：①在敌将自己推挤顶靠在支撑物（墙、树、车身等）上，并以双手扼住自己咽喉的危急时刻，在收紧下颌和屏息憋气，以缓解敌扼喉压力的同时，除了可用与"抓发击打解脱"相同的方法击打解脱，还可以双拳同时从敌两臂之间上冲撑开敌手臂后，双拳向下砸击敌的脸，或以两小臂（两掌心）同时合力向内夹击敌两臂肘关节等击打方法击打解脱；②必要时，除了可用与"抓领反拿解脱"相同的方法反拿解脱，还可以两手交叉抓握并向左、右分开敌两腕后，运用杠杆原理，将敌两臂相互"十字别肘"反拿解脱；③当处于仰卧状态，敌以骑压姿势双手扼自己咽喉的危急时刻，除了可用敌由前抓发的解脱与反拿、敌由前抓领的解脱与反拿的方法击打解脱或反拿解脱，还可在两手向后推托敌两臂肘关节的同时，猛然向后上挺腹，将敌向自己头后托顶摔出倒地，或屈盘双腿别于敌胸前，将敌向后仰别倒地，顺势以倒地拿法将敌反拿制服。

要求：同由前抓发的解脱与反拿，只是配手要注意掌握好扼喉的分寸，以防操练者窒息。

用途：主要用于防卫和反击擒获由前对自己扼喉侵袭之敌。

4. 敌由前抓腕的解脱与反拿

要领：①敌右手或双手同时抓住自己右腕肘，一般情况下，可以被抓手腕或小臂挫压敌拇指的方法直接解脱；②若敌双手抓握力量较大，可辅以假动作直接解脱，即采用欲左先右、欲下先上的假动作，诱敌向自己的假动作方向用力，然后突然改变解脱方向，使敌抓握力量落空，达到直接解脱的目的，或以左手抓敌手腕，辅助右手臂前错用力挣脱敌双手的抓握；③必要时，可用缠腕压肘（左手按压敌右掌背，右掌外旋缠绕抓握并向下拧卷敌手腕，左肘顺势下压敌肘关节），或扣掌切腕（左手扣压敌右掌背，右掌外旋搭扣敌小臂，两手合力垂直向下猛然沉劲，使敌腕关节产生被切开断裂的痛感），或翻掌拧腕（右掌外旋翻转，掌心向上，同时左掌在下接扣敌右掌背，随即右掌内旋，掌心向下抓握敌手腕，两手合力向敌身后拧别），或倒抓卷腕（左手拍击扣压敌右掌背，右手虎口向上抓敌右腕，两手合力外旋卷压敌手腕）等反拿解脱方法将敌反拿制服。

要求：同由前抓发的解脱与反拿。

用途：主要用于防卫和反击擒获由前对自己抓腕侵袭之敌。

5. 敌由前抱腰的解脱与反拿

要领：①敌由前以双手抱住自己腰时，自己的本能反应首先应是：疾速撤步、弓身、沉腰、降低重心，以此来保持重心稳固和腰部的活动余地，同时减缓敌抱腰的冲力，增强自己对敌抱腰的抗力，避免出现被敌抱紧箍牢，或被敌抱起、被敌后折腰而失去身体重心和平衡的被动局面，为自己实施解脱与反拿创造条件；②当敌只抱住自己的腰，或连带抱住一侧手臂时，可在本能反应的基础上，用未被抱住的手臂，以前横肘（或砍掌）击敌颈部，短直拳击敌的头、肋部，或以前顶膝击敌的裆、腹部，脚后跟跺敌脚背等方法击打解脱，也可以双手或单手"扳头拧转"的方法（参照"抱腰夹颈防守"技术）反拿解脱；③当敌将自己双臂与腰同时抱住时，可在本能反应的基础上，以左右晃腰、向下缩身、向上架撑等方法，使被抱双臂有所松动并滑移到适合攻击的位置，或使双臂肘关节以下部位能做自由动作。随即以砍掌（或透骨拳、短直拳）击肋、后腰，前撩掌击裆、抓腹等方法击打解脱。也可双手下插抱敌单腿，以低抱腿或高抱腿摔法将敌摔倒，或以左臂搂夹拉转敌右臂，右手反别敌右膝关节外侧的合力，将敌别摔倒地，顺势以倒地拿法将敌反拿制服。

要求：同由前抓发的解脱与反拿。

用途：主要用于防卫和反击擒获由前对自己抱腰侵袭之敌。

注意：敌由前抱腿的解脱与反拿，可参见基本摔法中"低抱腿摔防守"技术。

6. 敌从正面抓发的应对方法

动作要领：当敌用右手从正面抓住自己头发时，自己两手合力迅速抓握下压扣住对方手心边缘，同时两肘部下沉内合；左腿迅速向后撤一大步，双手反卷对方右手腕部，头部向前、下顶折对方手腕部。

7. 敌单手抓衣领的应对方法

动作要领：双手抓紧对方手腕，然后借用身体旋转反关节控制对方手腕，注意抓手和转身要快，要做到同时发力，倒地后也可以再打一拳。

8. 敌出拳攻击头部的应对方法

动作要领：对方用右拳攻击自己头部时，左腿向前上步，同时，左臂曲肘上扬，小臂进行横隔挡对方右小臂。右手成掌，掌心向上，用掌外沿砍击对手颈部左侧动脉。右手砍击颈部后，顺势将对手颈部后侧搂住，并向前拉拽，同时抬右膝上顶其腹部。

9. 敌持械前刺时的应对方法

动作要领：对方手持凶器前刺时，自己身体迅速向一侧上步，侧身躲避，同时用左手臂将对方的手腕向外侧格挡。用右手迅速抓握对方胳膊，将左手手臂反绕，缠住对方的胳膊，反手别腕下压对方手臂，右手抓住对方肩部下压拉拽的同时用膝关节顶击对方腹部。

10. 敌持械正面指着的应对方法

动作要领：当对方手持凶器指向自己时，两臂张开，两掌同时向里击打对方手臂，迅速将凶器打掉，两手抓握对方手腕，同时右脚向前上步，身体向左转身，两手将对方反关节向下拉拽致其倒地，控制对方。

11. 敌正面单手掐脖子的应对方法

动作要领：当对方从正面单手掐住自己脖子时，同侧手迅速抬起用肘关节砸压对方手臂肘窝部位，另一侧的手迅速抬起用肘部击打对方头部。

12. 敌正面双手掐脖子的应对方法

动作要领：当对方从正面双手掐住自己的脖子时，低下颌，抬肩后双手迅速从下向上击打对方双下颌。

三、敌由后抓、抱侵袭的解脱与反拿

1. 敌由后抓发的解脱与反拿

要领：①敌由后以右手抓住自己的头发时，自己的本能反应首先应是：快速转身，或低头、缩脖、耸肩并向前俯腰或后撤一步支撑，以防止出现被敌抓发后拉而向后仰身失去重心或被拉倒的被动局面，为实施解脱与反拿创造条件。②在本能反应的基础上，可以右拳心向头后砸击敌手背，左掌心向后撩击敌的裆，左后转身左手鞭拳击打敌的脸、颈或左腿侧踹敌胸、腹，右腿侧后下截敌右腿，右脚跟跺敌右脚背等方法击打解脱。③必要时，可在本能反应的基础上，双手由头后抓握敌手腕，以"翻身拧腕别臂"将敌反拿制服，或左手由头后按压敌手背，右手以"拉肘反折夹抱"将敌反拿制服。也可以右手由头后扣压敌手背，左转身，左脚后撤一步，左肘侧顶击敌肋部，随即左手抓敌小臂，弯腰转体，低头前顶，两手合力扣腕下压，将敌反拿制服。

要求：本能反应要快，连接使用击打解脱或反拿解脱要快速迅猛，连贯协调，一气呵成，不能有半点犹豫、迟疑和停顿。其余要求同由前抓发的解脱与反拿。

用途：主要用于防卫和反击擒获从后方对自己抓发侵袭之敌。

2. 敌从后方抓领的解脱与反拿

要领：①敌从后方以右手抓住自己衣领（或肩袢）时的本能反应与敌从后方抓发时的本能反应相同；②在本能反应的基础上，除了可用与从后方抓发的击打解脱相同的方法击打解脱，还可在右（左）后转身的同时，屈臂立肘，以右（左）小臂挡击敌肘部解脱；③必要时，可在本能反应的基础上，左后转身，低头绕闪后，低抱敌的腿，将敌摔倒，顺势以倒地拿法将敌反拿制服。也可以左手由右肩前向后按压敌手背，右肘绕闪后以沉肘砸击敌肘部，右臂夹抱敌小臂，两手顺势外旋卷压敌手腕，将敌反拿制服，或以"按掌拉肘，反折夹抱"的方法，将敌反拿制服。

要求：同从后方抓发的解脱与反拿。

用途：主要用于防卫和反击擒获从后方对自己抓领侵袭之敌。

3. 敌从后方锁喉的解脱与反拿

要领：①敌从后方以右手锁住自己咽喉时，自己的本能反应首先应是：快速低头、缩脖、耸肩、收下颌，同时屏息憋气，手抓敌手腕下拉外掰，以减缓敌手臂对颈部的压迫，避免因喉被锁紧而出现呼吸困难、无力解脱、受制于敌，甚至窒息昏迷的严重后果，为实施解脱与反拿创造条件；②在本能反应的基础上，可以右（左）肘侧后顶击敌腹、肋部，左脚掌（脚后跟）后上撩踢敌的裆，右脚后跟跺敌右脚背等方法击打解脱，也可在被敌后锁拉倒或自己伪装窒息下坐后倒时，右腿顺势向后上踢击敌头部解脱；③必要时，可在本能反应的基础上，左转身甩头顶撞挤靠敌的胸部，同时左手抓敌手腕下拉外掰，右手推别敌肘部，趁机脱出头、颈后，顺势将敌小臂拧别反拿制服。或双手抓敌小臂下拉，同时弯腰、低头、弓背、绷腿，将敌从自己背上向前摔出后，顺势以倒地拿法将敌反拿制服。也可在被敌后锁拉倒或自己伪装窒息下坐后倒时，以右小腿由后向前挑勾敌小腿（或双手向后反抱敌小腿）、上身和臀部向后砸压的合力，将敌向后摔倒；顺势翻转扑压，以倒地拿法将敌反拿制服。

要求：同从后方抓发的解脱与反拿。

用途：主要用于防卫和反击擒获从后方对自己锁喉侵袭之敌。

4. 敌从后方别臂的解脱与反拿

要领：①敌从后方双手抓住自己右手拧别在自己身后时，自己的本能反应首先应是：将被拧别手臂尽可能紧紧贴靠住自己身体，同时左后转身或稍向右侧前俯腰，以减缓被别臂疼痛和保持重心稳定；②在本能反应的基础上，除了可从后方抓发、抓领、锁喉的击打解脱方法中选择适宜的方法击打解脱，还可用倒功中的"侧前滚"动作直接解脱；③必要时，在本能反应的基础上，可向右后转身，以右脚上步插到敌左脚后别住敌的脚，左手上抱敌右腿，右肩和被别右臂顶靠敌胸部的合力，将敌向后靠摔倒地，顺势以倒地拿法将敌反拿制服。或左后转身，同时以左横掌向后横砍敌颈部，若敌低头绕闪躲过，可顺势扼敌咽喉，将敌反拿制服。

要求：同从后方抓发的解脱与反拿。

用途：主要用于防卫和反击擒获从后方对自己别臂侵袭之敌。

5．敌从后方抱腰的解脱与反拿

要领：①敌从后方以双手抱住自己的腰时，自己的本能反应首先应是：两腿速向左右撑开，成马步下蹲，同时，重心下沉，屏息憋气，紧腰撅臀，两手用力向下向外抓拉或撑按敌抱腰手臂，以保持重心稳定，减缓敌抱腰紧箍压力，避免出现被抱起或被左右抢摆的被动局面，为实施解脱与反拿创造条件；②在本能反应的基础上，可针对敌只抱自己的腰，或同时抱住自己一侧手臂和腰，或同时抱住自己两侧手臂和腰的不同情况，灵活采用以左、右后横肘连击敌的头，左、右侧后顶肘连击敌肋部、腹部，以手指甲尖扣掐勾挂敌手指甲根灰白部位，脚掌（脚后跟）后上撩踢敌的裆，脚后跟跺敌脚背等方法击打解脱；③必要时，可在本能反应或击打解脱的基础上，针对敌不同抱腰情况，或两手头后反手搂夹敌的头或抓敌的头发并向前下拽拉（也可两手体前反手扣拉敌抱腰手臂），同时弯腰、低头、弓背、绷腿，将敌从背上向前摔出倒地或两手搂夹敌右手臂，右脚向前迈一大步，同时左后转身，将敌摔砸于自己身下。或上身前俯，两手向后下抓抱敌小腿向前上抽拉，同时臀部向下坐压敌膝关节，将敌向后坐摔倒地。顺势以倒地拿法将敌反拿制服。也可以左手抓按敌右腕，右手掐握敌右肘关节"少海"穴或"麻筋"处，两手合力，将敌右臂解脱后别臂反拿制服。

要求：同从后方抓发的解脱与反拿。

用途：主要用于防卫和反击擒获从后方对自己抱腰侵袭之敌。

6．敌从后方抱腿的解脱与反拿

要领：①敌从后方以双手抱住自己的一条腿时，可以后顶肘击敌的头，后砍掌击敌颈部等方法击打解脱，或在被抱腿跪地的同时，下按敌的头或搂夹敌颈部，将敌摔倒，顺势以倒地拿法将敌反拿制服。若一条腿已被敌向后抱起，可快速上身前俯，以侧前滚翻转解脱。或上身前俯，两手撑地，以支撑腿腾空后蹬（后撩踢）解脱；②敌从后方以双手抱住自己双腿时，自己在重心已失，站立不稳，即将摔倒的情况下，唯一的选择就是以正确的前倒动作，主动倒地，避免摔伤。在倒地的同时快速侧身抽出双腿呈侧倒防守姿势，或快速原地翻转抽出双腿呈仰卧屈腿防守姿势，变被动为主动，以这两种防守姿势与敌对峙抗衡，或寻机起立后，以徒手格斗擒敌技术将敌制服擒获。

要求：同从后方抓发的解脱与反拿。

用途：主要用于防卫和反击擒获从后方对自己抱腿侵袭之敌。

7．敌从后方搭肩膀的应对方法

要领：对方在背后用右手抓住自己左后肩部时，左腿迅速向后撤一步，左转身，同时用对侧手（右手）快速按住对方手腕部，左大臂迅速从对方右小臂上方穿绕，用左臂腋窝处下压对方右手腕关节处，进行制压。

8．敌从后方抓衣领的应对方法

要领：当对方用右手从后方抓住自己后衣领时，左腿迅速向后方撤步，身体向左转体，左臂进行屈肘上扬后从上到下、从右向左从对方右臂上方穿过，左小臂从对方手臂下穿过，将对方右臂肘关节挑起，进行制服。

9. 敌从后方抓发的应对方法

要领：当敌从后面用右手抓住自己头发时，两手迅速上举抓握下压扣住敌手腕，左脚迅速上前一步，脚尖内扣，身体向右弯腰转体，直腰向上顶，然后后拉，折敌手腕。

第四节　机舱擒敌案例及其分析

"安全是民航业的生命线。"这是习总书记对整个民航业的嘱托。飞机长期飞行于万米高空，不容有一丁点事故，稍有不慎就会发生空难，而机舱内发生的暴力行为对于飞行安全和飞行秩序的影响都是巨大的。

一、6·29 新疆和田劫机事件①

2012 年 6 月 29 日，由新疆和田飞往乌鲁木齐的 GS7554 航班于 12 时 25 分起飞，12 时 35 分飞机进入平飞状态后，遭遇 6 名歹徒暴力劫持飞机。机组人员在旅客的协助下制服劫机歹徒，飞机随即返航和田机场并安全着陆。GS7554 航班为天津航空的 EMB190 型客机，中国民航注册号为 B-3171 号。此次劫机事件发生时，客机上共有乘客 92 人，机组成员 9 人。此次反劫机总共 8 人受伤，分别为 2 名安全员、2 名乘务员、4 名乘客。

在事件处置过程中，机组临危不惧、果断处置，2 名安全员、2 名乘务员及飞行人员沉着冷静、妥善应对，驾驶飞机安全返航。多名旅客见义勇为，挺身而出，体现了公民的正义感和责任感。安全员、乘务员、机组人员以及多名旅客在危急时刻发挥了关键作用，成功制止了一起暴力恐怖劫机事件，避免了一起劫机乃至机毁人亡的重大事件发生，为维护国家安全和人民群众生命财产安全做出了突出贡献。

二、7·26 深圳航空 ZH9648 航班纵火事件②

2015 年 7 月 26 日凌晨 1 时许，由浙江台州飞往广州的深航 ZH9648 航班在降落过程中遭遇突发情况，一名浙江台州籍旅客两度纵火未遂，同时企图破坏机舱设施，制造事端，还持刀威胁机上乘客，最终该男子被安全员及空乘人员和乘客联合制服。机上 9 名机组成员临危不惧、协同配合、果断处置，成功扑灭明火、稳定客舱秩序、制服犯罪嫌疑人。0 时 58 分，飞机安全着陆，确保了机上 97 名乘客的生命财产安全和飞机安全。

---

① 民航局称新疆劫机事件中未发现安检失职行为[EB/OL].（2012-07-06）[2024-05-17]. http://sky.news.sina.com.cn/2012-07-06/225022798.html.

② 央广网. 成功处置"7·26"机上纵火事件深航 ZH9648 机组获重奖[EB/OL].（2015-08-05）[2024-05-17]. http://news.cnr.cn/native/city/20150805/t20150805_519443216.shtml.

三、机舱内的暴力行为分析

1．恐怖主义冲击民航领域

恐怖主义对民航业的冲击长期处于高发态势。在恐怖分子的威逼利诱之下，或许就有人成为恐怖分子实现其自身目的的工具，进而实施暴力行为。而恐怖分子的目的之一就是造成的影响和恐慌越大越好，在这种目的下，民航领域无疑是他们重点攻击的目标之一。6·29 新疆和田劫机事件便是基于这种原因发生的。虽然在近几年的综合治理下，新疆、西藏两地的恐怖事件已经趋于绝迹，但恐怖分子仍未消失，境外势力仍虎视眈眈，我们仍面临严峻的恐怖主义威胁，民航反恐必须时刻提高警惕，不能掉以轻心。

2．社会矛盾诱发暴力行为

我国社会经济快速发展的同时，致使部分人产生扭曲的价值观，以不劳而获或违法犯罪手段获得财富。社会的贫富差距加大，一小部分人无法获取自身所期待的财富时便试图采取不被规则和制度所允许的手段达到目标，加之外界的影响和煽动，他们有可能实施暴力行为。7·26 深圳航空 ZH9648 航班纵火事件中行为人在纵火前，因生意失败欠下银行百万债务，这应该是犯罪嫌疑人实施犯罪行为的重要原因之一。

3．社会情绪暴戾化导致暴力行为

机舱内拥挤的环境也可能导致机舱内乘客的情绪失控。飞机上的环境因素最主要有两点，其一是机舱内有噪声，强噪声可以引起不满情绪，飞机在起飞时噪声可达 70 分贝，这已经达到使人心情烦躁的程度。其二是机舱内人员密度大，高密度使人难以支配其行为，从而失去安全感。在这种环境中，个人空间被冒犯，就会引起反感情绪，这便是常说的"戾气"，也称社会情绪暴戾化，机舱内人员在机舱内的情绪通过不断地与机舱环境、机舱内其他行为相互影响、相互作用，形成一种暴戾的态度体验，最终在行为上采用人身攻击、暴力行为等激烈手段做出回答反应。

另外，安全员及空乘人员的现场处置能力不足、行业服务质量不高等也是导致机舱暴力现象的原因。

 思政拓展

顽强的意志品质是航空安全员应对突发事件的重要基础

航空安全员一直以来非常重视各类预警信息，采取地面与空中联合的处理方式对违法犯罪行为严厉打击。航空安全员是较危险的职业之一，在教学过程中，应将擒拿格斗的技巧同勇于同犯罪分子做斗争的精神紧密结合起来，培养学生不惧危险、不怕困难、顽强拼搏的意志品质。在未来的执法过程中，航空安全员必须保持冷静的头脑和稳定的情绪，轻视对手往往会导致失败；心存胆怯将会造成心理负担，影响技术的发挥；不稳定的情绪会导致盲目冲动，容易被对手利用。

问题分析：

1．顽强的意志品质是处置突发事件的重要基础。

2．在紧急情况来临之际，稳定的情绪是处置突发事件的前提。

 讨论拓展

航空安全员安全防范意识的重要性

航空安全员是保障航空器安全的责任人员，其责任是维持机舱内的秩序，保护民用航空器、旅客以及财产的安全。客舱擒敌是在来不及使用器械的情况下，依据法律以徒手的方式制服犯罪嫌疑人、保障飞行安全以及旅客安全的一种格斗技术。由于机舱人员密集、空间狭窄，大多数的格斗技巧不适合使用，在这种情况下，格斗不仅仅是身体和技术的较量，更是智慧的较量。因此，航空安全员的安全防范意识、应变能力是不可忽视的重要因素。

问题分析：

1．掌握擒拿技术有助于航空安全员应对和处理客舱突发状况。

2．航空安全员的安全防范意识是保障客舱安全的重要基础。

 本章总结

战术的选择与运用是灵活机动的。在徒手格斗擒敌的实战训练和实战应用中，要尽可能地多了解、掌握一些打法，并在此基础之上，根据自己的身体条件和基本技术特长，尽快形成自己比较擅长、独特、得心应手的打法，在实战应用中达到扬长避短、发挥优势、一招制敌的效果和目的。当自己的打法被敌识破后，则应根据敌的变化、身体条件和打法特点，及时改变自己的打法，或将计就计，或针锋相对，敌变我也变，灵活机动，争取主动。这种打法的多样化和特长的培养与应用，对擒拿格斗整体实战应用能力和应变能力的提高，都是非常重要的。

思考与复习

思考题

1．如何将擒拿技术运用于实战？

2．实战中如何制敌？

复习题

1．突袭擒敌的基本技术有哪些？

2．反袭擒敌的基本技术有哪些？

练习题

1．航空安全员在哪种情况下可以使用擒拿技术维护客舱安全？

2．根据日常擒拿技术训练，制订合理的个人训练计划。

荐读 9-1

参 考 文 献

[1] 王焱源，吴隆基.擒拿基本技术与体能训练[M].北京：现代教育出版社，2012.

[2] 韩建中.擒拿反擒拿八十八法[M].北京：人民体育出版社，2001.

[3] 郑卫民.擒拿格斗[M].北京：中国人民公安大学出版社，2009.

[4] 周春光.我国民航刑事立法与国际航空安保公约的衔接问题研究[D].南京：南京航空航天大学，2018.

[5] 田志明.警察体育教程[M].北京：群众出版社，1999.